传统经典白话丛书

白话阿育王传

◎光 亮　编译

西藏人民出版社

图书在版编目（CIP）数据

阿育王传 / 光亮编译 .
—拉萨：西藏人民出版社，2017. 9
ISBN 978-7-223-05694-6

Ⅰ. ①阿…　Ⅱ. ①光…　Ⅲ. ①阿育王（前 273- 前 236)—传记　Ⅳ. ① K833. 517

中国版本图书馆 CIP 数据核字（2017）第 230410 号

阿育王传（白话版）

编　　译　光　亮
责任编辑　格桑德吉　姚　敬
装帧设计　周　旭
出　　版　西藏人民出版社
社　　址　拉萨市林廓北路 23 号　　**邮政编码**　850000
北京发行部：100013　北京市东土城路 8 号林达大厦 A 座 13 层
电　　　话：010-64466847
打 击 盗 版：0891-6649998　13801174584
印　　刷　三河市众誉天成印务有限公司
经　　销　全国新华书店
开　　本　16 开（710×1 000）　　**字　数**　260 千
印　　张　14. 25
版　　次　2017 年 9 月第 1 版第 1 次印刷
标准书号　ISBN 978-7-223-05694-6
定　　价　29. 00 元

目　录

一　本施土缘

说起阿育王，很多人都知道他是古代印度孔雀王朝第三代王，对佛教的发展传播起了很大的作用。但是，阿育王如何当上了转轮圣王，却是没有几个人知道的。下边就给大家讲讲阿育王的故事。

当年，佛陀住在王舍城之外的迦兰陀竹林的时候，有一天，他的弟子以及诸天人围绕着他听他讲经说法，讲经说法之后，他宣布说："弟子们，听我讲经说法固然重要，但是修行的根本功课乞食绝对不能丢掉。咱们在这里聚了这么长时间，应该到王舍城中次第化缘了，这不仅能给众生带来福田，同时也能给自己修行进行加分！"众弟子听了都纷纷说："世尊说得很对，我们愿意跟随世尊入城次第化缘！"什么叫次第化缘呢？说白了就是不分高低贵贱，从头到尾都化缘一遍，让广大众生都受到佛法的恩泽。佛陀入定观察发现诸弟子以及天人次第化缘之心非常真诚，于是心生愉乐，换上僧衣托着饭钵，由弟子们前呼后拥地向王舍城走来。大家要知道佛陀有着庄严的外表，佛法里说的是三十二大人相，内有高深的德行，所以他身上能释放出无尽的威严，走起路来那真是威风凛凛，如果众弟子是星星，那么佛陀就是月亮。他潇洒自在的样子，让人看了不由得升起一份敬意。

佛陀脱离了尘世的所有痛苦获得了大智慧，所以他每到一个地方就会引起大地震动。这种震动并非凡夫俗子可以解释清楚的，只有一定修为的人才知道这是佛法大德发出的威力。这次，佛陀带领众弟子到王舍城次第化缘也是一样的，大地发生了六种震动。表现在哪儿呢？首先，城里人不分男女老幼都对佛法产生清净的信心，这种信心是不由自主的，是自然而然产生的，这是非常神奇的；然后整个城市上空都响起了悦耳的声音，说白了就是所谓的梵音，而且原本没人弹奏的乐器竟然自动发出了声音，那些珠宝也彼此撞击着，叮叮当当好不悦耳；更神奇的是，当佛陀及众弟子进入城门的时候，前边的道路自然变平了，以前坍塌的墙还有那些硌脚的沙砾和尖锐荆棘、恶臭的粪便都自动消失了；城里瘸腿、耳聋、眼盲、哑巴的人都好了，可以平稳走路、听见声音、看见东西、张嘴说话，他们高兴坏了手舞足蹈；正在大呼小叫发脾气的人呢，这个时候无端地平息了怒火，变得温和起来，就连他们本人都觉得奇怪；原本因为生活贫困而愁眉不展的人呢，突然间得到了很多财宝，好像做梦一样。

"只有佛法可以救赎我，我当皈依佛法！"

“什么声音这样悦耳？”

“这道路怎么一下子就变平了呢，实在太奇怪了！”

“我的腿为什么不瘸了？太好了，从今以后再也不怕别人戏耍我了！”

“我刚才还火冒三丈，可是这会儿为什么发不出来火了呢？”

“哎呀，这是从哪里来的金钱啊，我的母亲有救了。”

正当王舍城中的民众倍感诧异的时候，佛陀身上便释放出了佛光，那佛光是金色的，但是亮度比千百个太阳还亮，照得整个城市通明，佛光所到的地方气温下降，所有妖孽怪病都自动消失。

这个时候，有两个孩子在街道上玩耍，其中一个是上族子弟叫德胜，就是后来的阿育王；一个是次族子弟叫无胜，就是后来阿育王的第一辅臣罗提掘多。他们正在用土围成一个微缩的王舍城，里面还有民宅和仓库。德胜说：“我是国王，要在城中所有仓库中装上干粮！”无胜听了说：“那我是你的第一大臣，我来负责将仓库填满。”说完他就用双手捧土将虚拟的仓库填满。德胜见了拍手说：“太好了，城中百姓家家都有吃的，生活太幸福了！”无胜听了跟着拍手叫好。玩得正高兴，德胜觉得天地之间一片明亮，就站起来四处观望，然后对无胜说：“无胜啊，你快看啊，天地一下子亮了！”无胜听了也四处观看，说：“真的啊，怎么回事儿啊？”德胜看到佛陀朝自己这边走来，大声对无胜说：“听说距离王舍城不远有个迦兰陀竹林，有个得道的人居住在那里。我想是不是他呢？”他刚说完，佛陀和阿难就已经到了面前。看到拥有三十二大人相的佛陀，德胜升起了无限亲近感觉，从虚拟的仓库中捧起一捧土给佛陀，嘴里说着：“世尊，我叫德胜，他叫无胜，我们正在玩堆城游戏。我是国王，他是我的第一大臣。在我的治理之下，城中百姓吃穿不愁生活多么幸福啊！这是我仓库中的‘干粮’。” 此时，那些土对于德胜来说就是干粮。他跪在佛陀面前，双手高高地将干粮举起，继续说：“世尊啊，您大慈大悲自觉成佛，您身有佛光，让那些不相信佛法的人对佛法生出崇敬和信仰。您利用佛法普度众生，大德笼盖天下，为了表示对您的敬仰，我特地将‘干粮’奉上！”同时，德胜内心发愿：“希望来生我能成为一国之主，功德天下第一！”想到这里，开始面对佛陀念诵供养偈。

佛陀拥有无上智慧，通晓一切因果，他知道德胜已经发了正愿，心说：“德胜拥有最胜福田，必将获得最大的最好的果报。我得接受他的布施，让他的心愿得以实现。” 于是，佛陀接受了德胜的“干粮”，使他布施后感到快乐，从而种下他未来成为国王的因。“好哦，好哦，”看到佛陀接受了德胜的布施，无胜跳着脚说：“世尊接受我们的布施了！”德胜也站起身来蹦跳起来。

看着面前两个天真无邪的孩童，佛陀露出了微笑。他这一笑让两个孩子更加快乐，便绕着他跳起舞蹈，佛陀的笑容随之更深了。阿难见了心说：“世尊已经成佛，怎么露出了微笑？”想到这里他急忙直身跪于佛陀面前，合掌说道：“世尊啊，您已经了断忧愁、骄傲和轻慢，是这个世界中最上等的人，不会没有任何缘由地微笑。但是现在这德胜用土布施，您却露出了微笑。难道这里有什么奇特的因缘吗？”

佛陀听了阿难的话，说：“阿难啊。你说得很对，我不会没有缘由地微笑。我这次笑，是因为这两个孩子所做的布施换来了很大的善果啊。”

阿难打量一下这两个孩子，然后对佛陀说：“我没看出这两个孩子有什么特别的，再说这一把土能有什么善果呢？又不是真的干粮！”

佛陀听了阿难的话说：“阿难，布施讲究的是诚心，只要诚心，施主们布施给我们任何东西都能获得果报。这两个孩子布施的心非常真诚，我已经全部通晓，所以我说他们能有好果报！”

阿难听了急忙问：“世尊，是什么果报，能跟我说说吗？”

佛陀听了就用那犹如天籁的声音说：“阿难啊，在我示灭一百年后，这个孩子再次投生在花氏城，成为国王频头莎罗王的儿子，名叫阿育。再之后会成为阿育王，统一阎浮提成为转轮圣王。他还会得到我舍利子，在全世界修建八万四千座佛塔，使得众生受到佛法庇佑。这就是他现在用这捧土布施给我获得的福报！”

阿难听了非常吃惊，说道：“没想到啊，诚心布施竟然能有这样的福报，从今以后我当勤于化缘，让更多诚心施舍的人获得善报！”

佛陀听了他的话点头赞许，然后将德胜布施的土交给他，说：“阿难啊，你将这些土洒在我曾经行道的地方！”阿难听了，恭敬地接过土，按照佛陀的指令前去行事。

下边说说阿育王的家谱，了解一下孔雀王朝的历史。

在很久以前的摩揭陀国有个国王，名叫频婆娑罗王，他深信佛法皈依佛陀。他的儿子名叫阿阇世。阿阇世的儿子名叫优陀那拔陀罗，优陀那拔陀罗的儿子名叫文荼，文荼的儿子名叫乌耳，乌耳的儿子名叫莎破罗，莎破罗的儿子名叫兜罗贵之，兜罗贵之的儿子名叫莎呵蔓荼罗，莎呵蔓荼罗的儿子名叫波斯匿，波斯匿之子名叫难陀。难陀经过南征北战统一印度，开启了孔雀王朝。难陀的儿子名叫频头莎罗王，花氏城频头莎罗的儿子名叫宿尸魔时（阿育王）。这便是阿育王家谱。

佛陀示灭一百年后，在瞻婆罗国有婆罗门到了60多岁也没有子嗣。他的妻子因为这个经常到寺院祈愿，终于如愿怀了身孕。十个月后生下了一个女孩，婆罗门给她取名叫须跋陀阑吉。

“夫君啊，我真的对不起你啊，本来以为是个儿子，结果是个丫头！”婆罗门妻子哭泣着说。

“夫人不要这样说，我看她容貌美丽，说不定将来有大出息呢！”婆罗门安慰妻子说。

再说这须跋陀阑吉到了五六岁的时候，已经成了远近闻名的小美人胚子。婆罗门和妻子只要看她一眼就心情愉悦忘记了疲累。“我的女儿将来肯定有出息，我得找个相师为她占卜一下。”于是，婆罗门特地找来一个相师为女儿占卜。相师看了须跋陀阑吉的相貌之后，闭目思虑了一番，最后睁开眼睛说道：“恭喜婆罗门，贺喜婆罗门，你这个女儿不简单啊，拥有大福之相，将来必会成为第一夫人而被国王宠爱。而且，她将来生了两个儿子，一个将成为铁轮王，另外一个将出家修行成为罗汉！”

“果真如相师说的一样？”婆罗门笑得合不拢嘴，得到相师的肯定之后，他从怀里掏出很多珍宝，“相师，这些珠宝不成敬意，请笑纳！”

相师也不推辞，拿了珠宝就离开了婆罗门家。

婆罗门手舞足蹈，家人看了就问：“老爷啊，啥事儿让你这么高兴啊？”婆罗门听了说道：“我的女儿未来高贵得很呢，你们可要给我看护好了！”家里人听了不敢怠慢，倍加呵护。

一晃十多年过去了，须跋陀阑吉长成了美丽的大姑娘。这一天，婆罗门对她说：“当初你出生的时候，有相师说你将来会成为国王第一夫人。现在你已经长大了，我必须送你进宫！”

“父亲啊，我不想过那种高墙一般的日子，我想陪着您和母亲！”须跋陀阑吉说。

“这是什么话呢，哪有陪父母一辈子的女孩子呢？”婆罗门叹口气说，“你命里就不是生活在这样家庭的人，王宫才是你真正的家！”

“我不要年老的，我也不要年纪小的，我不要太英俊的，也不要太难看的，”须跋陀阑吉说，“那父亲想把我嫁给哪个国王呢？”

“放眼天下，只有花氏城的频头莎罗王才是最好的人选，”婆罗门兴奋地说，“他非常符合你的要求！”

须跋陀阑吉知道父亲的脾气，她虽然千百个不愿意也不能表现出来，只好跟着父亲来到花氏城。一进城就有男人发现了须跋陀阑吉的美丽，他大声喊起来：“天下竟然有这么美丽的女人！”路人听了纷纷看去，都觉得是天女下凡，不由得看得呆了。想象一下，一个美丽的女子行走街头，两边站满了如痴如醉的行人，那是什么样的场景呢？

“孩子，我们快走，找一家客栈住下来，否则遇到歹人就惨了！”婆罗门说着拉起女儿开始狂奔，找到一家客栈钻了进去。

婆罗门为了实现当初相师的授记，给女儿穿上美丽的服装、配上精美的配饰，让她看起来更加美丽妖娆。然后，他来到王宫找到了负责总体事务的大臣，塞给其好多珍宝，说：“我的女儿能不能进入王宫，就看大人了！”总管收了好处拍着胸脯说：“这事儿就包在我身上，你尽管放心！”接着，他走过去看了看须跋陀阑吉，被其美丽所吸引，由衷赞叹说：“果然美丽，只可惜进宫之后要受罪了！”婆罗门听了说：“大人这话啥意思呢，王宫要吃有吃要喝有喝，受什么罪呢？”总管笑了笑没说啥。就这样须跋陀阑吉进入了王宫之中，成为了一个小小的宫女。

“咱们宫里来了个美丽的宫女，据说她进城的时候导致道路出现了拥堵呢！”王后的宫人聊着闲话，一个宫女说：“那天我特意去看了看，真的很美，这宫里的女人没一个能比得上她！”

“你们说什么呢，说得这样开心？”王后醒来后听到有人说话，撩开床帐问，“谁这样美丽，是说我吗？”

“完了，王后听到了，她最不喜欢比她美丽的女子，这可怎么办好？”宫女压低声音说。

“你在那里嘀咕啥呢，”王后大声问说，“难道是陛下又选了新的妃子了吗？”

宫女们看躲不过去了，将须跋陀阑吉的美丽形容了一番，最后说：“这个女子什么来历，我们也不清楚，是总管带进来的！”王后听说宫中竟然有如此美丽的女人，就抱着好奇心来看，这一看就产生了嫉妒心。她心想：“王宫就这么大的地方，保不准国王哪一天看到了这个小狐狸精，到时候我可就不受宠了。我得把她整死！”于是，她开始拉拢其他妃嫔说：“姐妹们啊，咱们都觉得自己美丽，实际上，宫中有一个仙女呢！”说完带着众妃子来到须跋陀阑吉附近偷看，王后问：“怎么样，看了之后你们有没有危机感呢？”

“唉，这张脸怎么就不长在我的脸上呢？”

“这不就是传说中迷人的精怪吗？”

“这一下国王陛下可有事儿做了！”

听了众妃子的议论，王后说：“大家不要光嫉妒人家长得漂亮啊，还要为自己以后想想啊。这个小狐狸精这么美丽，难保国王哪一天看到她就不再搭理咱们了，所以要像个办法除去她！”

众嫔妃一听这话就问王后：“有啥法子啊，咱们都是女人，也不能动刀动枪啊！”王后说：“没事儿，我有办法除去她！”

在古代印度，阶层分得很清楚，有婆罗门、刹帝利、吠舍、首陀罗四大种姓，其中吠舍是平民，而首陀罗则是奴隶，这两个阶层从事最低贱的工作。这个王后把心思用在种姓歧视之上，她让出身婆罗门家庭的须跋陀阑吉跟几个奴隶学习理发，对她说：“哪个女孩子进宫不是为了接近国王陛下，从而达到一飞冲天的目的呢？你学会理发，就可以在国王陛下睡着的时候为他理发，这对你来说是件好事！”须跋陀阑吉非常聪明，表面上她认真学习理发技艺，心中却这样想：“这些女人让我干最下贱的工作，目的就是让国王以为我是首陀罗，不加亲近！不过这没什么大不了的，看我怎么戳破她们的诡计！”

有一天，频头莎罗王睡在榻上，须跋陀阑吉站在一旁伺候，等到他进入梦乡之后，王后说：“须跋陀阑吉啊，国王陛下的胡须长了，你给他剪剪吧！”她应了一声，轻手轻脚为频头莎罗王修剪胡须，修剪完毕之后，国王仍然沉睡梦中。又过了半个时辰，国王从梦中醒来，他捋了捋自己的胡须，说道：“来人啊，给我剃须！”

须跋陀阑吉拜倒在地说道：“国王陛下，我已经给您剃完了！”

频头莎罗王听到面前女孩说话如此动听，抬眼看去差一点没了魂儿，半天才问道：“嗯，你是新来的宫女，我怎么从来没有看过你？”

须跋陀阑吉听了说道：“国王陛下眼睛真毒，宫中这么多人您都认识吗？”

频头莎罗王听了哈哈大笑，说：“除了你没人敢这么和我说话，由此可见你是新来的！”说到这里让须跋陀阑吉站起来，接过她递过来的镜子照了照自己的面容，发现胡子头发理得很好，于是问她：“说吧，你为我剪了胡子头发，想得到什么样的奖赏呢？”

须跋陀阑吉听了这话，急忙跪倒在地说：“国王陛下，我不敢有别的奢求，只希望您娶我为妻！”

频头莎罗王听了像被针扎了一般，立刻大叫道：“好大的胆子，你一个吠舍女子，进入王宫已经是最大的恩赐，竟然还要当我的妻子？”

在一旁的王后听了也火上浇油：“就是，你这个低贱的宫女，只为国王陛下剪了头就想当夫人？”须跋陀阑吉听了这话，等于受到了奇耻大辱，高声说道：“国王陛下，我不是下贱的女人，更不是出身下贱的种姓，我是婆罗门女。我的父亲把我送进宫来，本指望能侍奉国王陛下，没想到一直在后宫无缘面见陛下，而且进宫第一天就遭人妒忌。为了不让国王陛下临幸于我，她们便教授我剃须理发，使您认为我是吠舍、首陀罗！”

“原来是这样，”频头莎罗王拍拍脑门做出大悟的样子，“哦，我听总管说过，宫中来了一位绝色美女，原来说的就是你！”

须跋陀阑吉泪流满面说：“绝色我不敢当，但是总管所说的人一定是我！”

频头莎罗王看到她楚楚可怜的样子，说道：“好了，个中情由我都已经了解，以后你不要再做这样的活计！”说完揽她入怀，须跋陀阑吉终于破涕为笑。再后来，频头莎罗王力排众议，让须跋陀阑吉成为第一夫人，权位仅次于王后。之后，他们在一起快乐地生活，生了一个儿子。须跋陀阑吉说道：“我成了第一夫人，而且还有了王子，我的生活再也没有忧愁了。”于是，她为王子取名为阿育，阿育印度语为没有忧愁的意思。后来，她又生了一个王子，取名为尽忧。两个儿子的名字都有拒绝忧愁的意思，由此可见她是多么的恐惧忧愁而向往快乐。

阿育王子一出生，皮肤黝黑，身体特别瘦弱，频头莎罗王看了直皱眉，对他无端产生了厌恶。对须跋陀阑吉说：“你这么漂亮却生出了这样的孩子，难道他像我吗？我有这么丑吗？”之后，对须跋陀阑吉不再热情。

因为从小就受到歧视，阿育王子养成了极大的叛逆心理。每当频头沙罗王来找他的母亲，他都要说一些荒唐的话或者做一些荒唐的事。一来二去，频头沙罗王对须跋陀阑吉母子彻底失望，来的次数越来越少，最后干脆不再来，而是整日和其他嫔妃混在一起，又生了很多王子、公主。

有一天，王后来到须跋陀阑吉面前，冷笑说：“我还以为美丽妖娆的须跋陀阑吉永远受宠呢，原来也有被冷淡的一天！”听了她的话，须跋陀阑吉心说：“是啊，如今我人老色衰，国王陛下不再喜爱！”想到这里行礼说：“王后，你我都是女人，都有色衰的一天，我的今天必定是你的明天，希望你好好珍重！”王后听了这话恨得牙根痒痒，找了个理由将须跋陀阑吉母子送出了宫，安置在了花氏城一处偏僻的院落里。

王后知道要想获得至高荣誉，必须让自己的孩子获得国王的重视，甚至成为未来的国君。于是，她对频头沙罗王说：“国王陛下，你有众多王子，应该选一个储君出来才是！”

“王后，我知道你的意思，你是想让长王子当储君，但是这件事情要从长计议，急不得！”

“国王陛下，长王子聪慧、文武双全，应该立为储君！”王后大声说。

“王后，女人不要参与朝政。我今天来你这里，就是想清静一会儿，没想到你竟然这样！唉，还是须跋陀阑吉好啊，肯听我说话，肯陪我解闷！”说完甩袖而去。不过，经过这件事情之后，他对立储君的事儿也开始考虑。

这一天，频头莎罗王坐在王位上想：“我不能永远活着，这王位早晚要传给我的王子。我得让相师看看哪一个适合做储君！”想到这里他让仆从找来一个名叫宾陵伽婆嗟的相师。这个相师知识渊博，对星象和面相深有研究。他奉诏进宫之后跪倒于频头莎罗王面前：“国王陛下，召老臣进宫有什么事情吗？”

频头莎罗王坐在王座上，用十分威严的声音问道：“相师，据你看来我的这些王子谁能继承我的王位啊？”

相师听了，说道：“回禀大王，没有面见各位王子，我不能乱说，因此，请大王召集所有王子到金地园，在那里我相众王子的面相。”于是，频头莎罗王让几个奴仆分头去告诉王子们到金地园集合。

在阿育王王子和母亲须跋陀阑吉说话的时候，有仆人前来禀告说：“第一夫人，现在国王陛下正在金地园为众王子看相，阿育王子快些过去吧！”

须跋陀阑吉听了，说道：“好的，你去告诉国王陛下，阿育王子马上就去！”

等仆从走了之后，她对阿育说：“你听见了吧，还不前去金地园，不要让众人久等！”

阿育王子听了皱起了眉头，说道：“母亲啊，父王因为看不上我而冷落了你，我为什么要去金地园呢，我就在这里陪着母亲！”

须跋陀阑吉听了他的话很生气，说道：“你这个孩子啊，你不是你父王的儿子吗，别的王子都去了，你为啥不去啊，难道通过这种方式和你的父王对抗吗？你必须去！”

阿育王子听了叹口气，说道：“好吧，既然您让我去我就去，不过现在马上吃午饭了，请母亲给我准备一些吃的东西吧！”

须跋陀阑吉听了他的话笑着说：“你这孩子啊，饭量很大，总是惦记着吃饭！我已经给你准备好了，有饭有水，还有乳酪，你带上去吧！”阿育王子听了带上这些东西向外走，须跋陀阑吉不忘叮嘱他：“记住，千万别和王子们怄气，不要顶撞你的父王，完事之后早些回来！”阿育王子答应一声便快步离去。当他走出花氏城的时候，罗提掘多（无胜）骑着大象过来了，他看到了阿育王子，急忙从象背上爬下来，问：“王子殿下，你这是去哪里啊？”阿育王子说：“国王陛下在金地园为王子们看相，我这是往那里去！”

罗提掘多听了急忙递给他大象的缰绳，说：“金地园离这里还有一段路程，你就骑着我的大象去吧！虽然它有些老但总比您步行快一些啊！”

阿育王子听了摆手说：“不行的，你还要骑着它呢！”

罗提掘多说：“王子殿下不必考虑我，我走着回去就行了！”

阿育王子听了，接过缰绳爬上象背向金地园走去。

等到阿育王子来到金地园的时候，其他王子都已经到了，把好的位置全占了。此时，他们正叽叽喳喳吵个不停，看到阿育王子一起停了下来，有个王子撇嘴说：“父王要给咱们看相，他来这儿凑什么热闹？”王子们听了哈哈大笑起来。阿育王子谨记母亲的叮嘱，狠狠地压住自己的怒气，坐在了后边的地上。这个时候已经是中午了，王子们拿出各自可口的饭菜吃了起来。

“嘿，王兄你吃的是什么？”

“不知道吧，这是母亲最拿手的菜肴！”

“我发现咱们吃得都不错，就不知道阿育吃的是啥？”

众王子一起注目阿育王子的餐盒，他平静地打开陶壶喝了口水，然后打开餐盒吃着粳米饭，再就着乳酪吃得津津有味。

“你看阿育王子竟然吃这样的东西，没有任何滋味，难怪他长得瘦弱。”

“他性格暴躁，举动粗俗，看来就是吃这个吃的，因为只有农夫才吃这个！”

“哎，他坐在咱们中间大嚼特嚼的样子真是太丢人了！”

种种议论都听在阿育王子耳中，但他不动声色继续坐在那里吃东西。吃完还将手指伸进嘴里吮吸，这一下王子们受不了了，有人高声说道：“阿育你的表现太差了，怎么可以吮吸手指呢？”阿育王子没有回答，从地上捡起一个草棍剔牙齿，王子们对他的举动彻底无奈了……

就在这个时候，频头莎罗王咳嗽两声说道：“你们静一静都坐好了，我让相师给你们相面！”众王子听了立刻闭嘴将身体挺得直直的，因为他们知道这是父王在选择太子，必须得好好表现一下。频头莎罗王看到王子们的表现非常满意，然后对相师说道：“相师啊，王子们都到齐了，你给我看看我死了之后谁可以担当国王！”

还没等相师说话，就有王子大声说道：“父王春秋正盛为啥说‘死’这样难听的字眼呢？”

“对啊，我们并不知道父王为此事召集我们，要是知道万万不肯前来。我们只求父亲身康体健、江山永驻！”

“父王啊，我们都是小孩子，怎么可以当国王呢？”

王子们纷纷劝阻频头莎罗王，不要做这样不吉利的事情。阿育王子坐在那里看着他们拙劣的表演，心想：“这帮家伙口是心非的，没有一个好东西！”阿育王子黑瘦，在人群里非常显眼，频头莎罗王看他呆呆坐在那里，并没有和其他王子一样劝阻自己，心里非常生气：“这小子不说话，看来是希望我早死啊，王位绝对不能给他！”面上他却风平浪静，摆摆手对众王子说：“我是国王，是人不是神，总是要死的。我只不过提前预测下而已，你们没有必要紧张。”双眼巡回扫视王子们，看到阿育王子的时候眼神变得凶狠起来。就是这样微小的举动被相师捕捉到了，他想：“一直传言国王陛下不喜欢阿育王子，今天看来传闻没有假。不过这些王子中唯独阿育王子具有王相，哎，难道这就是所谓的命运的安排……”

就在这个时候，频头莎罗王打断了他的心事，问他：“相师啊。你也看了好一会儿了，谁能担当未来国王？”

相师咂咂嘴说：“国王陛下，事关国家未来，让我再仔细相相。”

于是，他装作很认真的样子相众王子，而心中思考：“阿育王子上应天命，必定成为国王。但是我要这么说的话，国王陛下不得砍了我的脑袋？哎，他再追问我该如何回答呢？”想到这里禁不住脑门出了细密的汗珠。为了掩盖自己的窘态，他扇着风说：“天太热了！”频头莎罗王早等得不耐烦，听到他说这话就大声问：“相师，怎么样了，这都过去一刻钟了！”

相师装作很神秘的样子说：“国王陛下，我已经看出哪位王子具有王相，但是天机不可泄露，我只能说他的形象而不能说名字！”

得到频头莎罗王的肯定之后，相师继续说：“吃、喝、坐、行、品、器第一的为王，即吃的是天下第一的粮食；喝的是天下第一的饮料；坐的是天下第一座；交通行走是天下第一的坐骑；品的是天下第一味；用的是天下第一的器具！”相师的话说完，下边的王子们心中乐开了花，他们都是这样想：“我坐在第一排，吃的喝的都是最优等，而且都是骑着骏马而来，因此我是未来的国王。”

阿育王子拥有智慧，立刻明白了相师的话，心说：“不会吧，我竟然是未来的国王？”他这样认为当然有根据：吃，粳米为食物之首，可称为第一饭，他吃的恰恰又是粳米饭；喝，所有饮品离不开水，因此水可称为第一浆，他喝的东西正是清水；坐，大地承载万物，被认为是最原始的座位，因此可称为第一座，他恰恰坐在地上；行，在古印度大象是第一坐骑，只有刹帝利和贵族才能骑乘，他骑的正是大象；品，乳酪为天下人所爱食用，可称为第一味，而他吃的正有乳酪；器，陶瓦器具在古印度使用最广，可称为第一器，好巧不巧他用的正是陶器。这样的话，阿育王子不就是未来的国王吗？阿育王子明白了相师的话，但并没有沾沾自喜，反而觉得心烦，为什么呢？他和频头莎罗王不和，不想要他的东西，包括这个国王的宝座！

频头莎罗王听了相师的话，沉吟了片刻，问：“相师，能不能明白告诉我，谁是未来的国王！”到了这个节骨眼，除了阿育王子和相师之外，所有人都对这个问题感兴趣，特别是那些王子，纷纷立起耳朵，希望相师说的人就是自己。相师没有说话，起身行礼飘然而去。

“相师，好大的胆子！”频头莎罗王怔怔地看着相师的背影发呆，然后摆摆手对众王子说道，“你们都散了吧！”

“哎，这是什么事儿啊，白来一趟！”

“就是啊，那个相师太能装了！”

“害得我今天没有出去游玩！”

王子们纷纷低声抱怨着，在走出金地园门口的时候，有王子说：“众位兄弟，我看相师八成说的就是阿育！”

“不会吧，你怎么知道的呢？”

“因为他的吃、喝、行、坐、品、器都是第一！”

“就算相师说的是阿育，父王厌恶他，绝对不会将王位传给他的！”

“到底是不是他，咱们就拭目以待吧！”

阿育王子夹在队伍中，对王子们的话听得一清二楚，心说：“这些家伙从小和我作对，今天知道了相师的意思，绝对不会让我安生，我得远离这是非之地！”

相师宾陵伽婆嗟离开金地园，直接来到阿育王子府上，见到第一夫人之后，拜倒在地说道：“第一夫人，您的儿子阿育王子未来将是阎浮提的王者！我今天来这里是想告诉你们，快些离开花氏城，到王舍城去，等到时机成熟，你们还会回归这里！”

第一夫人须跋陀阑吉听了他的话，问：“相师，我们母子和你素来没有过多交往，为什么要告诉我这些？”

相师听了哈哈笑道：“我只是应天而行，和我们交不交往没有任何关系。”说完他离开这里来到第一辅相府，对第一辅相说：“第一辅相，阿育王子命中注定要统一阎浮提成为铁轮王，拥有金轮王四分之一土地，因此你应当忠心帮助阿育王子。现在请将阿育以及第一夫人送到王舍城躲避国王陛下，不让他们受到伤害。当然你这样做也有好处，那就是你的儿子将来会接替你成为第一辅相！”说完这些话之后，相师飘然而去不知所踪。

须跋陀阑吉在花氏城受够了冷落，心说：“离开这里也好，一来保护我的儿子不受伤害，二来可以不见频头莎罗，落得个清净！”当夜，她背着简单的行李，领着阿育王子走出家门，远远地看到门口停了一辆马车，正在迟疑间，第一辅相掀开门帘招手说：“你们快上来，我送你们去王舍城！”上了车之后，阿育王子看到了罗提掘多，问第一辅相：“大人，是不是让罗提掘多陪我待在王舍城？”

第一辅相听了施礼说：“是的，王子殿下，罗提掘多听说你要去王舍城，闹着要跟着来。到了王舍城，你们都要改名换姓，以免引起他人注意！”几个人欢快地聊着，在夜色的掩护下向王舍城而去。得知须跋陀阑吉和阿育王子失踪，频头莎罗王没有伤心，说：“这样也好，省得我看到他们坏了心情。”

过了七八年的光景，得叉尸罗发生了暴乱，频头莎罗王派去了几员大将都被杀死了，没有办法，他让王子们带兵平乱，可是这些胆小如鼠的家伙，一听说要领兵打仗都谎称得病，不肯前去送死。“这帮没用的东西，各个胆小如鼠，”频头莎罗王坐在王座上怒气冲天，“没有一个能为我分忧！”这时候第一辅相跪倒在地说："国王陛下，您还有阿育王子，也许他可以代替您平乱！"

频头莎罗王听到这个名字大声怒喝："好啊，你竟然在这个时候提起他，你什么居心？"

第一辅相镇定自若地说："国王陛下，您现在除了御驾亲征之外，只能把阿育王子召回来！"频头莎罗王听了这话，心想："召回阿育也好，趁这个机会除去他！"于是，他颁发王旨，让阿育王子火速回到花氏城。

阿育王子突然接到王旨，心中预感不妙，对母亲说："母亲，父王召我进宫有着他的算盘，万一我死了，你就在王舍城不要回花氏城！"说完和罗提掘多骑着骏马向花氏城奔来。

"阿育，得叉尸罗发生叛乱，我命你为将军前去讨伐！"看着分别八年的儿子，频头莎罗王没有任何的慰问，直奔主题。

"孩儿领命！"阿育王子知道父亲向来心胸狭窄，如果不答应的话，肯定用母亲的性命进行威胁，与其这样还不如领兵出战。

频头莎罗王没想到阿育王子这么痛快就答应了，又恐惧他一旦拥有战功，大臣们让他做太子，就私下告诉掌管四军兵器的大臣："不要给阿育准备武器！"等到四军集合的时候，阿育王子发现没有配备兵器，就问那个大臣："既然给我兵士，为啥不配备武器？"大臣听了说："国王陛下说王子神能，不用兵器就可以收复得叉尸罗！"阿育王子听了二话没说带着四军向得叉尸罗进发。路上他心想："父王这是让我送死啊，没有兵器，我的军队就是没有牙齿的老虎，外表吓人而已。不过，我应上天之命，这岂能难倒我？"其他将领看他阴沉着脸也不敢说话，阿育王子感受到了他们的心思，开口说："各位，没有武器不要紧，我命终注定是未来的国王，不会这样轻易战死。再往前走就会有奇迹发生！"

将领们听了他的话，心说："这个黑瘦的娃儿净说瞎话，走了这么远都没什么奇迹，再往前走又能咋地呢？只不过是哄骗大家跟着他送死！"

阿育对他们磨磨蹭蹭的样子视若不见，狠狠抽胯下之马一鞭子向前奔去，众将只好随后跟上。走了一由旬左右，有大地之神利用神通使地面开裂，刀枪剑戟纷纷从中涌了出来，在阳光的照射下反射着寒光。阿育王子手指堆积如山的兵器说："那里就是兵器，现在你们有没有勇气跟随我作战？"将士们振臂高呼："我们誓死追随王子殿下，不收复得叉尸罗绝不回兵！"得到武器的大军犹如猛虎向得叉尸罗扑去。

得叉尸罗这边得知阿育王子带四军前来攻打，主将说："花氏城真的没有人才了，竟然派来一个小孩儿！"

左右副将听了劝说："将军，可不要小瞧了这阿育王子，他排兵布阵很有一套的！”

主将听了哈哈大笑，说：“等他来了，我和他较一高低！”说话间，有兵士进来报告：“将军，阿育王子已经将城池团团包围！”刚才还谈笑风生的主将顿时脸都白了，急忙来到城墙上观看，只见四周都是密密麻麻的敌兵，象军、马军、车军、步军次序前后排列，阿育王子高举佩剑喊道：“弓箭手准备！”唰，上万支利箭一起上弦，放箭命令一下，飞箭如蝗向城中飞来，射死两千多名守军。

“威武的阿育王子来了，我们没有办法与他抗衡，我们还是开启城门前去谢罪吧。”有人在城中振臂高呼，这话获得了所有百姓的认同，于是他们涌到得叉尸罗主将府邸请愿。这个主将利用民怨煽动造反，这个时候看到阿育王子率军前来，百姓又前来逼迫自己，心说：“这一下完了，弄不好这些百姓得把我捉住送给阿育王子，我还是躲起来的好！”于是，等到百姓来到他门前请愿的时候，他就藏起来不见任何人。

“这个狗官，我们杀进去捉了他，绑起来送到阿育王子面前！”有人鼓动说。于是，百姓们撞开大门冲了进去活捉了主将，将其绑缚得严严实实，送到阿育王子面前，说道：“就是这个人煽动我们造反，现在交给王子殿下发落。为了欢迎王子大军，我们现在正将城中道路铺平，过不了一刻钟城门就会打开，大军就能入城了！”过了一刻钟城门大开，沿着街道跪满了人，足足排出去半由旬的距离，每个人手中捧着名叫吉瓶的瓶子表示愿意投降，说道：“我们不叛变于国王陛下，不叛变于王子殿下。因为国王身边一些恶臣暴力施政欺压百姓，我们这才起兵造反！”

“只是这个人有罪而已，其他人一律不咎！”阿育王子骑在战马上大声说道。百姓们听了他的话齐声欢呼，跳起欢快的舞蹈欢迎大军入城。之后，阿育王子运用自己的智慧调伏百姓，然后率兵回国。原本希望阿育王子战死沙场的王子们听说他安然回来了，都吃了一惊，聚到一起说：“从今以后，咱们要齐心对付阿育，绝对不能让他成为国王！”于是，他们来到频头莎罗王面前说：“阿育得胜归来，并不是他有多厉害，还不是得叉尸罗的人惧怕父王威力。真是让他捡了个大便宜！”

“嗯，的确是这样啊，这小子运气还真不错！”频头莎罗王捋捋胡须，“不过，你们明知道去了就能赢，为啥不去呢？都是嘴上厉害的角色！”

众王子被他这一抢白都没了话儿，蔫头耷脑站在那里去也不是留也不是。

频头莎罗王心里早有了主张，等到阿育王子跪倒于面前的时候，大笑说：“不愧是我的儿子，果然给我争气！”

阿育王子听了口不由衷地说：“是父王神威，得叉尸罗才能不战而降！”

频头莎罗王点点头说："阿育啊，最近总是不太平，那佉沙国又开始叛乱，你去那里平定叛乱吧！"

阿育王子听了心说："父王见我没有死，再让我身犯险境。若我不答应便会治我死罪，答应可能战死，我选后者还有活的希望！"想到这里，阿育便对频头莎罗王说道："孩儿愿意前往！"于是，又率领大军向佉沙国杀去。大军没到佉沙国，那里的百姓就已经炸开了锅，都吵吵嚷嚷要投降。国王只好满脸愁容地问大臣们："这阿育王子可了不得啊，没耗费一兵一卒就降服了得叉尸罗，咱们还有必要反抗吗？"

"国王陛下，不要听信那些小道消息，一个黑瘦的娃娃有什么可怕的？"有大臣说。

"我反对，得叉尸罗有我的朋友，他跟我说了阿育王子非常神勇，原来没有武器，大地之神将地裂开，送给他刀枪剑戟各式武器，神灵都保佑的人谁敢抗衡？我看啊咱们还是投降，免得百姓跟着遭殃！"

一时间，大臣们吵成一团，主张反抗的，主张投降的各说各的理。正在这个时候，有兵士前来报告军情，说阿育领兵已经到了城下。佉沙国国王听了浑身直哆嗦，半天才回过神说："开城门放王子大军入城！"

阿育王子本要放箭，只见城门慢慢开启，视线里那佉沙国国王跪在第一位置，接下来是第一大臣，依次排到平民百姓，迎接队伍足足排出去半由旬！阿育王子号令全军不得伤害任何人，进城之后不得大声喧哗。佉沙国国王被阿育王子严格治军的方式折服，主动接受他的指挥恢复生产。在佉沙国待了两个月，阿育王子带着军队回国复命。之后，有一个天神护佑着佉沙国，他对国内民众说道："你们千万不要再叛逆于阿育王子。"

民众听了问："大神，请说具体原因！"

天神说道："阿育王子是未来的铁轮王，拥有金轮王四分之一的领地，那个时候四海都归附于他。与他抗衡，就是白白枉送性命！"

就连神灵都这般崇敬阿育王子，佉沙国百姓对他更是视若神明。

再说阿育王子率领大军走到半路，从树林中冲出来两个手持利刃的壮汉。副将见了唰啦拔出大刀命令兵士："拦住那两个壮汉，不要让他们接近王子殿下！"

"哈哈，就你们这帮小兵还想拦住我们？快快交出财宝，否则一个不留！"一个壮汉一掂大刀瓮声瓮气地喊。

"大胆毛贼，在阿育王子大军面前竟敢如此大言不惭？"副将轮着大刀催胯下战马冲了过去。

"哎，等等，你刚才说什么王子？"两个壮汉往后一跳做出暂停手势。

“阿育王子！”副将收住大刀大声说，“你们耳朵塞了毛不成？”话声未落，两壮汉叮当扔了武器跪倒于路上施行大礼，说：“王子殿下，我们找您找得好苦啊，这下可算遇到您了！”

“哦？我和你们素不相识，找我做啥啊？”阿育王子催马上前问。

“哎，我们早就听说王子殿下的威名，不动一兵一卒就收复了得叉尸罗、佉沙国，我们这是来投奔您啊，请收我们做您的随从！”其中一壮汉回答。另外一个在一边频频点头，表情十分热切，好像阿育王子不答应就自行了断一样。

“你们可有什么本领？”副将问两壮汉。

“我们是方圆数由旬之内出名的力士！”说着，两个大汉举起路边的千斤大石。

“真是有一把好力气，就跟我当随从吧！”阿育王子说。两壮汉听了孩子一般高呼起来，然后拎着武器进入队伍中，一左一右保护主人。阿育王子非常喜欢这两人，说：“你们既然做我贴身侍卫，我就赐给你们领地。不过，不要因为这个产生骄傲。”

两个壮汉听了拜倒在地说道：“我们这一辈子誓死保证王子安全！”

这一天，阿育王子大军来到了花氏城外，频头莎罗王听说阿育王子凯旋，领着大臣以及王子们出来迎接。王子们站在欢迎队伍里，远远地看到阿育王子威风凛凛从远处走来，恨不得扑上去将他撕成碎片。

“哈哈，我的阿育凯旋，我真高兴啊！”频头莎罗王满面春风地拥住阿育王子，“你不用一兵一卒先收复了得叉尸罗又收复了佉沙国，真让我意外啊！”

阿育王子心想：父王啊，你当然意外，你的本意就是让我战死！想到这里，他面不改色，谦虚地说：“都是父王威名在外，所以佉沙国才能顺利收复！”说完跪倒在地：“孩儿拜见父王！”频头莎罗王将他扶起来，拉着他的手向花氏城走去。两个壮汉急忙跟上，拎着武器一左一右保护阿育王子。

“这两位是……”频头莎罗王问。

“忘记告诉您了，这两位是有名的力士，以一当百，凶猛异常！”阿育王子介绍说。

“哦，好，好！”频头莎罗王点头赞叹，心里想：“有这两个家伙在旁边，还真的不好下手！”这时候跟在后边的大王子贴近频头莎罗王，轻轻地拽了拽父亲的衣襟。频头莎罗王回头瞅瞅他，摇摇头。原来，王子们袖中都藏着利刃，打算在阿育王子落单的时候杀了他。上天有眼，安排了这两个力士，使得他们非常忌惮，只好取消计划。

“来来，阿育啊，庆祝你凯旋！”长王子上来敬酒，指甲不经意地伸进了酒中。阿育王子火眼金睛，心说：“这家伙给我下毒，我不能喝这酒。”灵光一闪接过酒来说：“打赢这场仗并非我厉害，而是那些死去的兵士功劳最大，我要敬敬他们！”说完洒酒进行祭祀。其他王子纷纷上来劝酒，阿育王子捂着脑袋说：“今天喝多了不能再喝了，要不这样，我给大家舞剑助兴？”说着噔啷一声抽出佩剑舞了起来，那寒光闪闪的剑尖从长王子面前闪过，飘过二王子面门直奔三王子而来，吓得他大叫一声拔腿就跑。

“哈哈，三哥不要走么！”阿育王子紧紧跟上，追了一半一个踉跄扑倒在地。两个力士见了急忙冲上去，架起主人就走，也不跟频头莎罗王交代一声。频头莎罗王气得攥紧酒杯，心中将阿育王子骂了个狗血喷头。

阿育王子走了，庆功宴没有了主角自然宣告结束。频头莎罗王将众王子留下，对他们说：“阿育身旁的力士不可小视，以后你们不要轻举妄动，一切行动听我指挥！”

众王子听了心里不服，嘴里却说：“我们听从父王命令。”

频头莎罗王叹口气说：“苏深摩留下，其他都退下吧！”

“父王，今天都是我太过鲁莽，差一点害了您！”等到众王子离去，苏深摩跪倒在地羞愧地说，“请父王责罚！”

“你起来吧，”频头莎罗王坐在王位上，叹口气说，“不要总是嫉妒别人的能力，你如果不增加自己的战功，我真没有理由将王位传给你！”

“孩儿明白父王的苦心，我一定尽心尽力为父王分忧！”

父子二人聊到很晚才分别。原来苏深摩并不知道频头莎罗王想将王位传给他，这次谈话让他吃了一颗定心丸。不由自主竟然升起了骄慢心。这一天，苏深摩进入花氏城要拜见父王，在路上遇到了第一辅臣。这个第一辅臣是个光头，苏深摩见了感觉可笑，便用手打他的头进行取笑，说：“第一辅臣啊，将来我当了国王，你就站在我的桌前，这样我不节省很多燃油？”第一辅臣吃了一痛，再一听这话怒火中烧，心想：“苏深摩还没有做国王就已经利用自己的权势骑在我的头上，如果当了国王不得用刀割了我的脑袋？”这次遭遇之后，他对苏深摩印象极坏，在大臣会议上向五百大臣说：“苏深摩为人倨傲，不是当国王的材料！我记得当初相师宾陵伽婆嗟对我说，在所有王子中只有阿育王子具有王相，而且未来将成为铁轮王，拥有金轮王四分之一的土地，因此我们应当共同拥护阿育王子，让他成为国王才好！”众大臣听了无不赞同，做好了拥护阿育王子为王的准备。

过了不久，频头莎罗王身边恶臣再度运用权势对得叉尸罗百姓进行压榨，当地长官再次利用民怨趁机造反，频头莎罗王觉得机会来了，就叫来苏深摩，对他说：“一直以来你都没有机会积累战功，现在机会来了，得叉尸罗又开始造反，我给你象、马、车、步四军前去平叛，你可愿意为我分忧？”

这苏深摩早就垂涎于太子之位，听了这话高兴坏了急忙说：“孩儿愿意替父分忧！”

第二天，他率领配备精良的四军前往得叉尸罗。阿育王子获知了这件事，心想：同样都是儿子，他苏深摩出兵就有武器，我凭什么啥都没有？父王啊，你真是糊涂啊，把王位交给这样的软蛋能有什么好结果呢？哼，我就等着看好戏吧！

“报主将，”从远方奔来一匹快马，尖兵滚鞍落马说，“频头莎罗王又让王子带兵前来攻打得叉尸罗。”

“哪位王子？”主将心中咯噔一下，“是不是阿育王子？”

“报主将，这次不是阿育王子，而是苏深摩王子！”尖兵说。

哈哈哈，主将听了这个名字放声大笑，然后站在城墙上高声问百姓们：“这次频头莎罗王又派王子来攻打咱们，大家怕不怕？”

“除了阿育王子之外我们谁都不怕！”百姓振臂高呼，真可谓是举臂如林。

“好，这次不是阿育王子，是苏深摩王子，这个无能之辈也配当主帅？我问你们可做好了战斗准备？”

“我们做好了战斗准备，随时准备战死！”

看情绪调动差不多了，主将命令打开城门，率领百姓们向苏深摩大军冲去。

“前边为啥有喊杀声？”苏深摩看到前边尘土飞扬、杀声震天不由得出了一身冷汗。

“报王子殿下，是得叉尸罗的百姓冲了过来！”有兵士跪倒马前喊道，“先头军队已经被他们砍杀殆尽！”

“啊？”苏深摩差一点头马背上跌下来，对左右副将说，“你们怎么看？”

“王子殿下，现在敌方群情激昂，我们还是避其锋芒吧，撤！”

“好，撤！”苏深摩调转马头第一个逃跑。于是队伍一阵骚乱自相踩踏死伤无数。退兵两由旬之外，队伍才驻扎下来埋灶做饭。

“哎，好不容易有个表现机会，我却输得这样惨！”苏深摩哭天抹泪，左右副将看他狼狈的样子憋不住笑。“都是你们两个，竟然诱导我撤兵，现在还嘲笑我，该死！”苏深摩大吼一声，叫来左右将他们推出去砍了。当夜，他派遣信使回花氏城，向频头莎罗王求援。

当信使来到频头莎罗王面前禀告苏深摩失利的时候，这个孔雀王朝第二代掌门顿时急火攻心晕倒过去。宫人们顿时乱了套，有人找来第一辅相和御医。

“御医，国王陛下没事儿吧？”第一辅相问。

“国王陛下急火攻心，这次看来凶多吉少，你还是给他准备后事吧！”御医看了看频头莎罗王的面相说。

“什么准备后事，不要妖言惑众！”频头莎罗王睁开眼睛，吓得御医立刻跪倒在地磕头不止，频头莎罗王摆摆手说：“算啦，念在你辛苦多年的份上这次饶你不死，还不快点下去！”御医听了连药箱都不要了，连滚带爬离开了国王寝宫。

“一直以来，我都觉得自己身体挺好，不想设立太子，现在看来这件事儿必须得办了！”频头莎罗王蹙着眉头自言自语。第一辅相听了急忙跪倒在地问：“陛下，您打算让谁做太子？”

频头莎罗王半坐起来，说：“谁做太子我已经有了打算。你现在下达旨意，封苏深摩为太子替我摄政，同时以苏深摩名义拟定诏书，让阿育带领四军再次攻打得叉尸罗！”

第一辅相听了，脑袋轰的一声，大声说：“国王陛下请三思而行，苏深摩出师不利，不能封为太子！”

“在花氏城里，”频头莎罗王听了气血翻涌，好一顿咳嗽，喘息说，“谁，谁说的算？你告诉我！”

“当然是陛下说的算！”第一辅相匍匐在地说。

“既然我说的算，你为什么不听？嗯？”频头莎罗王沙哑着嗓子喝问。

“臣遵旨，王旨立刻下达！”第一辅相紧闭双眼长叹一声，然后站起身退了出去。频头莎罗王油灯将灭，一下子摔倒在床上，他望着房顶心想：“苏深摩啊苏深摩，你可太让我失望了！我今天能为你做的只有这些了，之后的路如何走看你自己的了！”

第一辅相离开王宫立刻来到阿育王子的家中，对其实行臣子礼，说：“王子殿下，我刚从王宫出来，给您带来了三个消息！”

“哦，第一辅相是国王心腹竟然来我府上，”阿育王子正在喂养鹦鹉，听了第一辅相的话转过身来将其扶起，“必然发生了大事，说吧，什么消息呢？”

“一个坏的，一个好的，一个不好不坏的，先说哪个呢？”第一辅相微弓着身子说。

“先说坏消息！”阿育王子很随意的样子。

“王子殿下看来还要攻打一次得叉尸罗。”第一辅相说。

“什么？”阿育王子故作吃了一惊的样子说，“苏深摩不是已经去了吗？”

“呵呵，这就是我要说的第二个好消息——苏深摩出师不利，国王陛下得知以后急火攻心卧倒在床，看样子支撑不了多长时间了。王子凭你的实力，完全可以夺得国王宝座。”说到这里，他叹口气说：“不过，刚才国王陛下召我进宫，让我下达王旨封苏深摩为太子，并且让您受命于苏深摩再次攻打得叉尸罗！所以说这第三个是不好不坏的消息。”

“哈哈，”阿育王子听了之后大笑起来，“太逗人了，一个败军之将竟然要成为太子，而我连克两个城池，则要听命于他！？”

“王子殿下，您才是上应天命的国王，不必计较这件事。不过当务之急，是想办法推脱攻打得叉尸罗这件苦差事！”

“那我该怎么推脱呢？”

“王子不要心急，我自有办法。”

于是，阿育王子按照第一辅相的说法去做，满身涂黄，胸口喷上鸡血，让人抬着自己来到频头莎罗王病榻之前，说道：“父王，儿臣听说您急火攻心特来探望，不过儿臣也身患重病，就不能向您施礼了！”

“什么，你也病了！”频头莎罗王侧转身体观察阿育王子，心想：“哪有这么巧合的事情，我刚刚决定让他前去攻打得叉尸罗，他就病倒了？”想到这里，他问阿育王子：“你果真得了吐血病？”

“父王，我现在这个样子像装出来的吗？”阿育王子袒露的皮肤一片姜黄，而胸前都是鲜血，频头莎罗王刚开始还相信，但是他发现阿育王子的眼神精光四射，那不是病人该有的眼神。“你……”频头莎罗王怒气攻心，手指着阿育王子，憋了半天吐出一口鲜血。

第一辅臣看时机成熟，急忙用眼神示意众大臣。众大臣立刻会意，跪倒在地说：“阿育王子并非真的得了吐血病。苏深摩出兵不利，还是被封为太子。阿育王子怎么可以在这个时候前去平定得叉尸罗，这不是在打苏深摩的耳光吗？他将来成为国王，阿育王子岂不有话柄掌握在了他手里？所以请国王陛下废掉苏深摩王子的太子位，封阿育王子为太子，这样众兵士才能听从命令，合力攻打得叉尸罗！”

频头莎罗王听了众大臣的话顿时气血翻涌，猛烈咳嗽起来。“父王不必这样动气，”阿育王子看到频头莎罗王的样子，从地上坐起来用中气十足的声音说，“如果我真的有福德力，应该成为未来国王，那么上天就会让天缯结于我的头顶，让我显现出王者之相！”听了这话，频头莎罗王张开沾染鲜血的嘴大笑起来，半天之后说：“你这是自作多情，上天怎么会让你，让你成为王者？”说完双手狠狠地抓紧床沿，努力瞪大眼睛做出威吓状，不过因为脸色苍白瞅上去犹如厉鬼。

就在这个时候，天空响起了奇异的声音，紧接着一个闪着金光的天缯盘结在阿育王子头上，大臣们见了纷纷跪倒礼拜，大声说：“果然是天命之王啊，国王陛下您看到了吧？”

“怎么会这样！”频头莎罗王手指天缯生出无限嗔恚，暗红的血从他的口中汩汩流出。最后，他长号一声而死，双眼瞪得老大看起来非常不甘心。“国王陛下驾崩了！”大臣们被频头莎罗王的死样吓坏了，半天之后不知谁喊了这一嗓子，大臣们立刻纷纷拜倒在遗体前，流着眼泪高声喊道：“老国王驾崩，全国举丧！”这个时候，第一辅相跪倒于阿育王子面前，说道：“国不可一日无君，请王子殿下继承王位。”众大臣听了纷纷跪倒于阿育王子面前，齐声说：“我等一直推举王子殿下为王！”于是，阿育王子登基即位为阿育王。

登基仪式之后，阿育王将第一辅相单独留下来，问他：“你助我成为国王，要我奖赏你什么好呢？”

“国王陛下，我现在已经年老体迈，请您再重新选择第一辅相！”第一辅相深知鸟尽弓藏的道理，于是先一步来一个功成身退。

“罗提掘多与我自小就是知己，他是你的儿子，想来一定跟你学到了很多为臣之道，那么就让他接替你做第一辅相！”

“老臣多谢陛下厚恩！”第一辅相擦拭眼泪，心说：当年相师的话灵验了，阿育王子成为了国王，我的儿子罗提掘多也成了第一辅相，我没有遗憾了！

“既然这样，其他大臣一律官升一级！”阿育王问第一辅相说，“你看怎么样呢？”

“我看不错，这样可以让大家死心塌地拥护陛下！”第一辅相说，“明天朝堂上陛下就可以宣布这个消息！”

第二天一上朝，阿育王就宣布众臣官加一级，大臣们非常意外，急忙跪倒在地谢恩。这个时候，第一辅相走出队列跪倒在地说：“国王陛下，今天是大好日子，本来不该说那些让人生气的事儿，但是这件事老臣必须要说！”得到阿育王允许之后，他说：“现今苏深摩还没有回来，按照老国王的意思，他才是储君，我怕他率兵造反，所以您还是提早做好打算才对！”

“哈哈，”阿育王仰天大笑，“实话告诉你吧，他派来的信使我已经放回去了，苏深摩恐怕已经在回来的路上了！”众大臣听了无不惊呼，阿育王摆摆手说：“众位不要心惊，苏深摩无勇无谋不足惧，我早有应对之策了！”大臣们对阿育王非常敬仰，听了这话安心离去。

再说苏深摩这边，那个信使回来之后添油加醋说了一番，气得苏深摩大呼小叫：“该死的阿育竟然气死父亲，这还不算还举行了登基仪式，这分明是和我对着干！”

说完对帐外呼喊：“擂鼓聚将！”兵士咣咣擂起大鼓，不一会儿所有大将来到了王子帐外。打开帐幕之后，只见苏深摩双眼通红站在帐里，狠狠咬着牙齿说：“各位，阿育杀死了老国王自立为王，咱们怎么办？”

将士们恐惧阿育王威力，站在台下不敢回应，苏深摩心想：重奖之下必有勇夫！于是，他立刻承诺活捉阿育，将领官升三级，兵士赏黄金10两！果然，兵士们纷纷振臂高呼："杀回花氏城，活捉阿育！"将领们顿时成了鸭子，被兵士们逼上了架，高举双手呼喊口号。

"好！"苏深摩年纪轻轻却老眼昏花，看不出除了自己之外，所有人都是在走形式。此时他大咧咧地说："我说到做到，我当了国王，在场的都有好处！"说到这里抽出佩剑往花氏城一指，发出了前进的命令。

"各位大臣，据我布置的眼线回报，现在苏深摩离花氏城只有20由旬距离，众位可有好的抗敌良策？"阿育王身穿铠甲坐在王座上俯视众臣。

"国王陛下，您不是说早有打算吗，请现在说出来，大家研究一下，"罗提掘多跪倒在地说，"定下方案后早些预防！"

"我刚坐王位不久，各位愿意和我一条心抗敌吗？"阿育王问。

"我们愿意听国王陛下调遣！"众臣跪倒一片。

"好，既然各位这么拥护我，那么我就把我的计划说一下，大家研究一番！"阿育王从座位上站起来，指着王座说："这就是花氏城拥有的东南西北四个城门。北门、西门让我的两个贴身力士前去把守；南门由罗提掘多坐镇。你们三个记住，如果苏深摩兵临城下，一定让他到东门与我决战！"

"国王陛下，如果苏深摩不听怎么办？"罗提掘多问。

"苏深摩恨我入骨，知道我在东门必然会来，你们只管去准备！"

两个力士和罗提掘多跪地领命，然后各自率兵来到自己把守的城门。而阿育王亲率大军坐镇东门。他让十个石匠雕刻了一个惟妙惟肖的石象，再让一个木匠做了一个与自己一模一样的人放于石象之上，从远处看起来，就是阿育王骑着一头大象站在那儿。之后，又让兵士在石象四周挖了丈二深坑，坑中放上点燃柴薪，坑上用薄板铺盖，其上撒上粪土，看上去和正常平地一样。做完这些，阿育王对将士说："将东门打开，所有兵士都跟我撤到后院！"

"国王陛下，这样做是不是有些危险，万一苏深摩攻进来，您连个退路都没有！"有大将问。

"你看这个石象真不真，这个阿育真不真？"阿育王不答反问。

"很真！"

"这就没问题了，按我说的做吧！我可不费一兵一卒，就将苏深摩消灭掉！"

将士们本来没有足够信心，但是看到阿育王信心十足的样子，悬着的心都放了下来，跟随他来到后院。

且说苏深摩率领大军来到花氏城南门，他对众将说道："这南门离国王寝宫最近，给我狠狠攻打南门，进入花氏城活捉阿育！"他的话还没有说完，就看南门之上站有一人，那人说道：“苏深摩王子，现在阿育正在东门。如果你攻破东门，阿育便拜你为王。如果你战胜不了阿育，就算攻破南门也没有用处！”说话的人正是第一辅相罗提掘多。

“乱臣贼子信口雌黄，攻破南门就可活捉阿育，给我狠狠地攻击！”苏深摩大声叫道。众将士听了纷纷拔出腰刀就要攻城。

“王子殿下，你攻破南门将损兵折将，到时候和阿育相遇如何取胜？还不如直接去那东门，直接和他决战！”罗提掘多说道。

“好，这次就听你的，”苏深摩调转马头说，“看我杀了阿育，再收拾你这个奸贼和你家那条老狗！”于是，大军踏起一片烟尘向东门而去。“嗯？好个阿育竟然一个人和我对阵！”苏深摩看到院中骑在象背上的“阿育”，被愤怒冲昏了头脑不辨真假就杀了过来。副将在身后高声叫喊：“王子殿下小心有诈！”话声没落，苏深摩连人带马掉进了丈二深坑。“哇，烧死我了，救命！”苏深摩哀嚎失声。阿育王骑着大象从后院出来，站在坑边看着坑中挣扎的苏深摩。“阿育，你这个杀父夺位的畜生，我做鬼也要杀了你！”苏深摩喊完横剑自刎。阿育王闭上眼睛说：“一国没有二君，你好好去吧。”然后调转象头对门外众军喊话：“苏深摩已经死了，其余人全部免罪！”他的话语犹如天雷，门外兵士纷纷放下武器但求不死。有一个名叫贤踊的苏深摩得力大力士投降之后，对众将士们说：“世事无常啊，各位看到苏深摩了吧，就算是王子身也逃脱不了一死啊。我要去出家修行超脱轮回之苦，你们谁愿意跟我走？”有数万兵士听了他的话纷纷跟随，通过修行获得罗汉道。

之后，其他王子、公主以为苏深摩报仇的名义纷纷起兵造反，被阿育王先后擒获杀死。大臣们禁不住有了议论。其中有个天监大臣受了他人指使，以贺寿的名义将大臣们聚到一处，企图摇动他们的立场。在宴席上，这个居心叵测的家伙痛哭失声，大臣们急忙问：“大人啊，今天是你大寿的好日子哭啥啊？”

“哎，我不是哭我自己啊，我是哭你们啊！”

“哦，大人什么意思，明说吧！”

“阿育王残暴，对自己兄弟姐妹都下得了杀手，何况咱们这些大臣，我看还是早早地解甲归田的好！”

“大人不可胡说，这话要是让阿育王听见，脑袋就得搬家！”

“哎，我相信你们也曾听说阿育王未来将成为铁轮王的传说，其实，这是一场骗局，目的就是让他自己登上王位！”

“大人，你是喝多了吧？我们告辞！”大臣们纷纷离席。天监大臣擦干眼泪，嘴角露出了一丝奸笑。果然如他所愿，大臣们纷纷抱病不上朝，原本热闹的朝堂只剩下阿育王和罗提掘多等几个忠臣。

“大臣纷纷抱病，这是怎么回事儿？”阿育王问罗提掘多。

“国王陛下，现在民间谣言四起，说您并非未来的铁轮王，说你为了登基才编了这个谎言！”罗提掘多跪倒在地说。

“胡说，当年相师找到你的父亲让他帮我登基，原因就是我未来可以成为铁轮王！再说头顶神光，谁敢造这样的谎言？”

“陛下，我怀疑是有人恶意中伤！”一个老臣跪倒在地说。

“给我严查这件事，不要让恶人逍遥法外！”阿育王怒从中来，将一个陶壶摔得粉碎。

罗提掘多领命行事，通过不断努力终于查到了天监大臣的头上。于是，他带兵前去捉拿天监大臣。“大人身体最近可好些了？”罗提掘多突然出现，吓得天监大臣急忙爬起来行礼。“哎哟，第一辅相前来看我，我这是多少辈子修来的福啊！”

“大人不要客气，身体要紧！”罗提掘多急忙将他扶起来，话锋一转说：“大人最近可查看天象？”

“第一辅相，您的意思……”

“大人，难道你就没看出阿育王有问题吗？”

“第一辅相，您开玩笑了，我老眼昏花看不清天象了！”

“哦，是这样啊，那你怎么知道他不是铁轮王呢？”

“这，这……”天监大臣知道事情败露了，立刻语无伦次起来。

“大人，事已至此，你跟我走一趟吧！”罗提掘多一挥手，有兵士冲了进来将其捆绑，抬到了阿育王面前。阿育王想：“天监大臣简直太大胆了，竟然议论起我来了。不过那些大臣也不是省油的灯，竟然都抱病在床，分明是和我对着干！我得让他们知道我的厉害！”想到这里，他对天监大臣说：“从今天由你带着那些抱病在床的大臣，去砍伐那些花朵鲜艳果实甜美的果树，用它们编织成栅栏将我喜爱的那些荆棘围起来！”

“国王陛下，我不明白您的意思！”天监大臣说。

“你无须明白我的意思，你只管去做就好！”

天监大臣死里逃生，急忙招来五百大臣，将自己的遭遇说了。大臣们听了议论起来。

“什么，荆棘是多么低劣的植物啊，怎么可以用那么美丽的果树围绕呢？”

“阿育王这葫芦里卖的什么药啊？”

“这还不好理解吗，他是把自己比喻成荆棘，把咱们比成果树，就算再美也要围绕着他啊，而且在场的每一位的生命都不是自己说的算，他想杀就杀啊！”

“太不可思议了，我再也不听从这样昏庸的人的指挥了！”

“既然如此，大家不如一起到阿育王面前讨个说法，让他不要想一出是一出。大臣也是人，也有尊严！”天监大臣看大家都义愤填膺，就提出了这个建议。于是，其他大臣听了纷纷说好。五百大臣来到阿育王面前，天监大臣大声说：“国王陛下啊，自古以来只听说以荆棘来围绕果树，从来没有听说用果树围绕荆棘，请不要这样做，否则天下人都会非议陛下！”

“什么人敢非议我？除了你们还能有谁？”阿育王大声说道。

“请国王陛下三思！”众大臣纷纷跪倒，“不要做出违背常理的事情！”

就这样，大臣们三次拒绝阿育王以果树围绕荆棘的命令，最后终于惹恼了阿育王，他说道：“我来问你们，我是国王还是你们是国王？”

大臣们听了说道：“您坐在王座上，当然您是国王！”

阿育王问道：“既然如此为什么不听从我的命令？”

大臣们说道：“我们只听从正确的命令，对不正确的命令向来拒绝执行！”

阿育王听了狂笑，对兵士们说道：“这些大臣出言无状，给我全部杀掉！”兵士们扑将上来将五百大臣全部绑缚，运至城外进行诛杀。从此以后，大臣们对阿育王心存异心。这样一来慢慢地使他产生了骄慢心理，所有和他接触的人都小心翼翼唯恐招到杀身之祸。

有一年春天，阿育王闲来无事，想到御花园踏青，就跟宫人头领说：“现在是晚春季节，御花园是不是很美啊？”

“是的陛下，御花园花红柳绿好看得不得了！”宫人头领一张巧嘴让阿育王很满意，说：“那你叫上宫女们，咱们一起去御花园踏青！”宫人头领立刻招来几十名宫女，分别拿着果篮、器乐、糕点，还有的负责给国王打着伞盖，队伍浩浩荡荡向御花园走来。到了园门的时候，宫人头领指着远方的一棵树说道：“国王陛下，您看到那棵树了吗？”阿育王手搭凉棚点头说：“看到了，郁郁葱葱很好看啊！”

“国王陛下，这棵树和您同名，也叫阿育！”有宫女快嘴说。

“我母亲给我起名阿育，是希望我免除烦恼。这棵树何来烦恼呢？”

“国王陛下，是这样的，因为世人都有烦忧，都喜欢到这棵树下许愿，希望获得喜悦平和。一来二去大家给它起名阿育！”宫人头领说，“就好比陛下为天下万民免除烦恼，受到无限尊敬一样！”

“哈哈，”阿育王听了宫人头领的话仰天大笑，“好一张巧嘴啊，说得本王心里痛快极了！”

自从知道了阿育树，阿育王经常来御花园散步。阿育树美丽异常，而阿育王本身黑丑，他潜意识中希望自己和阿育树一样，容貌能获得他人的赞赏。话说回来，正因为阿育王身体黑粗、性格暴躁，宫女们没有特殊事儿是不会接近他的，都是远远地躲开，躲不开就匍匐在地施行大礼，实则上是不肯看他。这让阿育王有些恼火，但是还不至于杀了她们。有一天，五百宫女在阿育王睡着之后来到御花园游玩，她们远远看到了美丽的阿育树，有宫女说："看啊，上面有美丽的花朵和鲜美的果实呢！"

"咱们快去那里摘些花和果实！"有宫女建议。

"不好吧，阿育王对这棵树可在意呢，咱们要是摘了果实和鲜花，他会发怒的！"

"不会的，他睡着了，这里又没有人，谁知道是咱们摘的呢？"

"是啊是啊，不要想那么多了。咱们还要在阿育王醒来之前回去呢！"

可怜的阿育树，就这样被五百宫女摧残，从生机盎然到残花败柳只是一瞬间的事儿。阿育王睡醒之后伸了个懒腰，睡意蒙眬地对侍卫说："你陪我到到御花园走走！"

"陛下，不用宫女陪伴吗？"侍卫问。

"别带上她们，你跟我就可以了！"阿育王说完先头走了，侍卫急忙跟上。一路上微风拂面让阿育王觉得很是舒服。走到门口他习惯性向阿育树看去，见它花残枝断禁不住怒上心头，大声问道："这是谁弄的？"侍卫刚才在宫中守卫的时候，看到宫女们戴着和阿育树同样的鲜花，于是说道："回国王陛下的话，刚才我们看到宫女们都戴着鲜花，和这树上的一般无二！"阿育王不听则已，一听怒气翻涌，厉声说道："这棵树和我同名，她们不是不知道啊。这哪里是毁阿育树，分明是想杀我阿育王！"

"陛下息怒！"侍卫看阿育王动了真气急忙跪倒在地，心中为自己嘴快过意不去，心说：完了，弄不好因为我一句话害死了这些宫女！

果然，耳边传来一声断喝："你立刻到宫中将那些宫女给我捆绑来这里！"侍卫听了浑身一抖，阿育王问："怎么，你想违抗王命？"侍卫听了慌忙爬起来向宫中跑去。

"众位姐姐，你们攀折阿育树被国王陛下知道了，让我捆绑你们前去御花园！"侍卫把宫女集合起来宣布说。

"啊，完了，我们要死了！"宫女们乱成一团，开始互相指责起来，最开始反对攀折阿育树的宫女大声说："我说不要那样做，你们非要那样做，怎么样，惹祸上身了吧？还连带上了我，这不公平！"别的宫女听了纷纷哭泣起来。"来啊，”侍卫命令兵士，“把她们给我绑了，带到御花园去！”宫女们失魂落魄，就像五百支遭到霜打的花儿，任由人捆绑带到御花园。

“你们这些宫女好大的胆子！”阿育王大声怒吼，指着阿育树问：“你们都知道它叫阿育，都曾经到这里许过愿。你们平时对它非常恭敬，为什么今天动手破坏，还不是把它当成了我，发泄你们心中不满！”宫女们早就没有了魂魄，没有一个人鸣冤叫屈。阿育王挥手命令兵士：“把她们围绕阿育树，我要用她们的鲜血祭祀它！”于是，五百宫女如五百个木桩一样围绕阿育树，寒光闪过头颅纷纷落地，喷涌的鲜血沾染了阿育树，从此以后再没有人敢来这里倾诉心中忧愁，据说站在树下仔细聆听可听见女子哭声，那声音悲悲切切听了让人汗毛直竖。

阿育王杀了五百宫女的事儿一下子传到了民间，她们的父母怒气翻涌，集合在一起说：“昏庸的阿育王竟然杀了咱们的女儿，我们不能就这样放过他，咱们要让他的恶名传遍天下！”于是，他们逢人就说自己女儿被杀的经过。

“哎，原本英勇善战的阿育王怎么变成了这样呢？竟然为一棵树杀了五百个鲜花一样的女孩子！”

“这有什么呢，之前反对他的所有王子、公主都死在了他的手上，对自己亲人都这样心狠，对别人当然更不用仁慈了！”

“记得当初五百大臣劝阻他被他砍了脑袋！”

宫女被杀一事成了引子，民众开始罗列阿育王一切凶恶的作为，都称他是“恶阿育”。第一辅相罗提掘多听到了民怨，心想：民怨这么深，不利于国王陛下统治，我将进言劝告！于是，他选择阿育王最高兴的一天，跪倒在地说道：“陛下容禀，您虽然贵为国王，但是随便处死他人而没有任何罪证，这样的行为不适合您！大王啊，您可以寻找一个大恶人，让他帮助您治理天下的恶人，所有恶名都让他替您担着！”阿育王本性嗜杀，听了罗提掘多的话，觉得非常在理，就准了他的请求，说道：“这件事你去安排，让使者寻找这样的恶人！”

罗提掘多广撒眼线寻找最恶的人，但是都无功而返。罗提掘多心想：“难道这天下就没有凶恶的人？我要亲自出马去查访！”于是，他坐车四处游走，探访哪里有第一恶人。功夫不负有心人，终于听说了一个名叫耆梨的人，其非常凶恶，住在边陲某一座山下，父亲是纺织布匹的师傅。这耆梨不顺心的时候就对父母打骂，非常喜欢设置各种陷阱捕猎动物，还给野草下毒，使得那些无辜的虫和兽大量冤死。凡是了解他的人都说他是大恶人，见到他就好像见到了洪荒猛兽远远离开。一传十十传百百传千千传万，最后整个国家都称他是恶耆梨。

罗提掘多立刻派出使者前去见这个恶耆梨，对他说：“现在天下恶人太多，阿育王为此心生烦忧，你能不能帮助阿育王治理这些恶人？”

恶耆梨听了哈哈一笑，反问道：“我是天下第一恶人，凡是恶人所作所想我都能预测到。我当然可以替国王陛下分忧！”

使者听了急忙用信鸽向罗提掘多汇报。罗提掘多立刻进宫面见阿育王，说：“边陲有一织布师傅，他的儿子名叫恶耆梨，他自称自己是天下第一恶人，可以帮大王治理恶人！”

阿育王听了拍掌说道：“天下还真有这样的恶人？好，快快给我招来！”

于是，罗提掘多草拟王旨，命令恶耆梨在十天之内到达花氏城述职。可是阿育王等了十一天还没见到恶耆梨，心道：这个天下第一恶人敢违抗我的命令，看来此人的确凶恶！

这恶耆梨并非诚心来晚，而是有着内情的。原来，他看阿育王真的要重用自己，接了旨意就要启程。他的父亲，那个老织布师傅拦住他说道：“你没听说阿育王残暴，他杀死了五百个大臣和五百个宫女，你不能为这样的国王服务，不然将来不得好死！”恶耆梨岂能听信父母双亲的规劝，说：“一直以来，你们都说我不能成事，而且全国人都说我是恶耆梨，今天我就让你们看看我这个恶人也能受到国王的重用，我必须去！”

两个老人听了开始哭天抹泪：“你这个糊涂虫啊，你是被金钱利益遮蔽了眼睛。我们都已经老了，需要你的照顾，你不能离开我们！”

恶耆梨听了说道：“这个好办啊，我杀了你们就行了。你们不用遭罪我呢也省了心！”两个老人听了非常惊慌，他们实在了解自己的儿子，向来敢说敢做。“儿子啊，不要这样做啊！”他们被恶耆梨逼到墙角，流着泪水祈求。“你们两个老不死的，我这就送你们上路！”恶耆梨扑了上去，闭着眼睛一顿乱捅，父母的鲜血喷了他一脸。“你们瞑目吧，我就是天下第一恶人！”恶耆梨点燃房子，然后前往花氏城述职。

“耆梨，你竟然晚来了三天，”阿育王端坐在王座上愤怒地说，“违抗王命我该怎么处置你呢？”

恶耆梨果然凶恶，竟然没有一点惧怕，抬起头来笑着问阿育王：“国王陛下，我的父母阻拦我不让我来花氏城，我一生气就把他们杀了，处理完后事已经过去三天了。您需要的是极恶之人，我所作所为合格不？”

阿育王想：这个人的确凶恶，杀了生养自己的父母没有一点后悔，而且在我发怒的时候竟然还能笑脸相迎！

想到这里，问他：“假如我让你治理恶人，你准备怎么做呢？”

“这样说来，国王陛下您饶我死罪喽？”得到阿育王肯定之后，恶耆梨兴奋地说：“天下恶人唯我独尊啊，想治理他们太容易了。不过，想让我出山，您必须答应我一个条件！”

阿育王一听，心说：哎哟，这人凶恶的可以啊，竟然还有要求。于是问道：“你说来听听。”

恶耆梨说道：“我要求您为我修建一座监狱，工程一定要大，要让它非常庄严就像圣殿一般，里面有美女、俊男供人淫乐；还要有烈酒香肉供人吃喝；要有大量的金币供人花销。但有一样，进来就别想出去！我给它取名叫爱乐狱！”

“这爱乐狱外部庄严内里有各种爱乐设施，”阿育王不明所以，问恶耆梨说，“世人大多喜欢爱乐，男人喜欢女人，女人喜欢男人，还有烈酒香肉大量金钱等等，岂不天下人都要进入这爱乐狱？”

“国王陛下，在我看来只要有欲望的人就是恶人，就该进这爱乐狱！”恶耆梨说道。

“没想到你看得倒是透彻。佛法中讲欲望最凶恶简直让人生不如死。让那些不能控制自己欲望的人都进爱乐狱，天下就宁静了！”阿育王很痛快答应了恶耆梨的请求，对罗提掘多说：“给恶耆梨一百万两黄金，建造这爱乐狱！”恶耆梨听了磕头如捣蒜，大声呼喊：“国王陛下圣明，国王陛下万岁。”简直把阿育王当成了亲爹一样崇拜。

在爱乐狱修建的这段时间，阿育王将恶耆梨安排到鸡头摩寺吃住。“听说这些比丘没有欲望，今天我就试试！”恶耆梨让人给自己送酒送肉，专门在众比丘面前吃喝。比丘们见了无不像躲避瘟神一样避开。但是恶耆梨是阿育王安排进来的，就算上座夜舍都不能将他驱逐，何况这些下座比丘。有一个比丘心说：我要想办法让这个恶人悔过。于是，他天天在他门前念诵《恶婴愚经》：“喜欢吃大锅煮汤的人，要用木石做的碓捣成碎末；喜欢吃用木石做成的碓捣碎的米的人，要用大锅来蒸煮。在地狱中，对恶趣的人进行惩罚，让他们口吞炙热的大铁丸，用熔化的铜水灌进肚中……”反复几天下来，恶耆梨心想：“哎呀，地狱原来这么可怕啊，我看我的爱乐狱就应该像地狱一样啊！”于是，他命令人按照《恶婴愚经》所说的准备刑罚器具。

等到爱乐狱建完之后，有个24岁叫海的比丘来到了花氏城乞食。他叫这个名字是有原因的：有一对儿长者夫妻，他们以入海打捞珍宝为生，24年前的一天，怀孕八个月的妻子和丈夫出海，结果还没到目的地就生下了孩子。“这孩子在海上出生的，就给他取名叫海吧！”丈夫说。

“好名字啊，我喜欢！”妻子说。

“这是一个好兆头啊，你保护好自己别受风。我一个人打捞就可以了！”

海的出生的确给这对夫妻带来好运，竟然打捞上来无数的珠宝。丈夫说：“这一下咱们以后衣食无忧了！”“可是现在世道不太平，咱们一下子有了这么多珠宝，难免招来坏人啊！”妻子担忧起来。“放心吧，海就是咱们的幸运之神，会保佑咱们的！”丈夫做了个鬼脸说。之后他们隐姓埋名到另外一个地方生活。到海12岁的时候，他的父母再度出海采集珍珠等宝贝，这一次他们运气极好，采集到了一船的珠宝，不想在回家的途中却遭遇五百个海贼。

“不好了，我们遇上了海贼，这么多的财宝使得船吃水太深，恐怕逃脱不了了！”海的父亲说道。

“不要害怕，不如我们弃了这些珠宝，逃命去吧！”海的母亲说。

“不行，咱们九死一生才取得这么多财宝，不能丢弃！一会儿，他们发现财宝，我就给他们一些，希望能放过咱们！”

“不可能的，海贼向来凶狠怎么肯只要这么一点财宝呢，一定会杀了你我将这些财宝全部占有！”

就在两人商量的时候，海贼们已经靠了过来，他们看到了满船的珠宝已经红了眼睛，还没等海的父亲拿出珠宝换命，就已经将他们劈死，然后将尸体踹进海中，将一船财宝全部占有。年仅12岁的海知道父母被杀之后泪如泉涌，差点哭瞎了双眼，心想：“父母死了，我要报仇。”于是他辗转各地寻找仇家，后来才知道得到珠宝后，那些海贼发生了内斗，最后只剩下一个人撑船往回走，结果遇到大风浪连人带宝葬身海底。“难道这就是天命吗？”海顿时没有了任何仇恨，对人世感到了厌倦，这个时候他巧遇了一个修佛的人，在其帮助下出家修行。12年来，他辗转各地进行苦行，这一次来到了花氏城。初来乍到他不熟悉这里的道路，次第化缘最后走到某一处看到一华丽的建筑，心道：“花氏城虽然繁华，但是人们对佛法不相信，没有人给我饭食。我命好竟然遇到了这户富贵人家，看看能不能得到吃的东西！”想到这里他叩打门环，没有人回应，他就喊：“我是苦行的比丘，请问有人吗？”这样喊了半天，还是没有动静，他一推门竟然开了，迈步进来见里面的设施和地狱一模一样，顿时出了一身冷汗，心说：“我的天啊，难不成我进地狱了吗？”他抬头看看天空，太阳好端端地挂在天上，远处传来商贩的叫卖声。“我还在人间，不过这是哪里呢？从外边看建筑雄伟极了，可里面却是阴森可怕，各种地狱才有的刑具一应俱全！这里不是什么好地方，我还是快快离去的好！”想到这里，他折转身就要离开。“慢着，等了这么长时间才碰到个自投罗网的，”恶耆梨从门进来拦住海比丘，“这里是爱乐狱，你既然进来了就别想出去，受死吧！”说完嘎嘎怪笑起来，听起来犹如鬼卒在笑。

“我刚才叫门了没人开我才进来的，我没有偷盗也没有杀人只是擅入民宅而已，你凭啥杀我？”海比丘一边倒退一边大声质问。

“哈哈，你这个呆子！”恶耆梨听了海比丘的话大笑起来，步步紧逼恶声说道：“这里是爱乐狱不是民宅，是专门惩治恶人的地方。就算你是善人进来也得死，阿育王下过旨意，这里只许进不许出！”

“哎呀我的天啊，我的命怎么这样苦呢？”海比丘一听这话顿时号啕大哭。

“出家人不会忧愁更不会哭，”恶耆梨不耐烦地说：“你因为怕死才哭得像个孩子似的。嘿嘿，告诉你吧，我不会让你死得很痛苦！”他领着海比丘来到一缸铜水旁边，将一根木棍扔了进去连影儿都没看到就化成了灰。“我将铜水灌进你的肚子，从这儿到这儿先烧成了灰，剩下的四肢喂给恶狗！”海比丘听了他的话，停止哭泣说：“施主你错了，我并不是因为怕死才哭的。哎，我出家十二年，竟然没有修得正果，更没有度化世人，现在就要死了，我能不难过吗？”

恶耆梨听了不耐烦了，大声呵斥海比丘：“你少给我装善良的样子，世间哪有什么佛啊神啊，统统都是骗人的。你这么说只不过是为感化我，希望我放了你！但是你错了，我是天下第一恶人，不会上你的当！”

海比丘听了他的话摇摇头说：“佛法是众生都应该追求的善利，只有你这样的恶人不会相信！只怨我善业不足福德不够，遇到了你这个恶人，让我不能得到佛法精髓获得善利！”说完又号啕大哭。恶耆梨听了装作为难的样子说：“只许进不许出是阿育王下的命令，我放你走我就得死！你们出家人以慈悲为怀，总不能看着我死吧？”海比丘听了他的话说：“大人，如果你让我再活七天的话，之后随便你杀我，是用铜水也好铁球也好，我绝无二话！”恶耆梨听了这话心想：“我是爱乐狱的主人，他进来就别想跑掉，给他七天时间，我看他有什么花招！”于是同意了海比丘的请求，让他住在一间厢房里。

这一天，有个宫女和某个大臣传递了一个暧昧的眼神，这事儿被阿育王知道了大发雷霆，说：“身为宫女竟然不守妇道到处勾引男人，给我将这对狗男女送到爱乐狱去！”

“我们要见国王陛下，我们是真心相爱的，我们不是狗男女，凭什么送我们去爱乐狱？”宫女高声喊叫，大臣却吓破了胆只顾哭泣。

“没有用的，你就省省力气吧，阿育王决定将你送去爱乐狱，就不会听你这些废话！”侍卫说完就将他们捆绑送到了爱乐狱。

正在海比丘打坐的时候，有人拍他肩膀说：“喂，你出来一下，看看我的手段！”海比丘听声音知道是恶耆梨，就干脆闭着眼睛当没看见。“哎哟，你这人还来劲了是不？”恶耆梨不由分说，拽起海比丘就来到院子里，指着宫女和大臣对手下说：“女的给我用大木碓砸死，男的给我喂铁丸！”话声一落，几个手下像鬼卒一样进行操作，那大木碓一下下砸落，宫女的眼睛爆裂，肠子肚子流了出来，鲜血染红一片土地。再看大臣被人掰开嘴塞进红热的铁丸，哧啦一声，嘴里冒出了火苗，浑身剧烈抖动没一会儿就死了。

海比丘看到这个场面立刻紧闭双眼诵一声佛号，双掌合十念经不止。

“算了，你一个人能超度多少冤魂啊？你还有几天活头了，想想怎么死吧！”恶耆梨奸笑说。接下来的几天，每天都有人死在种种刑具之下，使得海比丘对这个世界生出了厌烦心，说道：“哎，佛菩萨所说的话真的非常有道理啊。他们说‘一切物质都是脆弱的，没有一点停留迅速腐朽，就好像聚在一起的泡沫一样瞬间破碎。再好的容貌又能如何呢，还不是一下子就变成了肉泥？’但是奇怪的就是，这世间的人啊明知道这样的结果，还是前仆后继享受欲乐？他们没有学过佛法，就算濒临死亡那一刻也不知道后悔！”这个想法一有，他立刻获得须陀洹果，理解了佛法真谛。在第七天黎明的时候，已经获得了阿罗汉果。中午的时候，恶耆梨从门外进来，对他说：“海比丘啊，明天是你的死期，你选择怎么死啊？”

海比丘听了心平气和地说：“我度过了漫漫二十四年长夜，如今终于见到了阳光，我已经得到佛法给我的最大善利，我死而无憾任凭你杀我！”

恶耆梨听了大声喝问：“你说的什么疯话，我听不明白！什么二十四年长夜终于见了阳光，这哪儿跟哪儿啊？你给我说明白一些！”海比丘听了不假思索，回答说：“我今年24岁，之前一直心有嗔恚，怨恨杀了我父母的强盗，怨恨不施舍给我饭食的所有人。嗔恚好比乌云遮住了阳光，让我的世界黑暗了24年啊，这就是我说的二十四年长夜；如今我已经消灭嗔怨，得见佛法真谛，好比乌云散尽露出太阳！”

恶耆梨听了嚷嚷：“别跟我装腔作势，明天你哭都找不着调！”

海比丘摇摇头说：“恶耆梨，我已经得到了佛法给我最大的善利，我死也是满心欢喜。而你嗔恚太重，恐怕来世有大恶果。如果你不信的话，那么只有等到你死之后，堕落地狱之后才能明白！”

恶耆梨心生巨大嗔恚，指着海比丘的鼻子说：“我这里就是地狱，我就是阎王。不等明天了，今天我就杀了你！”说完，他命令手下准备一大锅飘着脂膏、血髓、屎尿等十分肮脏的水。“该死的比丘，我让你胡说！”恶耆梨将海比丘扑通一声扔进锅里盖上了厚重的锅盖，命令手下说：“给我拉动风箱使劲烧火，我要将这个满嘴胡言乱语的比丘煮熟！”

“是！”十多个手下轮流拉风箱添柴火，但是那火不大不小烧了半天一点热气都没冒出来。“嗯？怎么回事儿，邪了门啦！”恶耆梨掀开锅盖，只见海比丘闭目双掌合十坐在水里，再用手一试水温鼻子差点气歪了，骂道：“妈的，你们这帮废物，连一锅水都烧不开！”说着咣当一脚将一个手下踢个前趴，手操木棒追打手下。“都给我弄柴火去，我就不信邪！”手下们慌慌张张抱来木棒，然后讨好似地拉着风箱，恶耆梨将柴火抹上油添到灶坑里，火苗呼呼地叫了起来，可过了半天还是没有热气儿！“混账，”恶耆梨大怒，呼啦一下将锅盖远远地扔了出去，刚要用木棒砸海比丘的脑壳，却见他坐着一株千叶莲花浮在水面上。“妈呀，见鬼了！”恶耆梨扔掉木棒落荒而逃，命令手下说：“你们看好他，我去找阿育王，这家伙在这七天里练了什么妖法啊？”

“你这比丘，”手下们远远地围住大锅，结结巴巴地说，“别动啊，动的话，我们……”这时候不知道谁大叫一声，吓得众人直淌冷汗，原来有风吹过将海比丘的僧袍吹了起来，有人以为他要出来。

这恶耆梨连滚带爬来到了阿育王面前。“陛下，不好了，有妖怪！”他语无伦次，整得阿育王直迷糊。阿育王再看他一脸灰觉得好笑，问他说：“恶耆梨啊，谁把你这天下第一恶人吓成这样？”

“陛下，海比丘是妖怪！”恶耆梨颠三倒四将过程说了一遍。

“竟有这事儿，走，我去看看！”阿育王说着坐上步辇，在恶耆梨的引导下来到了爱乐狱。

“陛下，到了爱乐狱请下步辇！”恶耆梨说着趴在地上做下车石。

“混账，你这里是爱乐狱，充满罪恶的地方，国王陛下怎么可以下步辇呢？”侍卫一脚将恶耆梨踢开，对几个士兵说：“用斧子兵器给我把这道墙给我拆了！”士兵们听了一哄而上将墙推倒，阿育王这才坐着步辇进入爱乐狱。

“国王陛下将爱乐狱的墙推到了。”花氏城百姓传告这个消息，纷纷来到这里看热闹。

“咋回事儿啊，国王为啥拆墙啊？”

“听说好像里面有个会妖法的比丘！”

“嗨，还真有个比丘啊，你们看……”有人指着院里的一口锅，人们看过去只见海比丘正从锅里往出爬。

“嘿，神了，看到没，比丘的衣服都没湿！”有眼睛尖的人喊：“那锅里都是脏东西，他从里面爬出来衣服竟然那么干净！”

“这哪里是妖怪啊，明显是个得道高僧！”人群中信佛法的人双掌合十不断念诵佛号。

一声洪亮的佛号声之后，只见海比丘凌空飞起在空中趺跌迦坐。“哎哟呵，神了神了，这是罗汉啊！”有人高呼一声，一部分百姓听了急忙跪倒虔诚祷告。海比丘心说：“还有人对佛法不相信，我必须让他们改变想法！”于是，他双掌合十，顿时从头顶汩汩冒出清水，而臀部冒出烈火，陆续又有人跪倒。海比丘遥指远处，只见一座大山飘飘然来到众人面前。“哎呀，十分了得，快拜倒！”有人高声叫道，然后除了恶耆梨、阿育王之外，所有人纷纷跪倒。恶耆梨凶恶透顶没有畏怖心对佛法不生净信，而阿育王则心想：这个比丘具有法力，竟然可以做出这些变化来，我也要拥有这样的威力！于是，他合掌合十对海比丘说：“尊者，你能跳跃空中变化多端，让我难以明白其中缘由。你是怎么做到的呢，可不可以教我？”

海比丘听了阿育王的话，心说：世尊当初授记我是斩断众生结缚的使者，让大众得到佛法的庇佑。说服阿育王就相当于造福众生，让我来点醒阿育王，让他明白自己未来的使命！想到这里说：“国王陛下未来可以分得世尊的舍利子，建造八万四千座佛塔，从而利益天下众生！”

阿育王吃了一惊问：“你怎么知道？”

海比丘说：“这是世尊的授记，不可不信！像我这样得道佛子已经摆脱欲界、色界、无色界的困扰，能为想调伏自己情绪的人提供解决方案，为想超越生死的人提供解决方案，为想摆脱烦恼业障的人提供解决方案。所以我不会说谎！

“陛下前世以土施如来，世尊接受你的施舍之后，对尊者阿难说：‘过在我灭度百年之后，在花氏城将出现一名为阿育的国王，是未来的铁轮王，掌管金轮王四分之一大小的土地，将以正法王的身份分得我的舍利子，在全世界修建八万四千宝塔，使得众生得到佛法的护佑。’但是，国王陛下今天所作所为与世尊所说截然相反！”

海比丘指着恶耆梨继续说：“你听信这个恶人的言语，修建这个犹如地狱的爱乐狱，到目前为止已经残害了近千条人命，以致整个花氏城的百姓是谈你色变啊！真正的君王应该给百姓安乐让他们远离恐惧心生悲悯。如果你听了我的话心生善念，就立刻停止恶行，按照世尊的授记行事！”

“尊者，你刚才的话让我顿时醒悟啊，”阿育王双手合十礼敬海比丘，眼中含着热泪说，“我明白了以前所造的罪孽实在太深。今天，我要皈依佛陀皈依佛法，并广行布施让天下众生崇信佛法，让整个阎浮提远离邪恶变得万分庄严！”

“善哉善哉，我已经完成我的使命，我这就离去！”海比丘说完就要离开爱乐狱。

“尊者，我什么时候还能见到您？”阿育王跪在步辇上问。“缘来缘去，该见的时候必然会见！”海比丘说完腾空而去。

阿育王遥空礼拜海比丘，之后对侍卫说：“你们留下，将爱乐狱给我拆了！我要回宫一趟，完事之后你们回来复命！”说完就让兵士抬着步辇离开。恶耆梨一听心说：混账，拆了爱乐狱我不就没用处了吗，我不能让他们拆！想到这里他恶从胆边生，一步抢在前头拦住步辇，大声嚷嚷："不行，爱乐狱不能拆！"

"大胆，你敢违抗王命？"侍卫拔出利刃指着恶耆梨。

阿育王制止侍卫问他："说个理由！"

"陛下可记得当初答应我的事情？"恶耆梨不答反问。

"我答应过你什么事情？"阿育王问。

"在爱乐狱修建之前，国王陛下曾经答应我说，进入爱乐狱的人只准进不能出。这个可还算数？"

"这个人果然胆大包天，先是为了听用于我而杀害父母双亲，现在因为恐惧失去爱乐狱而拿我说的话来要挟我！"阿育王想到这里非常生气，大声喝问："恶耆梨，难道你想杀我？"

"哈哈哈，"恶耆梨听了阿育王的话说，"国王陛下这可不怨我啊，是你当初说的爱乐狱任何人只许进不许出，杀你也是执行你的命令。"说到这里，他命令手下拿来铁链、绳索，指着阿育王说："给我将他绑了！"

"头儿，这可是国王，我们不敢！"手下拿着铁链、绳索直打哆嗦不敢上前一步。

"一群废物，看我的！"恶耆梨抢过绳索扑了上来。说时迟那时快，侍卫飞起一脚将他踢飞，他扑通一声摔了个狗啃屎。"不许动！"侍卫一哄而上，唰啦啦十几把钢刀逼在了他的脖子上，将他带到阿育王面前。"我来问你，"阿育王语气非常平静，"是你先进入这个爱乐狱，还是我先进入这个爱乐狱？"

愚蠢的恶耆梨不加思考说："当然是我先进入这个爱乐狱。"

"既然你先进入的这个爱乐狱，那么你应该比我先受刑罚！"说完这话，阿育王命令兵士将恶耆梨捆绑起来扔进胡胶之中。"哇哇痛死我了，救命啊！"恶耆梨被滚烫的胡胶粘住了四肢，猪一样地尖叫，没一会儿胡胶灌进嘴里没有了任何声息。

"来啊，放火将这里烧成白地！"阿育王喊道，话声未落，侍卫们将数十个火把扔到了房顶，熊熊大火顿时吞没了爱乐狱。

"国王陛下圣明！"众百姓纷纷跪倒流着眼泪说，"从今往后，我们不用再担惊受怕了！"

"各位百姓，从今以后我阿育王发誓做个好国王，请支持我相信我！"阿育王从步辇上下来，站到一处高台上喊。"阿育王万岁！"有人高喊一声，百姓们齐刷刷匍匐在地。看到这样的场景，阿育王泪眼迷蒙，心想："我一定要实现世尊的授记，让佛法庇佑这个世界上所有生命！"于是，他率领象、马、车、步四军寻找佛陀舍利。第一站，阿育王去了恒河，在这里有阿阇世王留给他的四升佛陀舍利，他高举这四升舍利说：“这里是我取世尊舍利第一站，在这里修建佛塔。”修建佛塔完毕之后，他又率领大军到第二个、第三个乃至第七个藏佛陀舍利的地方，取出舍利后分别建塔。

“据我所知，世尊舍利当初分八个地方收藏，现在我找到了七个地方，最后这一部分舍利在哪里呢？”阿育王问大臣们。

“国王陛下不要烦恼，我听说罗摩聚落有一个海龙王，他收藏了一份世尊舍利，咱们可以去那里看看！”罗提掘多说。

“真的吗，这太好了，即日启程到罗摩聚落！”

罗提掘多领命用花香等装饰四军，环绕着阿育王浩浩荡荡向罗摩聚落而去。海龙王拥有神通，预知阿育王要过来索要佛陀舍利，心说：“供养世尊舍利可以蒙受无上利益，我不能给阿育王。据说这个人脾气暴躁点火就着，我得想个办法留住舍利！”等到阿育王来到罗摩聚落的时候，海龙王从海中出来亲自迎接，牵着阿育王的手说：“国王陛下，你是人中之王，我是海中龙王，你我各管一片。我知道你这次来是跟我要世尊舍利，但是这让我为难啊，大海中的生灵也需要佛法庇佑不是？你看能不能给我留下来这份舍利？”阿育王听了他的话觉得很有道理，说：“大陆和海洋都需要佛法护佑，既然如此我就不强求，请你供养好这份舍利！”海龙王没想到阿育王这么好说话高兴得不行，吩咐仆从准备宴席给阿育王接风。席间，他们聊得非常投机，彼此约好共同守护佛法。

回到花氏城之后，阿育王请来所有能工巧匠，用珍宝制作了八万四千个宝箧。他亲自将佛陀舍利放进宝箧里，一个宝箧装一颗舍利。然后命人在外边用金银琉璃等宝物进行装饰，使其在阳光照射下宝光四射。八万四千宝箧集合一起宝光汇聚，就算在伸手不见五指的黑夜，都能照亮半边天！阿育王还分别制作了八万四千个宝瓮、宝盖和疋彩，用来装宝箧。忙完这一切之后，阿育王对虚空说：“我阿育王要修建八万四千座佛塔供养世尊舍利，这项工作非人力能完成。如果神众夜叉有知，请到我这里来！”

夜叉原本凶悍吃人，后来皈依佛法成为护法神，他们属于多闻天王的八部众之一，生活在地上和空中。他们听到了阿育王的召唤，纷纷说：“花氏城阿育王得到世尊舍利要广建佛塔，这是一件旷古的大利益，我们应该帮助他！”于是，八万四千夜叉利用神通赶到阿育王面前。阿育王见了他们非常高兴，一个夜叉分得一个宝箧，说：“这是世尊舍利，你们拿着去各个国家修建佛塔！”

“国王陛下，建塔的地方有没有要求呢？”有夜叉问。

“问得好，只要人口满十万的国家就能建塔！”

“哦，我们这就出发！”夜叉们拿了宝箧，利用神通离开阿育王宫。

八万四千夜叉昼伏夜行四处建塔。其中，有一个夜叉带着宝箧来到得叉尸罗，有得道高僧预知了他的行踪，对国民说："有夜叉拿着世尊舍利来这里造塔，你们要前去欢迎。"百姓们虽然恐惧夜叉凶悍面容，但是想到他是为了修建佛塔而来，就不再害怕，于是，在某天夜里，以国王为首纷纷来到夜叉面前问："你建造佛塔有没有什么要求啊？"

"阿育王曾告诉我，国家人满十万才能建塔，你们国家有多少人口啊？"夜叉站立于虚空，双眼犹如灯笼，说话声音像天雷震得人耳朵发麻。

"得叉尸罗少有战乱，年年风调雨顺，所以人口众多，有36万！"得叉尸罗的国王说，"那么，你能不能在我的国土上建造36座佛塔呢？"

夜叉被这个问题难住了，心说："我就拿一个宝箧，如何建造36座佛塔？"于是，对得叉尸罗国王说："这我做不了主啊，我得回去问问阿育王！"

"切，这点儿事儿都做不了主，你还建造什么佛塔啊，赶快回去吧！"民众听了夜叉的话开始起哄。夜叉遭遇羞辱大吼一声吓得人们四处奔逃，他趁这个机会消失于空中，来到了阿育王面前。

"夜叉，你的工作完成了？"阿育王问夜叉。夜叉摇摇头说："我去的是得叉尸罗，那里有36万人口，他们的国王说十万人一座塔，36万人就要建造36座塔。这事儿可怎么办啊？"阿育王听了说："要是这样做的话，佛陀舍利子难以遍布整个阎浮提，我应该想个办法让得叉尸罗人民只要一颗舍利子！"想了半天对夜叉说道："夜叉，你这样跟得叉尸罗国王说，阿育王说的一个国家满十万人才能造塔，多一人少一人都不行，如果你们想得到舍利子，只有杀了25万人，剩下十万人才能供养舍利子！"

"国王陛下实在智慧，这样一来我就可以完成工作了！"夜叉手舞足蹈，然后带着宝箧又一次来到得叉尸罗，将阿育王的话复述给得叉尸罗王。"既然这样，我国只修建一座佛塔就行！"得叉尸罗王说，"大神，万万不要杀害25万人！"

"放心吧，佛法是饶益众生，不是杀害众生！我这就建塔！"夜叉说着将宝箧交给得叉尸罗王，让其修建佛塔，等待工程完毕之后回到自己的聚落。

"阎浮提中过亿人口的国家是在太多，得叉尸罗这种情况难免再度发生。我得将夜叉们召回来，叮嘱一番！"阿育王想到这里，对虚空召唤，夜叉们纷纷来到他的面前说："国王陛下有什么嘱咐？""从今以后，多余十万人口的国家按十万人口算，只修建一座佛塔，少于十万人口的国家切记不予建塔！"，众夜叉听了阿育王的声明之后散去，继续建造佛塔。"我建造佛塔的事情应该告诉鸡头摩寺上座夜舍，看看他还有什么指教！"阿育王想到这里，在宫人的伴随下来到鸡头摩寺上座面前，说："上座，我得到了世尊舍利，想在整个阎浮提修建八万四千座佛塔，让天下众生受到佛法恩泽，请问你有什么特别的叮嘱吗？”

住持听了说道：“善哉善哉，国王要想在同一时间建造这么多塔，不是很容易，因为所有夜叉都惧怕阳光，白天不能出来起塔，而晚上各地时间又不一致，造塔各有先后。现在我来帮助国王陛下同一时间起塔，如何？”得到阿育王的肯定之后，上座夜舍使用神通力用手遮住太阳使日食出现，对虚空说：“夜叉听令，我用神通遮住太阳，你们趁这个机会同时修建佛塔！”于是乎所有夜叉同时出来建立佛塔，为世间众生带来无量无边的利益。阿育王因此拥有至高善德。被整个阎浮提百姓称为正法王。

二　本缘传之一

阿育王原本觉得修建八万四千座佛塔是多么困难的事儿，但是上座夜舍利用神通将太阳遮住，夜叉们只在几个时辰之内就将这些塔建完。阿育王欢喜得像个小孩子，拍着巴掌又蹦又跳。“国王陛下啊，你这是做了世间最大的功德！”上座夜舍说完，双掌合十表示敬意，阿育王还礼，然后对侍卫说：“你们快些去告诉大臣们，就说佛塔修建完毕，应该大大地庆祝一下！”

大臣们聚在朝堂等待阿育王临朝，半天也没见到他的影子，于是纷纷猜测起来。

“难道国王陛下病了？”

“不能病了，前几天看国王陛下身体康健着呢，我看他是厌烦了朝务！”

“胡说，国王陛下勤政得很，什么时候厌烦过？”

就在这个时候，侍卫们敲打着锣鼓来到了庭院中，大臣们见了很是纳闷。侍卫首领来到罗提掘多面前施礼说：“大人，国王陛下已经修建完毕八万四千佛塔，让我把这个好消息第一个告诉您！”

罗提掘多念诵佛号，激动万分地站到台阶上，对其他大臣说：“众位，国王陛下已经建造完八万四千座佛塔，从此以后天下苍生可以得到佛的庇佑了！”众大臣得知这一消息欢呼雀跃，有一个老臣哭着说：“国王陛下烧掉了爱乐狱，使得百姓没有畏惧，如今又建造八万四千佛塔，使得天下苍生受佛法庇佑，真是前无古人后无来者的明主！”其他大臣听了也纷纷感慨，朝堂上赞叹声像海潮一样不间断。“各位，“罗提掘多提高声音说：“如今，我们应该到鸡头摩寺，前去恭贺国王陛下！”

“是啊，我们应该与陛下同乐！”

“还要将这个好消息告诉天下百姓！”

“别磨蹭了，现在就去鸡头摩寺！”

罗提掘多率先走在前边，众大臣跟随着他走向鸡头摩寺，真可谓是人头攒动啊。到了鸡头摩寺，罗提掘多第一个跪倒说：“恭喜国王陛下，贺喜国王陛下！”其他大臣随声附和纷纷跪倒。“众位大臣起身，应该恭喜阎浮提所有众生，从此以后有了佛法庇佑才对！”阿育王说。群臣点头称是，然后纷纷见过夜舍上座。罗提掘多问夜舍：“上座，国王陛下是佛所授记的人，整个阎浮提还有没有其他佛所授记的人呢？”“当然有了！”上座夜舍双眼盯着虚空仿佛进入了回忆，讲起了世尊授记未来的经过：“世尊成佛之后，有很多邪门歪道蛊惑百姓。世尊决定前去降服他们。他第一站来到了乌长国，用神通降服了这里的一条名叫阿波波龙的恶龙；然后他又去罽宾国降化梵志师；接着他去乾陀卫国化真陀罗，又去乾陀罗国降伏牛龙！”听到这里众人对佛陀禁不住生气万分敬仰。上座夜舍扫一眼众人继续说：“扫除一切外道之后，世尊来到摩突罗国跟尊者阿难说：‘在我灭度之后，摩突罗会出现一个长者，名字叫掘多，他有个儿子名叫优波鞠多，虽然没有我这样三十二大人相，却也相貌非常庄严，他和我一样对众生进行开化教导，世人称他是无相好佛，他能不入定就可以知晓一由旬之内众生的心相，特别要提的是，他教授禅法是天下第一的。到时候，优波鞠多可以代替我做各种佛事，将佛法发扬光大！’”听到这里，众人都心想：“这个优波鞠多可真是厉害人物，就连世尊都这样评价他！”上座夜舍当然洞悉众人想法，说：“的确如你们所想，我对优波鞠多也非常赞叹。但世尊的授记远远不止这些。当时，世尊指着远处一个园子问尊者阿难看没看到那个青色的园子，得到阿难肯定回答之后，世尊说它名叫优留曼荼山，是那罗拔利的修行处，房舍、袈裟以及供物在整个阎浮提来说是最好的，出家人在那里可以心神安定一心修行！”说到这里，上座夜舍指指阿育王说：“优波鞠多、那罗、拔利都是像国王陛下这样被佛授记的人！”

阿育王听了上座夜舍的话，被优波鞠多德行所吸引，双掌合十问夜舍：“上座，您所说的这个尊者优波鞠多现在是否已经摆脱俗世牵绊出家修行，是否已经获得了正觉呢？”夜舍听了双掌合十，念诵一声佛号，说：“国王陛下，优波鞠多已经脱离了世间困扰，并证得罗汉道，并且他度化了一万零八名阿罗汉。这些罗汉住在优留曼荼山那罗拔利精舍，他们心灵寂静、智慧超群，为众生讲解修佛的方法。像天龙、夜叉、人与非人，听他们讲经说法之后，都能摆脱烦恼业障的束缚，获得自在！”

“优波鞠多尊者，我最崇拜的人！”阿育王听到这里不由自主赞叹，然后对罗提掘多说：“赶快给我准备象、马、车、步四军，我要亲自前去礼拜尊者优波鞠多和那一万零八名罗汉！”第一辅相罗提掘多听了急忙跪倒在地说道：“国王陛下您也太心急了，带着这么多人去，那小小的优留曼荼山能装得下吗，再说路途遥远太浪费百姓的血汗钱，我看还是让优波鞠多尊者过来看你吧！”

“嗯，罗提掘多啊你说得没错，我真的没有考虑这点。不过，我没有得到金刚心（因菩萨的大心坚固不能坏好像金刚），怎么可以让优波鞠多尊者前来见我呢？这太失礼了！”说到这里，阿育王沉思了一下说：“为了表示对三宝的尊敬，我必须前往拜见优波鞠多尊者。不过你可以安排使者先去，让尊者做好事先准备，免得这么多人去了没法安置！”

“既然陛下执意这么做，那我就安排去了！”罗提掘多说完退了下去。他经过挑选之后，让一个表达能力强、腿脚快的人当使者，在其临走前叮嘱说：“你虽然是阿育王使者，拥有无上的荣耀，但是到了尊者们面前可不要自高自大，不要失了礼数，不要给国王陛下丢脸！”使者听了跪倒在地举右手发誓一定完成任务，之后骑着快马直奔优留曼荼山。

优留曼荼山，算上优波鞠多，一万零九名罗汉汇聚一堂。“听说花氏城阿育王得到世尊舍利，修建了八万四千座佛塔，这可是一件大大的善事！”有罗汉说，优波鞠多听了入定观察，发现阿育王使者正向这里来，对众罗汉说：“各位，阿育王的使者正在路上，阿育王不久之后也要到这里，咱们这优留曼荼山太小了，难以容下阿育王那么多人马，大家说怎么回复使者呢？”

“师尊，我看与其让阿育王来礼拜咱们，不如咱们去花氏城，一来避免了浪费天下百姓的钱财，二来，咱们可以顺道度化更多人！”有罗汉说。

“我们赞同这个建议！”其他罗汉纷纷表态。

“既然如此，使者来了之后我就这样答复他！”优波鞠多心生愉悦，“这段时间大家要精勤修行，回来之后不久我就要涅槃！”

“师尊，我们知道涅槃是肉身变法身，可是没有彻底领悟佛法，还想接受您的指导，我们舍不得您涅槃！”众罗汉合掌说。

“既然你们知道这些道理，就应该支持我、赞成我涅槃才对，”优波鞠多合掌说，“我很期望和我的师尊团聚啊，他涅槃到现在有多长时间我都不记得了！”

众僧听了低头不语，用这种方式来为师尊做个预备的送行仪式。

过了七八天，使者终于来到了优留曼荼山。他谨记罗提掘多警告，万分谨慎唯恐有一点骄傲，跪倒在优波鞠多面前施行礼足之后，说：“尊者，我是花氏城阿育王的使者，我来这里告诉您阿育王即将来优留曼荼山礼拜您和众罗汉！”

“使者，你一路风尘受累了，”优波鞠多指着旁边座位说，“起来请坐下说！”使者见优波鞠多果然好相貌，顿时生出万分敬仰说：“尊者面前我不敢坐！”说完站到一旁。优波鞠多说：“使者，来的路上你也看到了，这优留曼荼山太小，肯定容留不下阿育王十数万兵马。不如再烦劳你回去告诉阿育王，就说我将带领众罗汉去花氏城，免了国王陛下远途劳顿！”

“尊者之命我岂敢不听！”使者说完立刻返程，回到花氏城将优波鞠多的话复述一遍。“尊者慈悲为怀啊，”阿育王不断赞叹，“说是免了我远途劳顿，实际上还不是和罗提掘多一样，怕浪费百姓的钱财！既然如此，我现在就要做好迎接准备！”于是，他找来罗提掘多，吩咐说：“优波鞠多尊者过一阵子就要来花氏城，你带领大臣们平整街道，装饰城池！”罗提掘多听了非常高兴，立刻带领大臣们行动起来。

而优留曼荼山这边，优波鞠多对众罗汉说：“去花氏城可以走水路，不如将优留曼荼山所有船只连接起来打造成一艘巨船，载着咱们顺流而下，这样可以节省一些时间！”众罗汉听了纷纷同意，于是合并所有船只打造面积可达12由旬的大船。第二天，他们上船顺流而下向花氏城驶来。路上他们继续度化世人，受到各国民众的欢迎。这一天终于来到了花氏城附近。有个渔夫远远地看到这条大船，心说：“是不是优留曼荼山的优波鞠多尊者和众罗汉来了呢？”想到这里他爬到高处俯视，果然看到众多罗汉。他心生兴奋快速向花氏城跑去，路上不断高喊：“优波鞠多尊者来了！”有士兵听了急忙将其带到阿育王面前。

“你果真看到了优波鞠多尊者的大船？”阿育王非常激动。渔夫快速点头说：“老大一艘船，上面都是罗汉呢！”

“好，”阿育王大笑起来，从怀中拿出一个价值百千两黄金的饰品赏给了渔夫，并对大臣们说，“优波鞠多尊者即将到来，咱们要鸣鼓宣告全城，有想成为第一富有的人，有想求得解脱见如来的人，都出来迎接尊者优波鞠多！”罗提掘多听了急忙安排，于是寂静的花氏城顿时锣鼓喧天，有士兵高呼：“优波鞠多尊者来了，大家快去迎接啊！”百姓们听到宣告，彼此相约再次打扫街道，用香花等物品装饰全城，然后一起来到王宫前集合。没有多大一会儿，宫门大开，从里面涌出手捧香花的宫女，接着是骑着大象的阿育王。众百姓对国王行礼后，跟随其向河流走去。大约过了半由旬路程，终于看到了那艘大船。

“太壮阔了，这么大的船，是我平生第一次见！”百姓们纷纷赞叹。“据说这次来了一万多个罗汉，咱们可有大利益了！”

“可不是么，我要向尊者还愿，我要让我家媳妇儿怀孕！”

“希望国王陛下接受尊者教诲之后，更加英明执政，爱民如子。”

人群就这样一边议论一边来到了河边。“船上在最前头的就是尊者优波鞠多，果然好相貌！”阿育王坐在象背上手搭凉棚眺望，指着大船罗汉队伍第一位置说：“他一人度化了这么多罗汉，真是功德无量！”然后对象师说，“快些驱赶大象，到最边上等尊者下船！”象师听了不敢怠慢，牵着缰绳引领大象来到岸边。大船靠岸后，阿育王急忙下象，一只脚蹬住船舷搀扶优波鞠多来到陆地。“尊者受我一拜！”阿育王高喊一声施行五体投地大礼，然后用脸面贴尊者脚施行礼足，最后合掌说道：“我经过不断的努力终于统一了阎浮提，这里的一海一山一城都为我所有，我是天下第一富有的人，就算这样，最快乐的时候也没有今日看到尊者快乐。因为什么呢？因为见了尊者我就见到了佛啊，对佛、法、僧十分尊敬和信任！您就是佛的接班人啊，今天希望您垂怜于我，教授我智慧，我一定听从您的教导！”

“世上最大的智慧就是学会放下和控制。”优波鞠多听了阿育王的话，用右手为他摩顶，说：“国王陛下，你要放下欲望控制自己的行为，不要被生、老、病、死困扰，不要为凶恶的事情感到恐惧，远离嗔恚静修佛法。你身为第一富有的人而不快乐，原因是你想让这一山一水一木一城永远属于你，这就是贪欲，有了贪欲你怎么可以快乐？你要知道这个世界一切事物都会消灭，包括王位和富贵，知道这些你就会消灭欲望，也就拥有了无上的智慧。听我说完这些如果你明白的话，就皈依佛、法、僧三宝，并且坚持供养不要荒废。你和我都是世尊授记的人，因此你我就要对佛法敬信，守护佛法让它发扬光大，让世人都受到它的庇佑！”

阿育王听了优波鞠多的话，心灵仿佛开启了一扇窗子，清凉透亮很多，高兴之余合掌说：“我通过努力，使得世尊对我的授记都变成了现实。尊者，我得到世尊舍利八万四千颗，用宝箧装好之后，由夜叉负责起塔。只要国家人口满十万，就修建一座佛塔，这样一来，整个阎浮提都布满了佛法，所有众生都得到了佛法庇佑！我相信您在来的路上已经看到了这些佛塔，是否都有法幢和伞盖进行供养？”

“的确如此，”优波鞠多说，“来的路上所路过的国家都有你修建的佛塔，并且都有伞盖和法幢供养，这是一件饶益世间的最大功德！不过，现在你对于你的财产怎么看呢？”

阿育王听了说：“尊者，其实早些日子我就把我所有的财产布施给了百姓，并且对佛法僧三宝进行供养。”

“善哉善哉。”优波鞠多听了阿育王的话，为他的境界赞叹：“国王陛下啊，你这些事情做得太对了！不要执着于身命财，而要坚持正法，这样才不会后悔，未来可生于天上！”

听了优波鞠多的赞扬之后，阿育王非常高兴，命令鼓乐欢快奏响，并请他和众罗汉进入花氏城王宫当中。他亲自为优波鞠多铺设床座，并扶着尊者坐在上边，他感觉尊者的身体非常柔软就好像兜罗绵一样，心生感叹合掌说道：“尊者啊，您的身体真的太柔软了，就好像兜罗绵一样！相比之下，我的皮肤就粗黑而且发涩，一看就是少有福气的人啊！”

优波鞠多听了阿育王的话，说道：“我今世以及前世都是用干净美妙的东西布施，因此才能拥有如此柔软身体！”

阿育王听了优波鞠多的话，说道：“我小时候没有智慧，在世尊拥有最上福田的时候，用泥土对其进行布施，所以今天才会身体粗涩！”

优波鞠多听了阿育王的话和颜悦色，说道：“国王陛下，你一出生身体就粗涩，这和以土施如来没有关系，而是前世因缘注定。然而，你成为转轮王，受到阎浮提万民爱戴，这确实是以土施如来而得到的！”

阿育王听了优波鞠多的话，心情大好，于是他站在最高台阶上俯视众大臣，说：“我想你们当初都怀疑过我能否能为铁轮王，如今还有这样的疑惑吗？”

“阎浮提万民归心,加上听了尊者说的因缘,我们没有疑惑！”众大臣齐声说。

“因为当初真诚布施如来泥土一捧，则拥有了整个阎浮提，成为了铁轮王，福田真是太美妙了！你们大家以后要和我一样，对三宝恭敬供养，争取获得更大的福业！”阿育王张开双臂感慨起来。

“我们谨遵国王陛下训诫，对三宝定当恭敬供养！”大臣们高呼起来。

阿育王对大臣们的表现非常满意，让他们起来站在朝堂两边，然后对优波鞠多说：“尊者，如今我在世尊游方行住的地方都建造佛塔，可以这样做吗？”

“国王陛下为什么要这样做呢？”优波鞠多之所以这样问，是想知道阿育王的真实想法。

“目的很简单，我不是为我这样做，也不是为某人这样做，而是为全天下众生这样做，希望他们能受到佛法护佑！”阿育王说到这里双眼已经湿润。

优波鞠多观察入微，看到了阿育王双眼的泪光，从而心生快慰说：“善哉，善哉！国王陛下，我今天把应该修塔的地方都说给你，希望能加快你修建佛塔的速度，让你的愿望早日达成！”

阿育王听了急忙拜倒，说道：“要是这样实在太好了，我代表众生谢过尊者！”说完，便命令仆从以香花、珠宝、香油等方式对优波鞠多进行供养。并下令庄严象、马、车、步四军，听从优波鞠多调用。

优波鞠多接受供养之后，引领阿育王来到兰毗尼园。这个时候是初夏季节，园中鲜花盛开树木旺盛，迎面而来的风让人异常舒爽。优波鞠多走到一棵树下，手指着一个地方对阿育王说：“国王陛下，你看到那一处风景了吗？”阿育王看过去，觉得那里风景迷人，不由得夸赞起来，问优波鞠多：“尊者，没到那里只是在这里远远地看，我就觉得仿佛有什么力量将我所有的烦恼都驱除干净了，实在太神奇了，这是什么地方呢？”

“善哉，难怪在无量众生当中，世尊要授记你成为铁轮王，你能感觉到世尊遗留的气息，这不是对他授记很好的证明吗？”优波鞠多心生愉悦之情，对阿育王说：“这里就是世尊出生的地方！”

“啊，原来这里就是世尊出生的地方！”阿育王急忙跪倒亲吻大地说，“只可惜我不知道世尊出生时候的样子！”

“这不难，我说给你听！”优波鞠多说：“世尊自出生起就与众不同，他立刻行走七步站在大地上观望四周，然后举起双臂喊‘经过千百万世的不断投胎不断修行，这一世我终于可以获得正果成为佛，天下唯我独尊！这一生终了之后再也不必承受生老病死折磨！’”

“世尊真是神人啊！”阿育王听完立刻施行五体投地大礼，然后合掌大声哭泣。

“国王陛下为什么事儿伤感？”优波鞠多虽然拥有他心通神通，但是看到阿育王如此快速的表情变化，还是觉得不可思议。

“尊者，我是很有福气的，在我前世的时候面对面和世尊说话，还能供养他一捧泥土。现在我还能看到世尊出生的宝地，感受他遗留的气息。通过您讲的世尊出生的经历，我又几乎身临其境。但是，我又是最没福气的，不能亲身经历世尊出生那一刻，不能感受他说‘唯我独尊’之时那种大气凛然的感觉，所以我才大哭！”

“国王陛下，见过世尊出生的除了佛母摩耶之外，还能有多少人呢？大不必为这个感伤！不过这里倒是有一个树神亲眼看着世尊出生！”

优波鞠多的话立刻引起了阿育王的兴趣，他停止哭泣问：“这太好了，尊者能否帮我引见，从而让我对世尊的过去多一些了解呢？”

优波鞠多没有正面回答，而是指着远处一棵树问阿育王：“国王陛下，可看到那棵树？”得到阿育王肯定回答之后，他继续说：“当初佛母摩耶即将临产，她来到这里散步，看到这棵树鲜花盛开、果实艳丽就想攀折花与果，结果世尊从她肋下出生。”

说到这里，他们已经来到树下，优波鞠多对树说：“无忧树之神，你是见过世尊出生情形的，那么请你现出原形让国王陛下看看，增加他对佛法的信心！”话一说完，一个头发胡子弯弯曲曲犹如树根，四肢强壮有力犹如树身的怪人凭空出现，对他们施礼说：“小神见过尊者和国王陛下！”优波鞠多颔首还礼，阿育王双掌合十问树神：“你见过世尊出生，当时是什么样的情形呢？都说佛眼犹如莲花叶，他出生的时候眼睛像莲花叶吗？刚才尊者跟我说世尊出生自行走了七步，说天下唯我独尊，是这样的吗？如果是，声音是不是非常洪亮而充满慈悲呢？”

树神听了阿育王的话，回忆说道：“国王陛下，尊者所说很对。记得我当时就隐藏在这棵树里，佛母摩耶看到这棵树之后来到近前要攀折花与果，这个时候世尊从她的肋下出生。他身上有绚烂的金光，落地之后大地发生了巨大的震动，山林呼啸大海翻腾，患病的鸟兽得以康复，在场的所有人都无端地升起了愉悦之心，之后，世尊行走了七步。”树神说到这里行走七步站在一个地方说：“对，当时世尊就站在这里眼望四周说这是他最后一次转世，将成为佛，天下唯他独尊！”

“有尊者作证，有树神现身，我对世尊出生的情况已经全部了解！”阿育王双掌合十说，树神还礼隐没于树身当中。优波鞠多这个时候说：“国王陛下，这是佛生处，应当起塔！”阿育王听了立刻让罗提掘多拨款千百万两黄金，在这里起塔，接受天人供养。

“国王陛下，随我到下一个需要建塔的地方吧！”优波鞠多说完，让阿育王拉着自己衣襟，利用神足通来到了迦毗罗城。

“世尊父亲净饭王在这里治理天下，”优波鞠多指着巍峨的宫殿对阿育王说，“摩耶生了世尊之后非常高兴，让侍卫先到宫中报喜。净饭王知道自己心爱的妃子生了一个王子，而且当时发生了异象，非常高兴地说：‘王子出生有瑞祥之兆，快传摩耶与王子来见我。’于是，众官人用步辇抬着摩耶和世尊来到王城，净饭王是百看不够啊！”阿育王在尊者的讲述下，眼前仿佛展现了相应的图景，对优波鞠多说：“尊者，净饭王为世尊出生而高兴，而我的父王为我的出生而愤恨，还是我的善业不够啊！”感叹之后拨款造塔。

接着，优波鞠多又给阿育王指示当初佛陀进入天祠的地方，说：“世尊进入天祀之后，诸天前来进行礼拜，因此获得了天中天的称号！”阿育王听了肃然起敬说：“如此神圣需要造塔。”于是拨款造塔，又问优波鞠多：“尊者，如今已经造了三处佛塔，下一处在哪里带我前去！”

“下一处是相师相世尊的地方。”话声未落，二人已经来到目的地，优波鞠多说：“国王陛下，当时世尊还在王宫没有成为太子，净饭王就找来所有相师，对王子们进行占相，希望找出自己的传人。结果众相师一致看准世尊，他就成为了太子！”阿育王想到频头莎罗王请相师为众王子占相的情形不胜唏嘘，于是在这里建造佛塔。

“其实，世尊出生不久就有人给他看过面相，现在我就领你去那里，距离不远，你我走着去！”路上，优波鞠多问阿育王：“你知道阿斯陀吗？”

“略知一二！”

“阿斯陀很有修为，感知大地震动之后，第一时间来到王宫为世尊占相，发现其具有大人相，立刻对净饭王和摩耶说：‘王子具有大人相，如果出家修行可成正觉，可得菩提，转无上最上法轮！’说到这里阿斯陀竟然痛哭失声，说自己年岁大了，恐怕等不到世尊成正觉自己就死了！后来阿斯陀让侍者那陀罗出家，等待世尊成正觉！”阿育王听了优波鞠多的话，心生感叹，想起曾经为自己占相的宾陵伽婆嗟，心道：“我与世尊的遭遇竟然如此相同！”于是再度起塔。

之后，他们又来到了波阇波提养育佛陀的地方，优波鞠多说道：“当初佛母摩耶在世尊出生七日后去世，由她的妹妹波阇波提抚养世尊，后来她是第一个比丘尼！”阿育王听了被波阇波提的大爱感动，联想到自己的母亲，双眼含泪，又在这里起塔。

“国王陛下，接下来我带你去一些重要地方，它们代表着世尊的成长历程，你可以按照先后顺序分别起塔！”优波鞠多对阿育王说。

“有劳尊者！”

优波鞠多说完带着阿育王先来到佛陀最初学习的地方，然后又到了佛陀骑象、骑马还有坐车的地方。之后，他们来到一处开阔地，优波鞠多说：“这是世尊最初学射箭的地方，世尊天生神力，可以拉动强弓！对，前边不远就是靶场。”阿育王听了，仿佛看到佛陀射箭的样子，心说：“世尊也非常神勇！”等他从沉思中醒来，优波鞠多又带着他来到佛陀工作之余散步的地方，指着不远处说：“那里就是世尊做王子的时候，与六万宫女娱乐的地方！你是否感到奇怪，认为世尊过着这样奢华无忧的生活没必要出家呢？”

阿育王听了点头说：“尊者真是厉害啊，竟然猜到我的心思！”优波鞠多颔首说：“先在以上地方建塔，我再带你去一个地方，你就知道为什么世尊要出家修行了。”阿育王听了心生好奇，急忙拨款起塔，然后催促优波鞠多启程。

“嗯，咱们怎么又回到了迦毗罗城？”阿育王问优波鞠多。

“因为答案就在这城的四门！”优波鞠多说着，指着东城门说：“当初阿斯陀授记世尊出家获得正果，之后净饭王一直耿耿于怀，用奢华的生活来培养世尊欲望，希望他脱离不了这样的生活从而避免出家，未来好继承王位。有一天，世尊忽然要走出王宫看看外边的世界，净饭王拗不过他只好让他出宫。世尊在仆从的陪同下高高兴兴地来到了东城门，结果碰到了一个满面愁容的人，他问随从这是什么人，随从说这是一个因为生计奔波劳苦的人！这个时候，世尊才知道原来生活并不是自己所感受的这样幸福，还有很多人为了温饱而挣扎！当然，世尊对自己以往奢华的生活产生了罪恶感！”

说话间优波鞠多和阿育王来到了南门。“接着，世尊和随从们来到了这里看到了一个身体佝偻，面有皱纹的人，他问这是什么人啊？随从说这是老人。以往生活中，世尊接触的都是光鲜亮丽的男女，哪里见过这样老的人呢？于是，他知道时光并不会停留，自己有一天也会变成这样，不由得觉得世事无常，心中非常悲凉！”

阿育王听了说：“尊者好口才，我没见到当时情形，都产生了这种世事无常的感觉！”

“善哉善哉，”优波鞠多说，“这不算什么，让我带你去下一个门！”片刻之后，他们来到了西门，优波鞠多接着说：“经过前两门，世尊的心情已经非常沉重，到了这里遇上了一个不断咳嗽气喘的人，世尊问随从这人怎么了？随从说他得病了而且很重，需要看病才能活下去。宫里生活优越，世尊从未病过，听这么一说，顿时对身体产生了厌倦！”

“世人对自己身体无不爱惜，而世尊对自己身体产生厌倦，这真不可理解！”阿育王说。

“活在人世间有太多压力和烦恼，是人总归要病的。世尊看透了这个世间，看透了自己身体的本质，这才会产生厌烦！”优波鞠多解释说，阿育王听了频频点头表示同意。

这个时候，二人来到了北门，优波鞠多说：“以上三门还不足以让世尊出家，而在这北门所遇见的大大震撼了世尊的心灵，从而有了出家的打算！”

“哦，世尊见到了什么呢？”阿育王问优波鞠多。

“死人！”

“哦，只是一个区区死人而已，怎么让他萌生出家的想法呢，不可思议！”

“国王陛下，之前你杀业太重，动辄血流成河，所以你觉得一个死人没有什么。但是世尊当时心地纯洁没有见过死人，这真的见到了腐败恶臭死尸，联想到自己将来的死状不禁心生恐惧，觉得人生太没意思了。活着承受着各种压力，还要被时间无情地催老，病了要承受折磨，到了最后却是落得个腐败恶臭成为蛆虫的食物！至此，他真正打算出家修行！”

“哎，尊者，听了您的讲述，我现在都感觉这人活着就是被各种痛苦缠绕，真的没意思啊，要不是我要修建佛塔真想和世尊一样出家算了！”

“善哉，”优波鞠多听了阿育王的话说，“国王陛下身为铁轮王已经是大福田，仍然对这个世界有厌离心，将来必定升天脱离人生所有痛苦！国王陛下，你看这生老病死四门是否要建塔呢？”

“当然要建塔，我要让天下众生都有世尊一样的警醒，从而弃恶从善早日脱离各种苦！”阿育王说完就拨款建塔，之后对优波鞠多说：“下一处我们去哪里呢？”

“世尊从四门回归王宫，整日闷闷不乐，净饭王就让人陪着他去一处散心，下边我就带你去这个地方！”优波鞠多说着，引导阿育王来到一处幽静地，指着一颗阎菩树说：“这里就是他散步之后纳凉的地方。”又指着不远处一丛森林说：“纳凉之后，他不想回宫，就坐在那丛森林的一棵树下思考如何去恶从善！”说着捉着阿育王的手来到森林中，寻找到一棵弯曲身体的树说：“最开始它是笔直的树干，是因为世尊下定决心去恶从善之后，它匍匐在地仿佛五体投地所致现在模样！”

“这么说来，世尊已经决定出家，下一处是不是他离家出走的地方呢？”阿育王问优波鞠多。

“国王陛下睿智，我这就带你去那个地方。”话声没落地，二人已经站在了一处破旧的城门之前，优波鞠多接着说：“这里就是世尊离开家乡的地方！”

“奇哉怪也，净饭王允许他离开吗？”阿育王问。

“当然不肯，所以诸天人感知世尊出家之意，纷纷前来护佑他顺利离开，走的就是这个城门。为了避免净饭王追赶，世尊选择半夜离开，他的车夫名叫车匿，含着热泪护送主人出城！”说着，优波鞠多拉着阿育王的手跃入空中飞行到一处路口：“车行驶到这里，世尊将随身财物交给车匿，并让他代替自己拜别净饭王。车匿为人忠厚不肯接受财物，只是跪地请求世尊回宫，世尊打定主意修行，不得以用命令口吻使他离去。”

“听了您的述说，我仿佛看到了世尊整个离家出走的过程，真是让人不得不流泪！”阿育王擦着眼睛说。

“可是当时世尊是非常快乐的。国王陛下你身为阎浮提第一王，拥有不尽的荣华富贵，以你现在的思想是体会不到世尊的快乐心情的！”

优波鞠多说完，阿育王点头称是，说：“以上几个地方是世尊离苦得乐的标志，必须建塔。”于是又拨款建造佛塔。

之后，他们又来一个地方，优波鞠多站住脚，说：“车匿去而又回，在这里跪求世尊回宫，世尊说，‘我今天出家修行，是要引导一切众生脱离苦海，你不要拦着我！’说着拔出佩剑削落自己的头发扔向空中以表诚心，当时帝释天就在空中，他接住了世尊头发，现在，这缕头发仍然供养在忉利天！”说话间，他们来到了一处森林旁，优波鞠多站定说：“车匿无奈只好回宫，世尊就徒步行走到了这里，你看这里是不是清净优雅，是个很好的修行地？”阿育王点头说：“的确是个好地方，我的御花园不及这里十分之一！”

“是啊，当初世尊也被这里的景色吸引，从我站的这个地方进入了森林！”优波鞠多说着带领阿育王进入森林，又走了一刻钟停下说：“世尊走到这里遇到了两个猎人，见他们身穿袈裟非常好奇，就问，‘你们两个身为猎人从事杀生行业，为什么穿着袈裟呢？’猎人之一说，‘你这就不懂了吧，穿上了这袈裟之后，动物们以为我们是出家人不加躲避，甚至有的主动上前亲近，我们不费劲就能捉住它们，免了追逐之苦！’世尊听了说，‘你们捕猎无外乎为了温饱，现在我用上等衣物换你们的袈裟可以吗？’猎人听了说，‘你的衣服能值几个钱？’世尊说，‘我的衣服中有黄金丝线，抽取出来可以换取很多金币！’猎人听了进行观察，发现果然如世尊所说，就用袈裟换了上等衣物，从此以后，动物们不再遭遇杀戮！”

阿育王听了说：“世尊果然慈悲，我万万不及啊！”

“国王陛下，下边去的地方和你的祖上有关！”优波鞠多说，“要想知道请跟我来！”阿育王急忙随后跟上。到了一个地方之后，优波鞠多说：“当初世尊走到这里，你的祖上摩揭陀国王频婆娑罗王觉得世尊相貌不俗，就和他探讨修行之道，两个人越聊越投机。当世尊要离开的时候，频婆娑罗王承诺将一半国家相赠，希望世尊留下。世尊说，‘我是迦毗罗城太子，如果贪图荣华富贵何必来这里苦行呢？’之后，这件事成为美谈！”说到这里，优波鞠多顿了一下，然后问阿育王：“以上这些地方都要建塔，国王陛下同意吗？”

“以上这几个地方是世尊决定出家以及离家之后的行迹，当然要建塔！”阿育王说完立刻拨款建塔。

“世尊未成道之前也很迷茫，他不知道如何才能获得正果，于是，到处寻访高山隐士。首先，他打算去寻找郁头蓝！”优波鞠多领着阿育王寻找下一处建塔地。

“对，就是这里，当年世尊就是从这里前往郁头蓝修行处。”

“郁头蓝是什么人，有什么修为呢？”阿育王问。

“郁头蓝曾是世尊的师尊，以修持‘非想非非想定’而闻名天下。后来世尊达到了这个境界，但仍然感到不满足，就辞别郁头蓝继续寻找更上的修行！下边我领你去世尊苦修的地方！”说着，他们来到了一片荆棘之前，优波鞠多说：“世尊辞别郁头蓝来到这里趺跌迦坐，进行为期六年的苦修。当时他每天只吃一粒米，一旦入定时间非常长，就连乌鸦在他头上筑巢他都浑然不知！”阿育王听了非常惊诧：“这不是外道修行之法吗，世尊也曾经这样苦修？一天只吃一粒米，不是要活活饿死吗？”“国王陛下说得很对，但是当初没有正确的修行方法，世尊误入外道也属正常。不过后来他的身体十分虚弱，心想：‘人只有活着才能修行，这样的方式不对。’于是，他抛弃恶法彻底醒来。”

阿育王听了点头说道：“世尊智慧非我们可比！”说话间他们又来到一个地方，优波鞠多继续说道：“世尊醒来之后来到这里，当时难陀、跋难陀在这里放牛，世尊施舍牛乳熬制的粥，使得他们恢复了体力！”

阿育王听了问：“接下来就是去世尊得到正觉的地方吧？”

“陛下聪慧，”优波鞠多赞叹一声，然后指着远处一棵菩提树说，“那棵菩提树就是世尊降魔成道的地方！”阿育王听了急忙进行遥拜，说：“菩提树见证了世尊得道，真是树中极品神灵了！”

“陛下先在以上地方建塔，之后我领你前去那里！”优波鞠多说，阿育王不敢怠慢立刻着手安排。

二人向菩提树走去，路上优波鞠多说：“迦罗龙王曾经在这里赞叹世尊！”

阿育王听了说：“这么说迦罗龙王曾经见过世尊？”

优波鞠多点头称是，阿育王又说：“尊者，我有个请求，能不能让迦罗龙王现出真身，我要问问他见世尊的经过！”

“国王陛下见迦罗龙王无外乎想增加对佛法的敬信，”优波鞠多说，“我这就让他现身！”于是抬头对虚空说：“迦罗龙王，听到我召唤速速现身！”说完，天空传来雷声，接着大风刮起，没一会儿一条大龙出现在他们面前，他向优波鞠多施礼后，问：“尊者呼唤我来这里有什么指教吗？”

优波鞠多指指阿育王说：“阿育王得知你曾经见过世尊，想让你讲讲具体经过！”迦罗龙王向阿育王见礼。“龙王，你掌管龙族以及民间雨水降落，而我是掌管世俗的人王，你我平等无需客气。”阿育王还礼问龙王，“不知你当初为什么赞叹世尊？”

“当初世尊坐在菩提树下获得正觉，所以我才赞叹！”迦罗龙王想起当时情景仍然有些激动。

“哦，”阿育王急忙问，“据说世尊获得正觉的时候，面如满月，身有佛光出现，是这样的吗？”

“的确如此，除了这些还有很多不可思议的现象。但是当时的情况三言两语难以说清，我现在只能大概给你说说！”迦罗龙王说，阿育王立刻表示欢迎。

“记得当时我就在这里看到世尊获得正觉，他结束跌跌迦坐双脚一落地的那一刻，大地山河发生了六种震动，就连世尊的父王净饭王都在睡梦中被惊醒，得知自己儿子获得了正觉后，他非常高兴。另外，世尊身上发出的佛光可以掩盖日月光华普照十方上下，让一切众生蒙受利益！”迦罗龙王讲到这里，优波鞠多念诵佛号表示对世尊的尊敬。阿育王则说：“雄壮佛法，刚猛世尊！”然后在这里起塔。

送走迦罗龙王，二人来到菩提树下，只见它郁郁葱葱随风而动，优波鞠多指着它对阿育王说：“就是在这棵树下，世尊用无量慈悲打败了魔王波旬成就了无上正觉！”阿育王听了立刻匍匐在地，说：“菩提树神曾经见证世尊获得正觉，比我幸福多了，就为这个应该施行大礼！”然后拨款起塔，并特别嘱咐罗提掘多布施菩提塔千百两黄金。

“国王陛下，我们到下一个起塔的地方去。”优波鞠多说着引领阿育王来到一个地方，说：“这里是世尊成佛的时候，四大天王心生感应来到这里，各献给世尊一个石钵，世尊利用神通合四为一使用，之后不久有五百商人路过这里，看到世尊之后施舍食物，如今，他们都已经获得相应果报！”阿育王听了双掌合十说：“这里必须起塔，让世人知道布施可以获得果报！”

接着，优波鞠多又领着阿育王来到当初佛陀去往波罗奈女的地方以及婆罗门赞扬佛陀的地方，阿育王在这些地方悉数起塔。之后，他们又到鹿野苑，优波鞠多举起右手对阿育王说：“这里就是世尊转法轮的地方，从那一刻起一切不正确的见解、不善的法都破碎无余！”阿育王听了肃然起敬在此起塔，并供养千百两黄金。然后他们又来到一个地方，优波鞠多说道：“这里就是当初世尊度一千个婆罗门的地方！”然后带领阿育王来到一个地方说道：“这里是频婆娑罗王听世尊说法之后得真谛的地方，也是八万四千天王脱离尘垢得到较高思想境界能看到事情本质的地方，也是无量婆罗门及居士证得须陀洹的地方！”阿育王听了赞叹道：“这里真是福地啊！”之后拨款起塔。接着，优波鞠多又给阿育王指明帝释天接受佛陀点化的地方，以及佛陀显示神通的地方。这两个地方，阿育王都起了塔。然后他们来到一个地方，优波鞠多指着这里说：“佛母摩耶因为功德深厚死后成为帝释天，世尊得道之后去忉利天为母亲说法，然后从这里返回人间！”“世尊有母摩耶，我有母须跋陀阑吉，都是一样伟大的女性，应该受到儿女的善待！”阿育王听了非常感动，又在这里起塔。

优波鞠多又带着阿育王来到拘尸那城，抬起手来指点两棵娑罗树之间说：“这里是世尊最后度化外道，完事之后即入涅槃的地方！”阿育王听了犹如遭了霹雳一般，半天之后说：“啊，这里便是世尊入涅槃的地方？！”他只觉得肝肠寸断，立刻晕倒在地。罗提掘多等大臣见了乱成一团。

优波鞠多摆摆手说：“大家不要慌，国王陛下急火攻心才晕倒，取碗清水来！”有人送来清水，他将水洒在阿育王脸上。“啊，”阿育王醒来号啕大哭，“我前世时候见过世尊一面，总盼着有缘还能再见。现在，来到他涅槃的地方，我才知道再也见不到世尊了！”

“国王陛下不要太过悲伤，世尊到世间云游点化一番，现在他涅槃了，就相当于你完成了工作回家了一样！”罗提掘多说。

“是啊，他老人家一直活在我的心里！”阿育王听了罗提掘多的话心情好了一些，指着脚下土地说：“罗提掘多，在这里建立佛塔，要让世人知道世尊无上功德！”说完匍匐在地，用头面礼优波鞠多脚，然后合掌说：“到这里我已经了解世尊一生经历，为了表示对佛法的尊敬，我想礼拜世尊弟子的声闻塔，烦劳尊者为我带路！”

优波鞠多听了说：“善哉，善哉！国王陛下能有这样的想法实在太好了，我这就领你去！”说完，使用神通将阿育王带到只陀林，指着一座高塔说：“看，那就是世尊大弟子舍利弗功德塔，你应该进行供养！”

阿育王说：“舍利弗是世尊大弟子，我定然供养，只是不知道他有什么品德功劳呢？”

优波鞠多尊者说道：“国王陛下，舍利弗的智慧除了世尊之外没有人可以相比，当初他的母亲因为怀了他而变得异常聪慧，这足以证明他的智慧多么高超。当初世尊得道回到祖国之后，他的儿子罗睺罗要出家修行，拜的师尊就是舍利弗，由此可见，他的智慧在所有世尊的徒弟中是最高的。最主要的是，他作为世尊的第一护法可以转法轮，消除一切恶法，让众生得到佛法庇佑！国王陛下，觉得舍利佛功德如何呢？”

“舍利佛功德太高了！”阿育王双掌合十，命令罗提掘多拨款千百两黄金布施舍利弗功德塔，然后又说：“尊者舍利弗，我归命于你。你摆脱了时间所有束缚，作为世尊第一护法而美名流传世间！你是智慧第一的人，请接受我的礼拜！”说完对着佛塔进行五体投地大礼。起来之后，问优波鞠多：“世尊大弟子舍利弗声闻塔我已经供养，接下来领着我去供养其他声闻塔吧！”

优波鞠多听了领着阿育王来到了目犍连功德塔前，说：“这是目犍连功德塔，他是世尊十大弟子之一，与舍利弗是好友，曾经各有二百五十信众，听说世尊美名之后，他们两位一起拜世尊为师！国王陛下，你应该供养这个塔！”

阿育王听了问：“既然与舍利弗同时拜世尊为师，其德行必定不错，不过还是希望尊者能给我详细说说！”

优波鞠多双掌合十向目犍连塔，说：“目犍连又称大目犍连，他的神通最为广大，能以右足撼动帝释天所居住的宫殿，当初难陀龙王和跋难陀龙王心生嗔恚，放火阻止世尊上三十三天为佛母摩耶说法，是大目犍连用神通将它们降服，让它们皈依三宝！”

阿育王听了合掌合十，赞叹目犍连尊者：“目犍连尊者，你在生老忧苦中得到解脱，你的神通在诸佛弟子当中堪称第一！仅仅你降服难陀跋难陀龙王，我就必须供养千百两黄金！”听了他的话，罗提掘多不敢怠慢立刻拨款千百两黄金进行供养。

接着，二人又来到迦叶功德塔，优波鞠多向阿育王介绍说：“这是摩诃迦叶功德塔，也应当供养千百金！”

阿育王听了问道：“迦叶拥有什么功德？”

优波鞠多解释说：“尊者迦叶也是世尊十大弟子之一，他最没有执着心，人格清廉，深受世尊信赖，世尊曾分半座与他，并脱下自己法衣给他，让他作为佛法的传人。他非常怜悯穷苦人，专心护持佛法。总而言之，他的功德不能一句说完，国王陛下当以千百金供养这个塔！”

阿育王听了心中对迦叶产生了万分崇敬，立刻以百千两金施迦叶功德塔，随即合掌赞叹迦叶尊者：“尊者，你坐化鸡足山当中，你的一生从不与人争斗，没有任何愤怒，以禅定为准则，没有欲望知足常乐，实实在在功德第一！今天我对你顶礼膜拜诚心归命！”

接着，他们来到一个声闻塔前，阿育王见优波鞠多并没有停留的意思，就问：“尊者，这个是谁的声闻塔？”

优波鞠多站住身形说：“我本来要跟你介绍，可是怕你觉得他功德小而产生轻视，所以才略过不说！”

“哦，功德小还有功德塔，真是奇哉怪也，”阿育王望着声闻塔，对优波鞠多说，“尊者跟我说说吧，我不生轻视心！”

优波鞠多听了说：“这是个婆驹罗功德塔，他是世尊所有弟子中身体最健康而且欲望最少的人，不过他从来没有教授过任何一个人一四偈语！”

阿育王听了禁不住升起了轻视心，对罗提掘多说：“你去供养一个金币！”

罗提掘多听了吓了一跳，问：“国王陛下，我没有听错吧？之前的大德的功德塔你都供养千百两黄金，为啥单单这个塔供养一个金币呢？”

阿育王听了不假思索地说：“这个人只知道自己出家修行获得罗汉，而不度化他人，这不是真正的大德，所以供养一金币！”

罗提掘多听了急忙摸出一金币进行供养，结果塔神现身竟然将金币送还回来。罗提掘多对优波鞠多说：“尊者您刚才说这个人欲望最少，现在看来的确不错，连一金币都不要啊！”

接下来，他们来到了尊者阿难的功德塔前，阿育王见塔非常雄伟，前来供养的人络绎不绝，急忙问优波鞠多：“这是谁的功德塔呢？”

优波鞠多向功德塔合掌说：“这是尊者阿难的功德塔，国王陛下应当供养！”

“我曾听说阿难尊者，不过他的具体功德还是不知道，请尊者说给我听！”

优波鞠多说：“世尊涅槃之后将佛法交付给尊者迦叶，迦叶涅槃之后将佛法交付给尊者阿难。阿难是我的师尊商那和修的师尊。听师尊说他坚定信持佛法，具有强大的念力，而且智慧深厚学识渊博，他所讲的法义非常精妙，听他讲法的人大多能获得须陀洹果，所以，他受天人供养。最重要的一点就是，他能了解世尊心意，善于利用善巧来普度众生！”

阿育王听了优波鞠多的话，心中升起了极大的欢喜，立刻对罗提掘多说道：“快点供养这个塔十万两黄金！”

这话一出，罗提掘多大吃一惊，急忙问阿育王说："国王陛下啊，在这些功德塔当中，为什么对这个塔供养最多呢？"

阿育王说："他心怀慈悲，让善发扬光大，让恶无处容身。他继承佛法，使得佛法至今不灭，才能让无量众生受到佛法庇佑，甚至脱离苦海获得大自在。世尊智慧深如海洋，只有尊者阿难可以和他心灵相通。由此可见，他的修为仅次于世尊，所以我才让你供养这个塔十万两黄金！"罗提掘多听了心生愉悦，立刻拨款十万两黄金进行供养。

供养完佛陀十大弟子功德塔之后，他们来到了优波鞠多功德塔前边，阿育王高举双手说："尊者，这是您的功德塔！据我所知，您成为罗汉后每度化一人成为罗汉，就让他往长三丈六宽两丈四的房子里扔竹板，到如今已经度化一万零八名罗汉，那房子早已被竹板充满！"

优波鞠多道："国王陛下，你也要和我一样信持佛法，争取为众生带来大利益！"

阿育王听了合掌感叹："尊者所言太对了！转世为人要经过千百世的修行，像我这样的更是经过了千辛万苦才能成为王，所以我一定不能白白拥有这个身体！"

优波鞠多听了问："那么陛下如何做到不空有身体呢？"

阿育王回答："第一，一定要累积善业获得好果报，并造福他人；第二，金钱是这个世界上最脆弱的东西，我用它来进行布施，修得无极之身、无穷之命、无限之财，成就三种坚法。我所起的塔，庄严了整个阎浮提，就好像白云装饰天空一般。到了这一刻，我已经没有了一切烦恼！" 说完这句话，阿育王向优波鞠多功德塔敬礼，并供养黄金千百两。回到花氏城之后，阿育王让官人准备上好的斋饭供养众罗汉。

用过斋饭后，优波鞠多向阿育王辞行："国王陛下，我已经告诉你哪些地方要修建佛行处塔，如今我该回那罗拔利精舍了！"

"尊者何必这么着急走呢，我还没有和你聊够啊！"阿育王双眼含泪说。

"善哉，缘来缘灭不必执着，就此别过！"优波鞠多说完率领众罗汉离开花氏城，在百姓们的欢送下登上大船向那罗拔利精舍而去。

阿育王说道："优波鞠多尊者走了，我还有事儿没有做！"

罗提掘多听了问："该起的塔您都起了，该供养的声闻塔也都供养了，还有什么事情呢？"

阿育王听了说："我所建的佛行处塔实在太多，一一供养恐怕这一生都难以完成，现在我选择这几处佛塔进行供养，你要听仔细了！"罗提掘多立刻进行记录，阿育王说：“佛生处塔、菩提树塔、转法轮塔、般涅槃塔这四处佛塔分别布施千百两黄金，因为这四个塔有着非凡的象征意义！”罗提掘多不敢怠慢，立刻对以上四个佛塔进行供养。虽然阿育王看重这四处佛塔，但是相对比来说，还是菩提塔在他心目中最为重要，这是因为佛陀在菩提树下获得正觉的缘故。之后，他将自己所有珍宝都供养了菩提塔。

第一夫人帝斯罗叉心想：“国王陛下将财宝都供养了菩提塔，一颗最小的珍珠都没有给我留下！一个没有生命的塔，竟然和我争夺财物实在可恨，我必须弄死那棵树，到时候我看他还布施财宝不？”想到这里，她找来一个叫真陀罗摩登伽的人，问他：“听说你善于运用咒术，是这样的吗？”

“是的，”真陀罗摩登伽跪倒在地说，“第一夫人有差遣的话，我一定全力以赴！”

“你果然聪明，但是我要让你杀的不是人而是一棵树！”帝斯罗叉说，“我想这对你来说太简单了吧？”

“莫非第一夫人想弄死菩提树？”真陀罗摩登伽果然阴险，一下子猜中了帝斯罗叉的心事，“这棵树是国王陛下的最爱，杀了它就好比要了他的命，你不会想不到吧？”

“你只管去做，不要问那么多！”帝斯罗叉拿出黄金，“这只不过是你酬劳的一部分，事成之后我再给你余下的部分！”

“既然第一夫人不吝钱财，那事儿就好办多了！”真陀罗摩登伽掂量一下黄金，“你就等好吧！”

真陀罗摩登伽来到菩提塔，他绕着菩提树转了两圈说：“菩提树啊，当年世尊在你旁边获得正觉，你是植物中最有福气的，可今天却要死在我手里。你不要怨我，这是第一夫人帝斯罗叉的意思！”说完绕着菩提树念动咒语，然后又将怀里的咒索系在了树上，看看左右无人急忙离开。隐藏在暗处的守树人听到了他的话，心想：“第一夫人太狠毒了，竟然让这个人来咒杀神树，我必须告诉阿育王！”于是，他奔跑来到王宫。

“站住，什么人擅闯王宫？”门卫大喝一声，唰啦抽出弯刀。守树人喘息说：“快些禀报国王陛下，有人要害死菩提树！”门卫还刀入鞘立刻带着他来到阿育王面前，听了守树人的述说之后，阿育王拍案而起：“帝斯罗叉要害菩提树，你没听错吗？”

“国王陛下啊，现在没有时间怀疑我的话了，请赶快去看菩提树吧，晚了恐怕就死掉了！”

“菩提树，死，死掉？”阿育王只觉得天旋地转，一下子瘫倒在王座上。

宫人们见了慌成一团，罗提掘多大喊道：“不要乱，拿一碗清水来！”清水送到，他用水泼醒阿育王。“当年世尊在菩提树下获得正觉，它是最有福气的植物，现在帝斯罗叉竟然要杀它！”阿育王仰天哭泣，“她竟然这样狠毒，到底因为什么要杀菩提树？”

就在这个时候，帝斯罗叉经过这里听到这话心想：不好，国王陛下竟然知道我咒杀菩提树，这该怎么办呢？她急急忙忙来到阿育王面前，装作很悲伤的样子说：“国王陛下啊，我嫁给你这么多年，什么时候做过让你生气的事情呢？菩提树可不是我让人咒杀的，这肯定是个阴谋！陛下啊，如果真像你说的菩提树死了，我会更加细心地照顾你，不让你觉得孤单！”

阿育王听了她的话，心说：“肯定是这个女人嫉妒我对菩提树太好，于是私下派人咒杀，看纸包不住火来我面前装好人！”想到这里，他说道：“菩提树怎么能和你这样的女子相提并论？世尊曾经在它旁边成就无上功德，岂能随便咒杀？”

帝斯罗叉看阿育王声色俱厉不敢再说话，急忙找个借口离开。回到宫中之后，派人找来真陀罗摩登伽，问他：“你咒杀菩提的事情还有别人知道吗？”

真陀罗摩登伽说：“第一夫人，我去那里的时候周围没人，所以除了你我没有第三个人知道！”

帝斯罗叉说：“那就怪了，刚才我路过国王议事厅的时候，听他说什么咒杀菩提之类的话！”

真陀罗摩登伽听了浑身冒汗。“你不要恐惧，”帝斯罗叉示意他走到近前说，“你有没有办法将菩提树救活？”摩登伽听了不解，问帝斯罗叉：“杀它是你，不杀也是你，第一夫人你这葫芦里卖的什么药啊？”

“国王陛下对菩提树十分崇敬，好像它真的具有灵气一样，我听了都浑身汗毛直立。我不想遭到报应，所以想让你救活它！”

“原来是这样，第一夫人不要惊慌，这事儿简单，就交给我去办！”真陀罗摩登伽话锋一转，“不过，这需要更多的金钱才行！”

“好，”帝斯罗叉将余下的黄金给他，又追加一部分黄金，“这下你可以去做了吗？”

真陀罗摩登伽拍着胸脯说：“有钱好办事，我去看看菩提树还有没有一线生机，如果有就不难活转！”说完，他急忙来到菩提树前查看，仍有生机，心说：“菩提树果然神奇，一般的树遭遇我的咒杀这时候早就枯死了！”看左右没人他急忙解下咒索，然后用一千瓶牛奶进行浇灌，没有一会儿菩提树便重新生出枝叶来，恢复了旺盛的样子。

守树人从王宫回来，老远看到菩提树活转过来，心说：“这下惨了，国王陛下一定说我欺君罔上！”想到这里非常恐惧全身抖了起来。跟随前来的罗提掘多问：“你不是说菩提树快死了吗，这是怎么回事儿？”

守树人扑通跪倒哭着说：“大人，刚才菩提树的确快死了，但我不知道这个时候为啥活了过来！”

说到这里灵光一动，大声说：“难不成是世尊显灵救活了它？”

罗提掘多听了说：“我就这样回复国王陛下，我保证你的生命安全！”

说完回到宫中，阿育王听了他的述说高兴万分，像小孩子似的蹦跳起来说：“立刻准备步辇，我要去看望菩提树！”

到了菩提树下，阿育王进行右绕之礼，然后说：“以前频婆娑罗王不能做的事情，我却可以完成两种！”

守树人听了非常好奇就问他：“国王陛下，您所说两种是什么呢？”

阿育王说：“第一种，用一千个宝瓶装上香灰所制的汤水浇灌菩提树；二者做盛大法会，凡人和圣人，出家人和在家人都可参加。而且这个法会没有阶层限制，婆罗门、刹帝利、吠舍、首陀罗都能参加，只有这样才能让佛法真正的利益众生！”说到这里，他命令守树人：“你去寻找花氏城最好的工匠，让他们以金银琉璃为基材做一千个宝瓶，我要用它们盛满香灰水浇灌菩提树。”守树人领命而去，聚齐五百个匠人在三天之内制作完宝瓶。阿育王亲自为菩提树浇灌香灰水，然后在树枝上挂满花蔓，用檀香木涂抹树身，使得菩提树万分庄严。做完这些他立刻进行沐浴换上最新的衣服，开始受持八关戒斋。什么是八关戒斋呢？就是：一、不杀生；二、不偷盗；三、不非梵行（不淫）；四、不妄语；五、不饮酒；六、不著香华（曼）、不香油涂身、不歌舞倡伎，不故往观听；七、不坐卧高广大床；八、不非时食。他之所以受持这个八关戒斋，目的就是要以国王身份为最大施主，举行五年一大法会。受斋之后，阿育王登上高楼开始邀请诸天众、佛弟子、圣人以及平民前来参加法会。首先，他东南西北观望一遍说：“诸佛弟子以及修得正知见解并且信、勤、念、定、慧五根坚固的人，一切善根不弛散并消灭各种欲望和痛苦的人，接受人天阿修罗供养并愿意怜悯众生的人，请接受我的邀请参加我的法会；实现三乐、四乐以及禅定及智慧的人，解脱俗世束缚并在佛法中往生的人请接受我的邀请，来参加法会；居住在佛教圣地阙宾、闇林、摩诃婆那、离越的圣人，如果听到我的呼唤请怜悯我接受我的邀请，参加法会！”他邀请完毕，不断有僧众来到法会现场，总计有30万人。其中十万是阿罗汉，使用神通第一时间来到会场，剩下的20万证得圣果的人陆陆续续赶到会场。这30万众都进入了自己的座位。

在会场所有座位中，阿育王觉得鸡头摩寺上座夜舍应该为最上座，可是他看到夜舍坐在了第二上座的位置上，于是问他原因，夜舍回答："国王陛下，留出这个上座给更有德行的人来坐！"

"上座，还有比你修行时间长，功德高的上座吗？"

"当然有了，在世尊所记载中，有一个无量音说法第一的罗汉，名为宾头卢跋罗豆婆阇，比我更应该受到尊重！"

"佛法无边，竟然还有这样修为深厚的罗汉！"阿育王双掌合十，因为极度的崇敬全身毛发都立了起来，就好像迦昙花树一样，继续问夜舍："那么宾头卢罗汉是否见过世尊肉身？"

"当然见过！"

"那么今天宾头卢罗汉能否来这个法会呢？"

"国王陛下以世尊舍利修建佛塔八万四千座，又修建了佛行迹塔众多，而且对佛弟子功德塔依次供养，功德巨大。你为大施主开办的法会，宾头卢罗汉当然要来，今天你就能看到他！"

"上座，今天你可算是让我得到了最大利益啊，让我得以见到大德宾头卢罗汉！"说着，阿育王对夜舍施行礼拜。

"国王陛下往空中看！"夜舍双掌合十向着天空说。阿育王望向天空，只见天空中密密麻麻都是罗汉，为首的是一个有两条白眉的老人，夜舍介绍说："国王陛下，这就是宾头卢罗汉！"阿育王仔细观看，只见宾头卢罗汉衣襟飘飘从天而降，来参加法会的三十万僧送立刻起立表示恭敬，宾头卢罗汉双掌合十回礼，然后径直来到最上座坐下。阿育王心想："好有气度的罗汉，两条白眉看起来威力无边，一举一动好像辟支佛！"想到这里抢到前去扑倒在地施行五体投地大礼，然后施行礼足起来半蹲半跪合掌说："尊者，我前生时候见过世尊一次，他的容貌和德行让我永世难忘。但世事无常世尊涅槃让我痛不欲生，好在尊者还在，让众生能继续得到佛法庇佑，悟性高的还可以脱离俗世束缚获得自在。您的善行在座所有人都应该效仿！"

宾头卢罗汉说："国王陛下修建八万四千舍利塔，以及众多佛行迹塔，还礼拜供养了众声闻塔，你的功德十分巨大，我自叹不如！"

阿育王受到他的赞扬非常高兴，说："尊者谬赞了，我还有一件事儿想问尊者。"

得到宾头卢罗汉的肯定后，阿育王问："尊者可见过世尊肉身？"

"世尊曾经叮嘱我度化世人不准涅槃，所以我当然见过世尊肉身。"

"不知道我见的世尊肉身和尊者所见世尊肉身是否一样？"

“世尊无限慈悲，他身上的佛光犹如金光四射，面如满月拥有三十二相，看起来非常庄严，而且他说话深奥微妙，能让天人感到他的慈悲！国王陛下，我说的是否对呢？”

“尊者说得非常对，我见的世尊肉身也是这样！”阿育王对宾头卢罗汉更加敬重，又问他：“为了坚定我对佛法的信仰，尊者可不可以告诉我您都在什么地方见过世尊？”

“国王陛下，我见世尊的次数实在太多，下边我就简要说一下。某一年世尊与五百罗汉在王舍城夏安居的时候，我就在队伍中；世尊在舍卫国变身大神摧毁外道的时候，以及世尊为了救众生变成另外一种姿态，从人间次第到达四天王天、忉利天、阿迦腻吒天，当时我都在队伍中；世尊在忉利天为佛母摩耶夫人讲经说法回到人间，阿罗汉、比丘、比丘尼等都想目睹世尊，可是当时拜见世尊是有次序的，身为比丘尼的莲花色为了见到世尊，竟然使用神通变作转轮圣王的样子，使得大家给她让开了道路。当时圣比丘弟子迦留陀夷尊者，知道这是莲花色比丘尼的神通变化，所以告诉大众‘你们不要稀奇，这不是真的转轮圣王而是莲花色比丘尼。’这话一说完，她果然现了真身顶礼膜拜世尊，可是莲花色轻易显示神通，这是违背了世尊的要求的，被世尊狠狠教训了一顿！我为什么知道的这么详细呢，因为当时我就在这所有僧众当中；世尊到僧伽户沙池旁边的时候，我同样在队伍中；苏摩伽帝于满富城内请世尊的时候，五百罗汉各显神通到达满富城，当时我变作宝山，在众罗汉变作的宝贝之间来到满富城；世尊入王舍城次第化缘时，国王陛下以土施如来，罗提掘多合掌随喜，世尊说他百年之后，花氏城将有一个名叫阿育的国王得舍利建佛塔，说的就是你国王陛下你啊！”

阿育王听了深感欢喜，问宾头卢阿罗汉：“尊者近来在何处住？”

宾头卢阿罗汉听了说道：“近来住于香山。”

阿育王听了问道：“那么您的随从有多少呢？”

宾头卢阿罗汉回答说答：“我有随从六万！”这个时候已经临近开斋时间，宾头卢反问阿育王：“国王陛下，现在已经到了开斋时间，你与众僧吃斋，吃完之后我和你细说好不好呢？”

阿育王立刻表示：“尊者的话我怎么敢不听呢？不过在开斋之前，先让我浇灌菩提树从而发起我念佛心！”说到这里，他对纲领职事那萨婆蜜说：“尊者，我用十万两黄金施给众僧，再用一千个宝瓶浇灌菩提树，你能不能敲打铜钟对在座各位说我是这次法会的大施主呢？”这个时候抱着王子驹那罗的两个仆从面对着纲领职事并不说话，而是各自伸出了一根手指。纲领职事明白他们这是要加倍相赠，对在场众人做了个无奈的表情，所有人都笑了起来。阿育王也大笑起来，心说："罗提掘多实在太过精明，这是他觉得我施舍太少，才让这两个仆从和我竞争，让我增加施舍力度！"

想到这里，他指指罗提掘多说："罗提掘多啊，这都是你教授的吧？"罗提掘多听了立刻跪倒说："国王陛下，这不是我教授的。这样大的法会千年难遇一次，连宾头卢罗汉都来了，他们迫不及待想成为大施主，获得最上福田，所以才斗胆和您竞争！"

"说得有理，罗提掘多你起来吧，"阿育王扶起罗提掘多，对纲领职事那萨娑蜜说，"尊者，既然这样，我就出三十万两黄金向众僧进行布施，再用三千个宝瓶浇灌菩提树！"纲领职事听了刚要敲打铜钟，没想到驹那罗举起了四根稚嫩的手指，在场的僧众见了又是一阵大笑。阿育王不明所以，环顾四周问罗提掘多："怎么回事儿，还有人和我竞争吗？"

罗提掘多施礼说："国王陛下，谁敢与您这个阎浮提第一王竞争呢？是驹那罗这小孩儿学你举手指而已！"

"原来如此，"阿育王见驹那罗还在伸着四根手指，就走到近前说，"这孩子和佛法有缘，在我修建世尊舍利塔第一天就出生了。今天伸出四根手指，是在示意我增加布施！"于是转身对纲领职事说："我把所有财产以及所有宫人，还有诸大臣更有我的儿子驹那罗一并施舍给僧人，请说是我赞助的法会可以吗？"纲领职事那萨娑蜜听了立刻敲响铜钟，众僧为阿育王唱诵愿文，对他的功德进行赞颂。阿育王受咒愿之后，命人将菩提树的枝条拢住，用四千宝瓶从上到下进行浇灌，完成这些之后要和众僧吃斋。

"国王陛下稍等，"夜舍叫住阿育王，"浇灌菩提树后，你已经有了清净心，这是最胜福田。接下来你不能急着吃斋，要以平等心挨个向在场众僧递送饮食！"

"哦，"阿育王听了立刻说，"谢谢尊者赐教，否则我真的会闹出笑话来！"说完，他来到众僧之间开始亲自递送饭食。走到一个桌前，只见竟然是两个小沙弥，阿育王禁不住有了轻慢，心说："这么大点的小孩子也需要我来递送饮食？"想归想，他还是向他们递送了饮食。其中一个小沙弥接过干粮转而给了另外小沙弥，后者接了食物又念诵佛号递了回来，然后他们互相施给对方饼和欢喜丸。阿育王见了心说："毕竟还是孩子脱不了稚气，竟然这样互相施与食物。"想到这里对他们说："你们两个可真可爱，玩起了这样的游戏。"他并不知道，两个小沙弥行使的是和敬之法，这是修行礼仪中的一项，可以增加彼此的功德有益于僧团团结。

递送食物完毕之后，阿育王来到了夜舍面前。"国王陛下，"夜舍问他，"你见了没有威仪的事情，能不能不进行轻视嘲笑呢？"

“实话实说，我做不到！”阿育王双掌合十对夜舍说，“比如刚才递送饭食的时候，有两个小沙弥彼此施舍食物，好像小孩做游戏一样！”

“不仅仅这样，”夜舍盯着阿育王的双眼说，“递送饭食的时候，你是不是觉得他们两个太小，给他们递食有失你的国王身份呢？”

“啊？”阿育王吃了一惊说，“原来尊者都已经知道我的想法了！”

“国王陛下，你可要知道这两个沙弥是入灭尽定的阿罗汉。”夜舍说完对着两个小沙弥双掌合十表示尊敬。

“啊？我罪过太大了！”阿育王感慨地说，“真是人不可貌相，海水不可斗量！”心中说：“佛法无边，两个小孩子都已经入灭尽定，更别说其他僧众。我今天应当施与在座众僧人一张白色细毛布。”两个沙弥了解到了阿育王的所思所想，心说：“我们应当使阿育王对佛法产生恭敬与信仰。”于是，他们弄好大锅，一个拿来刷子染料等染具。阿育王见到他们这样做心说：“这两个小罗汉要干什么呢？”他还没问，两位小沙弥就回答他说：“阿育王刚开始以为我们两个是小孩子，所做出的行为也是幼稚的。夜舍住持说明之后，你才对我们以及在座僧人产生敬意，要施与每个僧人一张白色细毛布。我们了解了你的想法，这是要给它上色，不然没法使用！”

“两位尊者的确像住持夜舍说的，已经入灭尽定，拥有他心通神通。”说到这里，阿育王对两位小沙弥施行五体投地大礼，用头面礼沙弥足同时心想：“要让我的眷属都得到大利益、胜福田，我必须进行大布施！”于是对两位沙弥说：“因为二位尊者，我对佛法僧团产生了敬信。为了表达我的心意，在座僧人都能得到我布施的僧伽梨、郁多罗僧、安陀会三衣！”纲领职事听了，立刻宣布法会开始，阿育王将四十万两黄金以及全部国土、宫人、大臣、驹那罗王子等全部布施给众僧之后回家。而整个阎浮提众生因为阿育王起八万四千座佛塔、开办大法会对佛法产生了信仰。

三　阿育王弟本缘

阿育王有个弟弟叫宿达哆，这个人信奉外道对佛法不信不说还经常讥讽。有一次，他和大臣们坐在一起讨论政务，有大臣说起了佛法，他听了不耐烦地说："都说出家就能得解脱，这是没有道理的事，你看释迦牟尼不也死了吗？"有大臣听了说："宿达哆，世尊是入了涅槃了，肉身虽死，可是法身不灭！宿达哆撇着嘴说："你说释迦牟尼法身不灭，是你看到了，还是道听途说？"大臣没法证明佛陀法身不灭，宿达哆哈哈大笑起来，很为自己赢了辩论而高兴。

后来这件事情被阿育王知道了，他想：我坚信佛法，而我的弟弟宿达哆却不信佛法，总和我唱反调，这绝对不行！他凭什么说出家修行不能得解脱？于是，他招来宿达哆，问他："听说不久前，你和大臣们在讨论政务的时候，竟然公然抨击佛法，说出家不能得解脱，而且还说世尊也死了就是最好的证明，有这回事儿吗？"

宿达哆听了挺着胸膛说："的确有这样的事情！"

阿育王问他："你总是对别人说出家人不能得解脱，你凭什么这样说呢？"宿达哆不假思索回答说："因为这些沙门根本不修苦行，沉湎于各种乐事！"

阿育王听了他的话，说道："兄弟，以你的意思，只有修苦行才能得到解脱？"

"的确是这样的！"

"宿达哆啊，你看事情只看表面，而对本质不加以观察。使得你对不该信的事情相信，对应该信的事情又不相信。佛法浩瀚无边劝人为善，只要专心修行就能获得解脱，你要对佛法僧三宝产生敬信才对！"

"王兄，你跟我到森林中打猎，到时候我给你证明一下，佛法是不能让人得解脱的。"

"好，我就跟你去！"

于是，阿育王叫上大臣们，和宿达哆分别骑着骏马背着弓箭往森林中走，只见这个森林很大，各种动物穿梭其中。但宿达哆并不打猎，而是径直来到一个进行五热炙身的婆罗门面前。五热炙身是一种外道修行的方法，在东南西北点燃四堆烈火，加上头顶太阳对身体进行烤灼，以这样的方式来折磨身体，锻炼自己的意志。

"兄弟，这是五热炙身，不是正确的修行方式！"阿育王坐在马背上，用马鞭指着婆罗门说。

“王兄你错了，五热炙身才是真正的苦行，只有这样才能让自己得到解脱！”宿达哆说完下马来到婆罗门面前，对他施行礼足，然后问：“仙人，你这样修行多少年了？”

五热炙身几乎蒸干了婆罗门体内水分，只见他翕动着干瘪的嘴唇，用沙哑的声音回答说：“我已经苦行一十二年了！”

宿达哆听了心道：“哦，这个苦行者已经苦行了12年，实在令人敬佩。”

于是又问他：“那么日常饮食您都吃些什么呢？”

婆罗门回答说：“吃野果或者挖植物的根茎。”

宿达哆听了沉吟片刻又问道：“那么穿什么呢？”

婆罗门这个时候已经快要晕倒了，但是看宿达哆对自己崇拜成这个样子，尽量让自己看上去精神百倍，回答说：“一直都穿草衣。”

可是宿达哆继续问道：“那么您的床铺以及座椅上铺什么呢？”

婆罗门开始厌烦宿达哆，艰涩地说两个字：“野草！”

宿达哆不依不饶继续追问：“您到如今已经修行12年了，您觉得苦行当中什么时候最痛苦呢？”

婆罗门听了他的话，回答说：“看到生物交配的时候最痛苦，感觉浑身像要炸了一样，非常难受！”

宿达哆听了他的话，对阿育王说：“王兄，你来看，像这样穿着草衣、吃草根果实的人都有欲望，更何况那些沙门呢？他们穿着好衣服吃着好吃的必然会有更多更强的欲望！王兄啊，你知道的太少了，被那些沙门给欺骗了！”

“兄弟啊，你要知道当初世尊也曾经这样苦行，不过后来他发现这样并不能得道，所以才在菩提树下静思，从而获得了正觉！”

“王兄啊，释迦牟尼那是坚持不了这样的苦行，并不是这个苦行不对！”

阿育王听了这话，知道一时半会不能说服宿达哆，就对众大臣说：“我要开方便之门，让宿达哆对佛法僧产生敬信！”

大臣们问道：“国王陛下，宿达哆对邪法迷信很深，恐怕难以说服！您有什么办法呢？”

阿育王回答：“你们先不要气馁，看我如何点醒他！”说完，他教授大臣们如何配合自己。而后，众人回宫，阿育王脱下王冠、珠宝装饰品以及衣服，穿上浴袍进入了浴室。大臣们便按计划行事，对宿达哆说道：“国王陛下如果死了，那么你来代替他行使国王权利！来，试试这些衣冠珠宝饰品适不适合你！”

“这恐怕不行啊，私自穿国王衣服是死罪！”宿达哆有当国王的心，但是没有当国王的胆儿。

“宿达哆不要恐惧，这是国王陛下交代的！”大臣们诱导说。

“既然这样，我就试试看！”宿达哆信以为真就戴上王冠、穿上王袍、配上金银饰品端坐于王座之上。

“大胆宿达哆，”不知道什么时候，阿育王竟然穿着浴袍出来了，他看到自己弟弟穿着王袍坐在王座上非常震怒，“好啊，看来你早就想当国王了！”

“王兄，我根本不想穿，是他们让我穿的！”宿达哆指着大臣们说。

“国王陛下啊，我们可啥也没说啊，是宿达哆看你进去洗澡，就穿上了你的王袍，他是刹帝利，我们不敢阻拦！”

“啊，”宿达哆大惊失色，“你们这些大臣该死啊，竟然用这样的方法害我！”

阿育王并不听他的辩解，说：“你是刹帝利，但对佛法不生敬信，还意图篡位，今天我就让龙神来处死你！”然后对虚空喊：“龙神在吗？”

“国王陛下差遣，”龙神凭空出现，他一手拿着宝剑，一手拿着铃铛降落在阿育王面前，“小龙一定全力以赴！”

“给我处死这个人！”阿育王指着瘫软于王座上的宿达哆说。众大臣见了急忙跪倒一片，齐声哀求：“国王陛下，宿达哆是您的亲弟弟，希望您给他思过机会，国王陛下三思啊！”大臣们三次请求，阿育王三次拒绝。

“王兄，念在你我是兄弟的份上饶了我吧，不然咱们的母亲须跋陀阑吉知道了可要伤心的！”

记得母亲说过弟弟未来能成为罗汉，我当然不能杀他，但是为了让他信佛法，我必须要用恐吓的方式让他清醒！想到这里，阿育王装作很为难的样子说：“但是母亲要是知道你想夺我王位，她也会同意我杀了你！”

“国王陛下啊，”大臣们纷纷流泪，“第一夫人年迈，请不要让她为这件事伤心！再说国王陛下深信佛法，应该知道救人一命胜造七级浮屠啊！”

“也罢，就听你们的吧！”阿育王长吐一口气，转而对宿达哆说：“既然你想当国王，我给你七天时间尝尝当国王的滋味儿，第八天我就杀了你！”

“谢王兄恩德！”宿达哆知道多说没用，只好跪地谢恩。

宿达哆第一天上朝，大臣及千百个婆罗门将他围绕合掌进行各种赞美，同时百千个妓女来到近前询问需要什么样的服侍，宿达哆乐开了花，心说：“哎，我的天啊，这简直是神仙一样的日子！”就在这个时候，从远处传来呐喊：“宿达哆听着，今天过去之后，你还可以当六天国王，之后我们就会割裂你的身体，剁碎你的四肢！你离死不远了！！”

宿达哆循声看去，只见是四条神龙化成恶人模样，以鲜血涂抹双手朝天呐喊。

“啊！”宿达哆脸色苍白问大臣们说，“我不当这个国王可不可以？”

大臣们听了拜倒在地说：“国王陛下，这个问题的答案你早就知道，何必问我们呢？”

宿达哆听了六神无主茶饭不香。

第二天，宿达哆一上朝，大臣以及一千婆罗门同时进行称赞，然后一千妓女上前服侍，他又开始飘飘然，就在这个时候，四条神龙呐喊：“宿达哆听着，你已经当了两天国王，你还有五天期限，过后我们将割裂你的身体，剁碎你的四肢，你离死不远了！”

宿达哆听了欲哭无泪。第三天到第六天都是这样过来的，宿达哆对大臣婆罗门的称赞以及妓女的服侍都没有了兴趣，心中对死充满了恐惧。到了第七天的时候，龙神喊道：“到了七日期限，我们将要行刑！”说完却拖拽着宿达哆向某一处地方走去。宿达哆因为恐惧全身僵硬，心说：“这四条怪物拖拉着我不杀我，到底要干什么？”

再往前走不远看到了熟悉的背影。“王兄，”他泣不成声说，“你这是看我最后一眼吗？”阿育王听到声音转身过来，看着面容憔悴的宿达哆，半天之后问他：“你这七天过得快乐吗？”

“王兄，我一点都不快乐啊，”宿达哆浑身瘫软倒在地上，眼泪鼻涕流了一脸，“我怕死，但是越是这样时间流逝得越快，没等我准备好，第七天已经来了！七天里没有心思看那原本十分美丽的女人和风景；耳朵听不进去优美的乐曲和婆罗门说的赞扬的话；鼻子失去了作用，竟然闻不到菜肴的香气和女人身上的脂粉气味；舌头更是不能分辨酸甜苦辣，吃什么都没有味道！王兄啊，我这是怎么了，是要死了吗？”

还没等阿育王回话，一条神龙提着宝剑指着他的脖子说：“你在恐惧，恐惧我们割裂你的身体剁碎你的四肢。所以，就算有一千婆罗门赞扬你，有一千宫女服侍你，可是一听到我们倒计时，你就心慌意乱。哪里还有精神闻香品食呢？”

“哦，神龙说得很对，”宿达哆支撑起身体说，“死亡太可怕了，几次梦里醒来我还以为自己到了阴间！”

阿育王见宿达哆心生恐惧知道机会来了，问他说：“是活着好，还是王位好？”

宿达哆立刻回答：“王兄啊，我宁可像猪一样活着也不要王位！”

阿育王听了点头说：“你因为对死亡有恐惧宁可不要王位，你尚且这样，更何况沙门释子知道凶恶的人死了之后要堕入地狱，要承受种种鬼卒烧炙之苦；恶业轻一些的要托生为畜生，每天干着超体力的活儿，而且要提防彼此踢咬伤害；有的人可以再次投生为富人，吃穿虽然不愁，但还有那生苦、老苦、病苦、死苦、怨憎会苦、爱别离苦、求不得苦等紧紧缠绕着，使得自己喘不过气来，那些投生为贫穷人的就更惨了；护法众天神过得比较滋润，但也有衰退的时候，也一样难逃各种痛苦！”说到这里阿育王叹口气，继续说：“我讲到这里，你应该明白天地人三界都被苦逼迫，不能久住，最终都是一场空，就好像大火过后只剩下一片灰尘。为什么会这样呢？是因为这些众生都被色、受、想、行、识这五阴迷惑。另外，你以为眼睛看到的，耳朵听到的，鼻子闻到的，舌头尝到的，身体感觉到的，脑袋想到的都是真实存在的吗？那就大错特错了，这些都是虚幻的，它们只是假空聚而没有实际的东西啊。色、声、香、味、触让你产生各种欲望，像洪水一样将你淹没，使你最后窒息而死！世间所有的法都是瞬息万变，生灭不断的，没有常住不变的个体。其实，我说的这些沙门都知道，所以沙门不沾染所有乐事，就好像莲花不着于水一样。他们已经看透了生死轮回背弃了这个充满欲望的世界，从而得到解脱。可是你却不这么认为，非要说他们没有解脱，实在让我失望啊！”

“啊，原来沙弥们看得这样真切！”宿达哆听了阿育王的话双掌合十，“王兄啊，我听了你的这些话之后，我对佛法僧三宝非常敬信了。”

“我就知道我的兄弟非常智慧，总有一天会弃恶从善！”阿育王听了宿达哆的话非常高兴，抱着他的脖子说：“兄弟啊，不要害怕，我不会杀你的，我这只不过是想让你敬信佛法而已！”

“王兄为了让我弃恶从善可算费尽了心思，”宿达哆泪流满面，“从今天开始，我就接受正法教育！”说完，为了表示真诚皈依，他用香花供养佛塔，并听守塔众僧讲经说法，然后对众僧进行布施。有一天，他起得很早，远远地看到了鸡头摩寺的塔顶，心说：“在花氏城鸡头摩寺是威望最足的地方，我应该去那里听上座讲经说法！”想到这里，他就穿戴整齐来到了鸡头摩寺。当他坐在众僧之间听法的时候，夜舍将他的过去世尽收眼底，心说：“宿达哆所有善根都已成熟，应该在这一世就能涅槃！”于是，立刻赞叹出家之法，使宿达哆心生欢喜。果然，他合掌对夜舍说：“上座，我听您讲经说法，话里话外对佛法都有赞叹，所以我想出家修行，你看行不行呢？”

夜舍听了心说：“宿达哆是阿育王的胞弟，我不能擅自做主。”于是对宿达哆说：“宿达哆，你是刹帝利，你出家的事儿得经过阿育王同意才行！”宿达哆听了合掌礼拜然后离去，来到阿育王面前跪倒在地说：“王兄，我本来痴迷于恶法，就好像一头发疯的大象一样，到处乱撞对正法进行破坏。是你利用方便使我认识到了自己的凶恶面目，从而变得柔顺。如今，我更希望王兄怜悯我，让我出家为僧！”

“什么？你要出家为僧？”阿育王听了宿达哆的话愣住了，片刻之后号啕大哭，抱着他的脖子说：“我的好兄弟啊，你可不要有这个想法啊。之前，我只是想让你敬信佛法，没有让你出家的意思啊。再说了出家的生活很苦的，要穿破旧的道路上丢弃的衣服，垃圾里面的衣服，蚂蚁啃咬过的破碎衣服；吃的就更别说了，凡是人家不爱吃的、吃剩下的、要扔掉的饭食你都得吃；住就更苦了，在野外的树下用草叶当床来睡，风雨没有遮盖，难免要病；说到病我还要告诉你，出家人治病用的都是人的大小便。你从小过着富贵的生活，可以说是锦衣玉食啊，而且饭来张口水来洗手，这样艰苦的出家生活你肯定受不住，所以，你还是打消这个念头吧！”

“王兄啊，我知道王宫生活好，不仅不愁吃穿而且位高权重没有敌人敢谋害我，”宿达哆听了阿育王的话说，“就算这样我还是要出家！”

“难道你是想升天才出家修行？”阿育王问。宿达哆听了摇摇头。

“那就是你觉得寺院接受天下供养，它的财宝更多，值得你拥有。”阿育王又说，宿达哆听了摇摇头，片刻后说：“王兄啊，实话告诉你吧，因为我恐惧那生、老、病、死，所以才出家啊！出家之后，所有苦都戛然而止，我可以得到清凉寂静！”阿育王听了他的话顿时大声哭泣泪水长流。宿达哆说道：“国王陛下不要哭泣，生死轮回从来没有停歇，总有一天你我要彼此分开，何必如此呢？”

听了宿达哆的话，阿育王为了考验他的出家之心说：“既然这样，宿达哆你今天就别睡在屋里，”说到这里指着一棵树，“你就到那里睡吧！另外，你还要试着学习乞食。”之后，给他锡杖和饭钵，“你拿着这些东西，就从宫人开始次第化缘吧。”宿达哆恭敬地接过物品，来到宫人中次第化缘。宿达哆是国王弟弟，谁敢给不好的吃喝呢？阿育王看到宿达哆饭钵中的美食非常愤怒，喝问：“你们现在不要把他看成我的弟弟，不要心生恐惧，不要照顾我的情面，还不把你们不爱吃的或者吃剩的施舍给他！”

宫人们听了纷纷照做，施舍的食物众多，宿达哆吃了很多天也不减少。“我的兄弟不吃美食，坚持吃这些难以下咽的食物这么多天，看来已经下定决心出家！”阿育王想到这里对宿达哆说：“兄弟啊，我准许你出家，不过你有成果的时候要回来见我！”

“宿达哆谨遵王兄的命令！”宿达哆跪倒在地施行礼节，然后面向鸡头摩寺想：“如果我在鸡头摩寺出家的话，离王宫也太近了，王兄难免有事召唤我过去，这样会影响我的修行！”想到这里，他对阿育王说：“王兄啊，我不想在鸡头摩寺出家，我要去远一些地方修行！”

“兄弟啊，我知道你的想法，我准许你的请求！”阿育王眼圈红了起来。

就这样，宿达哆去别的国家进行修行。经过了不知多少年的精勤修行，他终于获得了阿罗汉道。这个时候他想：“当初阿育王说我获得成果的话，必须见他一面。如今我获得阿罗汉果，正是我见他的时候！”于是，他穿上僧衣拿着饭钵来到花氏城，次第化缘一直来到王宫。守门人看了眼前出家人觉得眼熟，但是又想不起是谁，正在纳闷之间，宿达哆对他说：“请对国王陛下说宿达哆求见！”

“原来您是宿达哆大人！”守门人急忙跪倒在地，宿达哆说：“你们起来，我如今出家修行，已经不是大人。”守门人爬将起来，一路高喊：“国王陛下啊，宿达哆尊者回来了！”

“什么？我的弟弟回来了？”阿育王听到守门人的喊声，急忙从王座上站起来，“快快让他进来见我！”说着眼泪夺眶而出。

片刻之后，达哆来到阿育王面前。“你真的是宿达哆？”阿育王眯着眼睛看着面前的尊者，“一切众生都会因为聚到一块而兴高采烈。而今我在你的双眼之中却看不到重逢的欢喜，想来你已经获得了大的成果，佛法已经充实了你的内心！”

第一辅相罗提掘多在城中见到宿答哆穿着粪扫衣端着饭钵，不分施主高低贵贱美丑善恶次第化缘，对仆从说：“宿答哆回来了，一会儿肯定去王宫，我作为第一辅相应该向国王陛下表示庆贺，对宿达哆尊者表示尊敬！”说完，他就骑着快马来到王宫，得到阿育王召见后急忙进入宫中，跪倒在宿达哆面前施行礼足，双掌合十说：“尊者自打离宫修行，国王陛下以及众大臣都很思念你，现在看到尊者身康体健真的非常高兴。记得当初国王陛下说你如果得到果报就回宫看看，想来现在你已经果报不俗！”

宿大哆道：“善哉善哉，经过修行我如今已经成就阿罗汉果！”

罗提掘多听了立刻施行五体投地大礼，然后再向阿育王行礼说：“国王陛下，当初宿达哆通过您行使方便走上正法，如今他少欲而知足，已经远离各种痛苦成就阿罗汉，对以往的王权、财富、荣禄都已经舍弃，就好像舍弃涂抹和眼泪一样轻松自在。不如，让尊者为陛下讲经说法了断您各种结，为天下苍生造福！”

“罗提掘多说得有理！”阿育王心生愉悦，跪倒在宿达哆面前施行礼足，双掌合十说：“请尊者怜悯我，为我讲经说法！”得到宿达哆肯定回答后，他站起身来扶着宿达哆坐在御座之上。仆从立刻拿来美味的食物，他又亲自为宿达哆递食。宿达哆象征性吃了几口食物表示吃饱，他再亲自为其递送漱口水。做完这些，他取来一个小座坐在宿达哆面前，宿达哆开始为他讲经说法：“如今我坐在御座上没有一丝恐惧和贪念，这都是因为当初坐在御座上心生恐惧舍弃了恶法的因。因果报应丝毫不爽，你身为国王，千万不要放纵心思任性妄为，否则恶业到来会让你痛不欲生！另外，凡人很难遇到三宝，想皈依都没有机会，而你不仅遇到三宝，而且曾经见过世尊，这是你独特的佛缘，以后要对三宝坚持供养！”

“尊者说得太精彩了，”阿育王离座跪倒，“希望尊者接受我的供养！”

“王宫人员众多，凡事汇集，不是我出家人该待的地方，国王陛下，我这就离去！”宿达哆说完腾空而去。

“恭送尊者！”阿育王以及众大臣急忙跪倒在地。

“快看，空中有个尊者！”有百姓指着空中说。

“啊，这不是离宫修行的宿达哆吗，看来已经获得正果！”

“那还愣着干什么，还不跪倒礼敬！”

于是，城中百姓纷纷跪倒合掌恭敬。“众生困苦，需敬信佛法才能离苦得乐！”宿达哆利用无量慈悲音为大众说法。这个时候，阿育王以及众大臣出了王宫和大众一起敬听佛法。

“通过阿育王行使方便，我得以出家修行修得罗汉果，证明了沙门的确可以得到解脱。”宿达哆看到民众中的阿育王心想：“既然我为阿罗汉，就要度化阿育王，使他增益信敬！”于是，他身体悬于虚空做种种变化，对着众人说道：“你们想要远离痛苦，就要断绝恩情、爱情、亲情，就好像鸟儿快速离去一般，不对身后一切产生挂念。我之前因为贪恋王权，对各种情不能斩断。后来，阿育王通过威吓使我弃恶从善，如今得到阿罗汉果，心也跟着得到自在。禅定这种果报啊，那些愚昧无知的人是看不到的。我虽然智慧微小，但我已经得到厌离心，现在我以神通停留于空中，就是让你们知道善法的力量是无穷的，让你们产生敬信消灭骄慢。”

“尊者一席话，让我受到大利益！”有个老头一生困苦，听了宿达哆的话犹如醍醐灌顶顿时不再浑浑噩噩，流着泪向空中礼拜，然后去往鸡头摩寺出家去了。

“尊者，请不要离开，在这里定期为我们讲经说法吧！”有人这样喊。

“只要敬信，佛法就在你们心中，我就此离去！”宿达哆说完消失于天际。阿育王瞅着天边怅然若失。罗提掘多劝说：“国王陛下，尊者刚才说斩断各种情，其中就有亲情，我看你现在的样子岂不是对不起尊者说的话！”阿育王听了顿时消灭愁绪，提起精神操持国务。

再说宿达哆来到边地的某个国家，因为水土不服得了重病，导致头发全部脱落。阿育王在睡梦中梦见一丛森林瞬间变成沙漠，醒来找来占卜师说了梦境让其预测吉凶。“国王陛下，宿达哆现在病倒在异国，头发已经全部脱落！”阿育王听了立刻派遣医生带着药物前去给宿达哆治病。这个医生对佛法不敬信，等到见了宿达哆的光头才赫然梦醒，心说：“佛法力量太强大了，相隔这么遥远，因为对佛法敬信，阿育王竟然得知尊者生病！”于是，他细心为宿达哆治病。不久，宿达哆康复如初头发重新长了出来，他让医生返回花氏城。

之后，宿达哆巡游各国之间，忽然有一天他在吃乳酪的时候想：这要是自己居住在边疆过着放牧的生活该多好啊！想到这里，他就以神通力来到边疆弗那达，有人施舍他几只牛羊，他过起了悠然的牧民生活。当时，这个地方有尼乾陀弟子，把尼干子画成佛像来进行供养。有个叫做优婆塞的佛弟子对阿育王说："国王陛下，不好了，有人把外道尼乾陀画作佛像，让众生进行礼拜！"阿育王听了，心中升起了愤怒和怨恨，于是派夜叉鬼、神龙前去驱赶。他们组成各四十里队伍，在花氏城内仅用一天就内杀了一万八千尼乾陀弟子。不过这些狡猾的外道并没有屈服，他们化妆成民众到处抛洒尼乾陀画像，使得夜叉鬼、神龙无从追查。

优婆塞发现这个情况，又来到阿育王面前说："国王陛下您杀了一万八千尼乾陀弟子，可是还没有杀尽，现在还有人在礼拜尼乾陀。"阿育王听了非常愤怒，干脆捉了尼乾陀及其眷属用火将他们活活烧死。然后命令兵士击鼓宣告民众："见到尼乾陀弟子进行诛杀，可以拿头换钱！"于是，民众有恩怨的互相残杀，然后拿着死者的脑袋冒充尼乾陀弟子换钱。而地方官员因为受到了好处，对这种情况掩瞒不报，导致全国处在血雨腥风当中。

后来，宿达哆知道这件事情赶往花氏城制止阿育王，途中在一个人家寄宿，入定知道户主是尼乾陀弟子就进行度化。半夜时分他进行坐禅，有夜叉鬼提着大刀站到他的面前，"这个人衣衫褴褛袒露着身体，而且头发这么长，一看就是尼乾陀弟子。"夜叉鬼这样想着张口问："你是尼乾陀弟子吗？"宿达哆深解因缘，心说："我命中应该死在这个夜叉鬼的刀下！"于是闭口不答，夜叉鬼问了几次非常不耐烦，提着他的头发胡子一刀将脑袋砍了下来，然后挂在腰间来到阿育王面前换钱。

"夜叉，你这次可诛杀了很多尼乾陀弟子！"阿育王非常高兴，让罗提掘多给他金钱。忽然，阿育王大叫一声捧着一颗人头大哭起来。罗提掘多急忙上前也吃了一惊，问夜叉说："他是宿达哆尊者，怎么会死在你的刀下？"夜叉听了呆愣在那里，过了半天说："国王陛下你不知道啊，其实，在追杀尼乾陀弟子过程中，有好多无辜的人被误杀，宿达哆只是其中之一而已！"阿育王本就悲伤至极，听了这话立刻昏倒在地。大臣们见了慌乱一团，有人用水洒落在他的脸面上，这才醒转过来。

第一辅相罗提掘多立刻跪倒在地，请求说："国王陛下啊，现在冤死的沙门和百姓太多了，您当停止诛杀外道的行为，不要让沙门生恐惧心！"阿育王不回答只是看着宿达哆人头流泪不止，心说："宿达哆啊你死得太冤了！"就在这个时候，空中有声音说："国王陛下不要伤心，我死在夜叉鬼刀下是因缘所致，如今我已经涅槃获得大自在！只希望你快点放下屠刀，让众生心生稳定！"阿育王听了立刻命令罗提掘多:“从今天开始,不管是不是外道,所有沙门都不准诛杀!”罗提掘多立刻执行命令，从此众生生活恢复平静。

宿达哆身为罗汉竟然被一个小小夜叉杀死了，这让比丘们不能理解，于是他们相约来到优波鞠多面前，问道：“是什么因缘使得阿罗汉宿达哆被夜叉鬼杀死呢？”

优波鞠多听了念诵佛号，然后说：“你们要想知道因缘，那么请仔细听我讲来！”于是，众比丘立刻坐好，倾听优波鞠多讲解事情的因缘——

在很久以前，在某城之中有个猎师，他用网捕获猎物然后进行买卖，以此为生。有一天他到一处河边张网，希望自己能有大收获，可是过了半天也没有一个猎物入网。他心里很不痛快。这个时候有个辟支佛从远处乞食而来，他看到猎网心说：“有人要残害生命，我不能让他得逞！”于是，他坐在网的附近的一棵树下休息，他身上发出的威力使得动物们纷纷远离。而猎师看到了辟支佛，心说：“有动物扑杀那个出家人必须经过我的猎网，他就权当诱饵了！”就这样到了太阳落山的时候，猎师还是两手空空。“这是怎么回事儿呢？”猎师心烦气躁站起身来眺望，“难道这个出家人具有威力，吓得动物都远远躲开了？”想到这里他心生嗔恚，提着钢刀奔了过去不由分说就把辟支佛的脑袋砍了下来。

“那个猎师便是现在的宿达哆。因为他斩杀了辟支佛，死后堕入地狱中，在无量亿劫之中受大苦恼。就算如今他得道成为阿罗汉还是没有逃脱业力，终于被恶鬼斩杀！”优波鞠多说道。比丘们听了又问优波鞠多：“我们还有一事不明，那宿达哆既然杀了辟支佛，为什么还会投生为刹帝利，享有无上荣誉呢？而且后来还成了阿罗汉？”

优波鞠多说道：“他之所以投生刹帝利，是因为在过去久远迦叶佛时曾经供养众僧，因为这个福报而投生为刹帝利。而且，他对佛法生出敬信出家修行，在其后的一万人世当中坚持梵行，才成就了今天的阿罗汉果！”

“业力果然厉害，”比丘们听了纷纷合掌说，“功是功过是过，不会因为你做了大功德而忽略了你的小恶！”

四　驹那罗本缘

大家还记得前文那个伸出四根手指，和父王竞争当大施主的驹那罗吧，这部分内容说的就是他的本缘。

某一年，阿育王迎娶了一位叫做莲花的美丽女子，这个女人拥有良好的性格，深得阿育王喜爱。在阿育王火烧爱乐狱的时候，她已经怀有身孕。鸡头摩寺上座夜舍入定观察后，心说："莲花夫人腹中的孩子将来会出家修得正果，不过在这期间他将要失去双眼。这都是因缘注定，谁也没办法改变！"等到阿育王得到佛陀舍利开始建塔的第一天，莲花夫人临产生下了一个王子。

阿育王忙着起塔的事情，宫中由罗提掘多全权负责。此时，他守在门外听到小孩啼哭，立刻隔门问接生婆："是王子还是公主？"

"大人，是一个王子，您可以进来看看！"莲花夫人轻声说。罗提掘多立刻推门而入，他低着头跪在地上高高伸出双手。接生婆将王子放在他的手上，罗提掘多拖住他细细观看，说："我这就向国王陛下报喜！"说完将王子递还给接生婆，骑着快马出了王宫。

"国王陛下大喜啊！"，阿育王正在监督工程，听得罗提掘多的叫喊，立刻迎了上来，"陛下，莲花夫人生了个王子，长得非常端正，而且双眼炯炯有神！"阿育王听了非常高兴，仰天说道："先王频头莎罗王拥有赫赫战功，为帝国争取了大量疆土，从而成就了一代明主。今天是我起塔第一天王子就出生了。依我看就给他起名法增，你说怎么样？"罗提掘多听了立刻欢呼："国王陛下智慧，这名字取得好！"

那么法增王子后来为什么成了驹那罗王子呢？事情是这样的：大臣们都说法增眼睛好看，是有福德的标志，可是阿育王一直忙于建塔没有时间亲自观看。有一天，阿育王从建塔工地回来满身疲惫，乳母看见心说："我把王子带来，国王陛下一高兴也就忘记了疲累。"于是，她抱着法增王子来到国王面前说："王子啊，快看看啊，父王很疲累，你笑一下让他开开心吧！"

"这孩子的眼睛果然好看！"阿育王将法增抱进怀里逗弄，对众大臣说："你们看啊，这眼睛像莲子长在花心一样夺目，又像圆月一样有神，的确像你们说得那样，小王子是有福德的人，我只看了他一眼就消除了满身的疲劳！"

众臣听了纷纷跪倒在地说："国王陛下洪福，王子殿下洪福！"

阿育王听了更高兴了，让大臣们平身，然后问他们："众位大臣啊，你们谁见过比我儿子法增更完美漂亮的眼睛？”众大臣听了纷纷摇头表示没有见过，这个时候有个大臣说道：“国王陛下，虽然没有人双眼如王子殿下，可是雪山有一种名叫驹那罗的鸟，它的眼睛可与王子媲美！”

“哦，竟然还有这样的事情？”阿育王听了觉得稀奇，“我倒是想见识见识这个驹那罗鸟！”

“国王陛下，雪山离这里能有数十由旬，恐怕一时难以实现这样的愿望！”那大臣说。

“这个简单，”阿育王说完面对虚空说：“神龙、夜叉在吗，听到我的召唤前来相见！”话声未落，一个面貌凶恶的夜叉现出身形说：“我恰巧经过这里，听到国王陛下的召唤特来相见！”

阿育王说：“你具有神通，快去雪山给我捉来一只驹那罗鸟，我要看看它的眼睛是不是和法增一样！”那夜叉听了命令，使出神通来到雪山捕捉驹那罗鸟，然后又在一刹那之间将驹那罗鸟带到阿育王面前。阿育王细看之下觉得驹那罗鸟眼睛小而有神，与法增的双眼非常相似，于是又给法增起名为驹那罗。大臣们也用驹那罗来称呼法增王子，一来二去就连普通百姓都知道了这个名字。

等到驹那罗王子到了十几岁的时候，那双眼睛更加精神透出了无限聪慧。他敏而好学为人谦和，阿育王很喜欢带着他处理朝务，有的时候还领着他对民众进行布施，耳濡目染之下，驹那罗对佛法产生了向往。又过了几年，驹那罗成长为挺拔的男子汉，对佛法也更加笃信，有一天来到阿育王面前请求出家，阿育王心想：“我得给驹那罗娶妻，让他喜欢宫廷生活舍弃出家的想法，将来好继承王位！”

经过不断地遴选，阿育王终于看中了一个名叫金鬘的女子。金鬘不仅容貌出众、拥有一头健康靓丽的头发，人品更是好到极致。当她出现在驹那罗面前时，他顿时打消了出家的念头，在阿育王的主持下迎娶了她。结婚后，这对小夫妻感情非常好，这让一直垂涎驹那罗的帝斯罗叉非常生气，总是以母亲身份教训金鬘。

“王子殿下啊，第一夫人为什么总是看不惯我呢？”金鬘问驹那罗。

“这个女人曾经咒杀菩提树，父亲再也没有对她表示亲热。她最看不惯的就是别人家庭幸福！你不要招惹她，她说什么不好听的话，你就当没听见！”

“我听从夫君的话！”

之后，金鬘对帝斯罗叉一再忍让。“这不是个简单的女人，竟然有这样的胸怀。”帝斯罗叉进攻无效之后非常愤怒，心想：“既然这样，我得不到的你也别想得到！”于是，她开始动心思毁掉驹那罗。终于有一天她在御花园见到了阿育王，跪倒在地说：“国王陛下，这两天鸡头摩寺有法会，您不如带着驹那罗去那里！”

“帝斯罗叉，你知道他有出家想法，”阿育王听了很生气，“还让我带着他去参加法会，你藏着什么居心？”

“国王陛下，”帝斯罗叉笑脸相迎，“人家小两口亲热着呢，驹那罗断然不会出家的！再说了，国王陛下起了佛塔做了天一样大的功德，受到百姓敬仰。将来驹那罗继承王位对佛法一知半解，岂不是丢了你的脸？”

“帝斯罗叉，”阿育王听了点点头，“自打你咒杀菩提树以来，唯独这件事儿是真的为我好！”

于是，阿育王带着驹那罗来到鸡头摩寺参加法会。上座夜舍看到驹那罗，问阿育王：“我看他双眼很特别，难不成就是驹那罗王子！”

得到阿育王肯定回答后，他心想：“王子双目美丽，但不久之后他就将失去，我不如现在就让他开天眼！”想到这里他问阿育王：“国王陛下，你起塔八万四千座功德无量，为什么今天才让驹那罗王子来这里听我讲经说法？”

阿育王双掌合十：“未来我想传他王位，怕他皈依三宝之后不念俗世，不肯接受王位！”

夜舍听了说：“当初净饭王恐惧世尊出家，就想办法用最好的衣食培养世尊的欲望，到最后世尊还是离家修行并获得正觉。国王陛下，如果驹那罗与佛有缘，你是无论如何都留不住的，如果他与佛没缘，你就算带他到这里来天天听经听法也是枉然！”

阿育王听了顿时开悟，对驹那罗说：“你从今天开始听上座讲经说法！”

驹那罗听了这话，急忙合掌向上座施礼，说道：“上座有什么见教，现在就说给我听，我一定遵从你的话去做。”

上座夜舍盯着他的双眼，半天之后问：“王子殿下，你相信你的眼睛吗？”

驹那罗回答：“上座，我相信我的双眼！”

上座夜舍听了说：“王子殿下，你没有修习佛法不具有智慧，所以你的双眼看到的不一定是真相。想要知道事情真相，就要想办法消灭贪、嗔、痴三毒！”驹那罗听了上座夜舍的话，心生极大震动，心说：“我的眼睛再漂亮也是一双俗眼，看不透这个世界。”

听法之后，驹那罗回到宫中选择一处僻静的地方反复咀嚼上座的话，心道：“看啊，这个世界，一切都是表象，凡夫肉眼根本看不到它的本质。我听了上座法语之后，明白了世界上没有什么可以长久住世。”就在他独坐思考的时候，第一夫人帝斯罗叉来到了他的身边，她一直爱恋着驹那罗，特别着迷于他的双眼，她怎么可以放过这么好的接近他的机会？于是她凑近驹那罗，娇媚地说：“猛火燃烧山野火势正猛，我现在就好比是山野被淫欲之火烧烤，来吧，和我共同享受爱乐！”

驹那罗听了她的话，心说：“这个恶妇先是咒杀菩提树，如今又开始勾引国王之子。”他捂住耳朵，对帝斯罗叉说：“你怎么可以对我说出这样的话呢？你对得起我的父王吗？你是我的母亲，有了这样肮脏的想法，无异于给你自己打开了地狱之门。”

帝斯罗叉听了驹那罗的话，心说：“这个该死的驹那罗，以我这样的美貌还不能让他动心，竟然用这样的话来讥讽我！”想到这里她产生极大的怨恨，说道：“驹那罗你给我听好了，你现在如果不和我一起享受爱欲，我发誓我会让你死得很惨！”

驹那罗听了她的话，一脸正气地说道：“我宁愿守着净法而死，也不愿意受你胁迫满足你的淫欲苟且活命，你这种行为只能将你送入地狱，不能让你成为天人！”

帝斯罗叉嘎嘎怪笑说：“地狱在哪里，我怎么看不到呢？你不要用那些莫须有的事情来吓唬我！”说着就搂抱驹那罗，他推开她大声说：“你身为第一夫人，怎么可以做出这样的事情，你如何向普天下的百姓交代？在你的影响之下，会有多少人向你学习，这样一来岂不是毁坏了六道轮回中的天人道？只要是贤人智者都会斥责你的！”

“不知好歹的东西，你以为你很正经，你以为你很纯洁？”帝斯罗叉大声怒喝，驹那罗的话不但没让她醒悟反而更加猖狂起来，她用手指着驹那罗的面门大声辱骂：“你这小子不识好歹，竟敢讥讽我这个第一夫人？我早晚会让你知道不顺从我的下场！”说完甩袖而去。

“这个恶毒的女人！”驹那罗长出一口气，急忙离开这里回到自己的宫中。

之后，帝斯罗叉果然处处找驹那罗的毛病，甚至对金鬘百般刁难。没有办法，驹那罗编个理由离开了王宫，在花氏城某处院落居住。

在花氏城北方有一个国家叫乾陀罗，它的首都叫得叉尸罗，有几个恶臣代表阿育王对这里进行统治。每年，他们要求民众交付很多的税收，满足自己花天酒地。就这样，民怨堆积终于发生了暴乱，杀了大臣并声称要活捉阿育王。

阿育王得知得叉尸罗暴动后，立刻招来大臣们：“众位，现在得叉尸罗发生暴动，而且民众情绪高涨声称要活捉我。在我还是王子的时候，曾经不用一兵一卒平息了那里的暴乱，看来历史即将重演！”

“国王陛下的意思是要亲征？我看杀鸡不用宰牛刀，只要派一位王子出征就行了！”罗提掘多说。其他大臣听了纷纷点头称是。

“那么据你们看，哪一位王子堪当此任？”

“我看只能让威望最高的驹那罗前去平乱！”有大臣说。在议事之前，帝斯罗叉私下召见这个大臣，对他说：“国王陛下要亲征得叉尸罗的时候，你可以保举驹那罗前去平叛。事成之后，我想办法升你的官职！”这个大臣的建议受到了大臣们的一致肯定。

“既然你们都这样说，那就这么办吧。”阿育王立刻召驹那罗进宫，他一到堂上立刻跪倒在地说：“父王，我本要来请战，唯恐父王不允。现在既然让我为帅，我一定攻克得叉尸罗，为父王解忧！”阿育王听了这话非常满意，对大臣们说：“驹那罗即日兴兵，你们要修整庄严道路，让那些老、病、死以及身处忧苦之中的人远离道路！”众大臣领旨而去。

“驹那罗啊，你从来没有离开过我，这一次为帅要去千里之外的得叉尸罗，我真的放心不下啊，”阿育王看左右没人握着驹那罗的手，“众王子中，只有你威望最高，这次胜利回宫后，我将立你为储君！”

“父王，”驹那罗跪倒在地，“我出战并非为了得到储君这个位置，而是真正想为您分忧，再说我这个人淡泊名利荣誉，我并不想当国王！”

“驹那罗，你不要推辞了。世事无常啊，我早晚都会死去，国不能一日无君，你当国王不是为了你自己，而是为了天下苍生。”

阿育王拍拍驹那罗的肩膀：“去和你母亲道别吧，等你再回来不知道是什么时候呢！”驹那罗听了拜别阿育王，来到了莲花夫人的宫中。母子叙话这里不表，且说很快到了大军出发的日子，阿育王让驹那罗与自己同乘一辆马车，说道：“你今天就要离开我前去收复得叉尸罗，我要亲自送你！”他们来到城外，阅兵完毕即将离开的时候，阿育王一下子抱住驹那罗的脖颈大声哭了起来，过了半刻之后说：“哎，得叉尸罗的民众这回有福了，能看到你的这双眼睛了！”这是安慰自己又是安慰驹那罗的话。

站在车下的一个相师，暗暗为驹那罗进行占卜，心说：“国王陛下深爱一对至宝，可惜不久之后又亲手毁了它们，这至宝就是驹那罗王子的双目。王子啊，你失去双眼之后，将不能再看这世间的一切了，悲哉驹那罗，哀哉驹那罗！”这个时候，罗提掘多大声喊：“吉时已到，大军开拔！”

“父王保重，母亲保重！”驹那罗跪地行礼，然后骑上战象抽出佩剑命令象、马、车、步四军：“目标得叉尸罗，前进！”阿育王等到驹那罗的身影消失于地平线，才擦着眼泪回到城中。

当驹那罗率领大军走到一半路程的时候，得叉尸罗城之中怨声四起：“驹那罗王子率领十数万大军来攻打得叉尸罗了，他英勇善战，具有阿育王一样的威力，我们绝对打不过他的！”“我们只对个别大臣不满，我们让阿育王知道就行了，没必要撕破脸！”“我们不想和阿育王为敌，不想和驹那罗王子为敌，我们应该欢迎大军入城！”于是，百姓纷纷涌到街头反对得叉尸罗独立，领头造反的人被他们捆绑起来投进了大狱。

“王子殿下，前边两由旬就是得叉尸罗！”尖兵跑马回报。

“好，加速前进，太阳下山前赶到城下！”驹那罗命令一出，军队立刻加快速度前进。在太阳离地还有一竿子高的时候，大军将得叉尸罗团团包围。

“王子殿下不要攻城！”有人站在城墙上大声呼喊，“我们是得叉尸罗民众，现在造反的人已经被我们捉了！”话声没落，有人将造反头领推了上来，“我们打开城门放王子大军入城，这个人任由您处置！”

“王子殿下小心有诈！”副将提醒说。

“当城门打开的时候，”驹那罗听了说，“我在最前头进去，如果遭到伏击，你们立刻撤军！”

“王子殿下，”副将心生感动，“我怎么可以舍你而去，让我当先锋入城！”

这个时候，四个城门发出沉重的吱嘎声，得叉尸罗所有民众鱼贯而出，怀里都抱着花瓶跪倒在道路两旁。四门跪迎队伍加在一起足有半由旬。为首的推搡着造反首领来到驹那罗战象前跪倒：“王子殿下，我是得叉尸罗民众代表，特来欢迎您入城。”说到这里，他指了指造反首领说：“这个就是鼓动造反的人，请您处置！”

“王子殿下，我并非想造反，只是阿育王派遣来的大臣太昏庸，总是增加各种税收，不得已我才率领民众杀了他们！”造反首领以头抢地说。

“既然如此，我饶了你造反的罪，今后得叉尸罗你是首辅大臣！”驹那罗说到这里，命令左右给其松绑，赐给他一匹战马，让他随大军一同进城。

“王子殿下圣明！”民众被驹那罗的大胸怀、大气度折服，纷纷拿着香花、烧香等工具围绕着他进入得叉尸罗城。

当驹那罗得胜战报传到花氏城的时候，阿育王正巧得了重病。帝斯罗叉前来看望他，走到国王寝宫门口的时候，遇到送信的大臣，就说：“国王陛下重病不能看战报，交给我吧，等到时机合适自会交给他！”

大臣迟疑了一下。她怒声问道：“我是第一夫人，这点事情都不能做吗？”大臣听了急忙将战报呈上。“驹那罗这小子，”帝斯罗叉展开战报看到详情心说：“竟然没费一兵一卒就平复了得叉尸罗。但是，驹那罗啊，我现在只需重新改动几个地方，得胜战报就成了你的催命符！”想到这里，她打发了送信大臣，来到阿育王面前。

这阿育王好端端的得了什么病呢？说来很奇怪，他的口腔有浓重的大粪味道，而且浑身毛孔都有粪汁流出来，肮脏无比。所有的御医想尽了办法都没有治愈。最后，罗提掘多只好张榜寻医。

“罗提掘多啊，”阿育王喘息半天说，“驹那罗回来之后，如果我还活着就立他为王储，如果我死了，就让他即位为王！”帝斯罗叉听了这话，心说：“如果让驹那罗当了国王，我还能活吗？”于是，她立刻回到自己宫中，将得胜战报的内容改成了驹那罗叛变的急报。

“罗提掘多啊，这么长时间了，没收到驹那罗战报吗？”阿育王的话还没说完，帝斯罗叉走了进来，将战报递给他。“驹那罗竟然叛变，想在得叉尸罗自立为王！”阿育王看了内容气得浑身发抖，“罗提掘多，立刻给我查这件事情！”

“国王陛下，”帝斯罗叉双眼含泪跪倒阿育王面前，“不管驹那罗叛没叛变，先要治好您的病！”

“我的病治不好了，”阿育王愁眉不展，“当务之急，我得立别的王子为储君！”

“不，花氏城不能没有陛下，只要您相信我，您的病还有救！”帝斯罗叉说。

阿育王思虑了片刻，决定让帝斯罗叉为自己治病。她命令大臣们：“有谁得了和国王一样的病，不要让他治疗，第一时间带到我这里来！”于是，大臣们广撒大网，终于找到了这样一个病例，将其从遥远地方运送到花氏城，可惜快到的时候死了，帝斯罗叉索性命令御医打开男子的腹腔，只见肠子还在蠕动，帝斯罗叉尖叫一声，半天才稳定情绪，对御医说：“给我把他的肠子割开！”御医也很惧怕，他拿着刀剖开肠子，一条巨大的虫子钻了出来。“第一夫人，”御医擦擦额头汗水，“这条大虫子在肠道中来回爬动，使得大粪不断涌动，臭味上行从口腔发散，毛孔有粪汁流出！”

“很好，”帝斯罗叉非常高兴，“你想办法杀死这条虫子，但使用的东西要对人体无害！”

御医听了心说：“符合这个标准的也只有食物了。”于是，他用芥末和辣椒来杀虫，结果并没有效果。就这样挨个试验杀灭办法，一直到用葱来杀的时候，虫子终于死了。

于是，帝斯罗叉来到阿育王面前说：“我发现治疗这种病的方法了！”

阿育王问道：“什么方法呢？”她说：“只要大王嚼食一段大葱就可治愈！”

阿育王听了急忙摆手：“我是刹帝利，怎么可以吃大葱呢？”

帝斯罗叉大声说道：“现在只有大葱能治好陛下的病，所以一定要吃！”然后掰开阿育王的嘴，将大葱放了进去。这虫子对大葱的气味非常敏感，立刻在肠道中扭曲反转，折腾了一会儿就死掉了。阿育王觉得腹痛难忍，立刻让人搀扶着去厕所，将虫子便了出来，之后疾病彻底治愈了。

当帝斯罗叉看阿育王微笑着从厕所回来，立刻跪倒在说：“恭贺国王陛下康复！”

“帝斯罗叉啊，”阿育王亲自将她扶起来，“我的病多亏了你啊，你说吧你想得到什么，我都满足你！”

帝斯罗叉听了，心说：“这是一个除去驹那罗的好机会！”想到这里撒娇说：“国王陛下啊，我一个女人家不知道做国王是啥滋味，您能不能让我做七天国王呢？”

“这……”阿育王顿时语塞，心说：“按道理我不该答应，但是她毕竟救我一命，算了，就让她当七天国王也没有什么了不起！”于是，他让罗提掘多昭告大臣及民众，国王因为大病初愈，由第一夫人帝斯罗叉监国七天。虽然只是个监国，但是帝斯罗叉也非常高兴，心说：“哈哈，驹那罗你这个给脸不要脸的东西，今天我当了监国一定要报当日你羞辱我的仇，我要让你失去那双美丽的眼睛，永世不得见天日，每天都在痛苦中徘徊！”第二天，她让罗提掘多下诏书，说是要挖了驹那罗的双眼。

“监国，王子到底叛没叛变还不知道，怎么可以挖取他的眼睛呢？”罗提掘多跪在帝斯罗叉面前说，“请您收回成命，让我先查清楚再做决断！”

“罗提掘多，你真以为你这第一辅相的位置没人敢动？”帝斯罗叉冷笑起来，“我只要跟陛下说一句话，就能让你回家种地，你信吗？”

罗提掘多还要说话，她立刻把诏书摔在地上：“我早写好了，有你没你都是一样的！”罗提掘多展开来看，只见上面写着：“驹那罗谋逆造反，阿育王非常震怒，要求严办。依照律法，刹帝利谋逆造反当挖除双眼。此信一到，得叉尸罗官员立刻执行命令，并将其双眼送到花氏城，否则当属同罪一并制裁。另外，如果驹那罗逃离得叉尸罗，任何人将其捕获且挖双眼，可奖励十由旬土地！”看完诏书，罗提掘多泪如雨下，说：“王子殿下，老臣救不了你了！”说完，仿佛老了十岁一样，摇摇晃晃离开了王宫。

帝斯罗叉心中也很难受，毕竟她真心喜欢驹那罗，她拍着桌椅说道：“驹那罗啊，你让我思念得好苦啊，可惜王旨已经下了，我再也看不到你那双清澈见底的眼睛了。当初只要你答应我的请求，我能这样做吗，你这个不懂风情的人啊！”哭了半天，她突然想到一个问题，“自古以来王旨都需要国王齿痕封印，否则就是无效的。我如果明着让国王进行印封，他肯定要看内文，到时候我就自身难保了。”帝斯罗叉想到这里全身发冷，过了半天想到了主意，“只要在国王陛下睡着的时候，偷偷封印就没问题了！”于是，她怀揣着这封恶毒的书信来到了阿育王面前。

“帝斯罗叉，当国王的滋味可好啊？”阿育王坐在床上问。帝斯罗叉听了故作焦虑的样子说道：“这一当国王才知道陛下非常劳累，全国上下那么多事儿都需要您来处理！”

阿育王听了说道："一直以来我都感到疲累，特别是大病初愈之后这种感觉更厉害了，正好你代替我执政七天，我好好休息休息！"说完竟然打起了鼾声。帝斯罗叉觉得机不可失，正要向前的时候，阿育王突然睁开了眼睛，她拍着胸脯夸张地说："哎呀，吓死我了，国王陛下怎么突然醒了呢？"

阿育王非常奇怪，问她："我醒来你有什么怕的，又不是我死而复生！"

"陛下，你看你说什么话呢，我可不是这个意思！"帝斯罗叉坐在床边，给阿育王盖好被子，问他："您是不是梦到了什么呢？"

"帝斯罗叉啊，我梦到两只鸟儿要啄瞎我儿驹那罗的眼睛！"说完又迷迷糊糊睡去。帝斯罗叉听了心说："都说父子同心，看来真的没错，只可惜你们都反应太慢了，驹那罗的眼睛必瞎无疑！"想到这里不由露出笑容，逐渐贴近阿育王，将要从怀中掏出书信的时候，只见阿育王大叫一声坐了起来，吓得她几乎昏倒，十指紧紧握着床沿说道："国王陛下你吓得我心怦怦跳啊，差点死掉了！"

阿育王没有搭理她，自顾说道："好吓人的梦啊！"

帝斯罗叉追问："国王陛下梦到什么了？"

阿育王擦擦额头冷汗说道："我梦见驹那罗披着长发席地而坐，我怎么叫他就是不答应。于是我就过去拍他肩膀，就在这个时候他回过头，那鲜血直流的双眼在长发间若隐若现，哦，好恐怖的梦！难道是谁要害我的王儿？驹那罗啊，你遇到什么凶险快点告诉我啊！"帝斯罗叉听了心中冷笑，然而面上装出非常贤惠的样子，安慰阿育王："国王陛下，你大病初愈不能这样忧伤。你之所以梦到驹那罗，只是太想念他！"说完轻轻拍打阿育王，片刻之后鼾声再起。"国王陛下！"帝斯罗叉呼叫几声见他没有反应，从怀中掏出书信放于阿育王两齿间，一手按其头顶一手按其下颌进行齿痕封印。"大功告成！"帝斯罗快速逃回自己寝宫，将"王旨"交给心腹，并嘱咐说："这封密信你连夜送到得叉尸罗首辅大臣手里，切记在路上任何人不得查看此信，否则立斩不饶！"

得叉尸罗首辅大臣家中传出欢声笑语，原来是众大臣为他过寿。在众人畅聊的时候，家仆将"王旨"呈上，首辅大臣打开来看脸色顿时阴沉起来。众大臣急忙围了上来，问他："大人，国王陛下有什么旨意？"

"王旨下，要我立刻挖了驹那罗王子的双眼！"首辅大臣哭了起来，"国王陛下糊涂啊，这是有人要陷害王子。"

"驹那罗王子勇敢善战，心怀慈悲，没用一兵一卒便收复了得叉尸罗，此等大功不赏也就算了，为什么反而说他犯了大罪？还要挖掉双眼？一直以来，国王陛下可是非常喜爱王子的双眼！"有大臣说。

"王子什么时候又叛逆了呢？"另外一个大臣自语说。

“听说最近花氏城由第一夫人帝斯罗叉监国，莫非……”

大臣们各怀心事坐在那里，刚才的欢乐一扫而光。同一时间，阿育王又梦见自己的牙齿掉落。他梦醒后抚摸牙齿心道：“幸好还在！”转念一想这梦一定有说道，需要请来相师问问。于是派人请相师。相师到来之后行臣子礼，阿育王让他平身，问道：“相师，我昨夜梦到一件怪事，我的牙齿竟然自动掉落，这是什么预兆？”

相师占卜完毕，反问道：“国王陛下之前可否有什么凶恶的梦境？”阿育王说道：“前几天我梦到了驹那罗王子，第一次是有两只恶鸟要啄掉他的双眼，第二次梦到他披头散发坐在地上，我叫他他不回答，等我走近拍他肩膀的时候，他回过头来，那血淋淋的双眼在发间若隐若现！”说到这里，阿育王浑身颤抖，问相师：“是否我的王儿有难？”

相师听了回答说：“国王陛下，请饶恕我直言之罪！”得到阿育王的肯定后，他说道：“这几个梦境串联起来，是预示王子殿下将要失去双眼！”

“胡说，我喜爱我王子的双眼，除了我没有人可以挖掉他的双眼！”阿育王听了相师的话大声喝问：“你的占卜可有错误之处？”相师早就预知这件事情，立刻反问：“国王陛下，我为您占卜多年，曾有不灵过？”阿育王听了摇摇头说道：“没有不灵过！”说完，他涕泪横流，自语说：“还有谁这么大胆子，敢要我的王儿的双眼？”之后，合掌归命四方护佛，说道：“神信法信僧者，希望你们护佑我的王子。”

“对了，这王旨有没有国王齿痕封印？”有大臣打破了沉寂。首辅大臣立刻观察，说：“有国王陛下齿痕封印，这不会有假！”说到这里他又开始哭泣，说：“王子殿下饶我不死，还让我做得叉尸罗首辅大臣，可现在我宁可不做这个官，我也不能挖王子的眼睛！”

“可是王命难违，”有大臣说，“一般来说，这样的王旨都要公布于众的，您看这个王旨是否进行公布呢？”

“嗨，我也没有主意啊！”首辅大臣说，“如果公布于众，那么王子殿下迟早都会知道，如果不公布我们就犯了死罪！”

“不如先告诉王子，让他逃离得叉尸罗，然后咱们再进行公布！”有大臣建议。

“我觉得不可，”首辅大臣说，“有民众受那十由旬土地所吸引而杀害王子怎么办？”这话刚一落地便有大臣说道：“王子殿下具有慈悲心，来到这里这几天，民众便对他万分信赖，不会有人因为这十由旬土地而枉杀王子的！”首辅大臣听众大臣争来争去，最后拍案说道：“无论如何，咱们不能失了王道。我决定先把内容传达给民众，然后编个理由将王子保护起来，之后如何就听天命吧！”

大臣们各司其职。首先有大臣将王旨进行公布，然后首辅大臣来到驹那罗面前，面色焦急地说："王子殿下，最近得叉尸罗有瘟疫出现，请您不要随意走动，我会派人专门保护你的安全。"

驹那罗听了立刻问："你们可找到好的方法控制瘟疫？"

"目前正在试验各种方法，已经有了眉目！"

"那就好，记得一定要尽力保护民众，降低财产损失！"

听了驹那罗的话，首辅大臣差一点哭了出来，心说："王子殿下啊，大难临头了你还为别人着想！"想到这里跪倒在地哀求驹那罗："王子殿下，我这就前往城里，您切记不要乱走，一旦有个好歹我没法向国王陛下交代！"说完急忙退下，命令所有兵士舍命保护驹那罗的安全。

得叉尸罗城中开了锅，民众聚在一起讨论起来。"什么？国王陛下要弄瞎王子殿下，不可能的，那可是他亲儿子！""王子叛逆？我怎么不知道？这是谁在国王陛下耳边吹风？""我们坚决不同意这样伤害王子殿下！"讨论来讨论去，有人说："驹那罗王子绝对是个大好人啊，他对于一切生物都有着无限的悲悯心，普遍实行救赎。他诸根调顺没有骄慢心，这样的人国王陛下都要杀害，对咱们这些民众还能好吗？不如真的让王子殿下在得叉尸罗称王！"这话一出大家顿时高举双手赞成。"走啊，到首辅大臣那里请命！"不知道谁喊了这一嗓子，民众顿时向首辅大臣家中涌去。

"大家冷静，"首辅大臣面对民众大声说，"这件事还不能告诉王子殿下，等我想个万全之策再说，好不好？！"

"不好，王子双眼危在旦夕，"民众大声抗议，"哪里还有时间考虑万全之策？晚的话，国王陛下发兵，全城的人都别想活！与其那样，还不如让王子在这里称王，我们这些老百姓也就有了依靠！"

"既然这样，我们只能让王子自己选择！"首辅大臣说，"大家跟我去见他吧！"于是，首辅大臣拿着"王旨"来寻找驹那罗，跪倒在地说："王子殿下危险将至，您仔细看看吧！"驹那罗看了内容之后非常镇定，将王旨还给首辅大臣之后闭目冥思。

"王子殿下，"首辅大臣见驹那罗不吭声，就哭着说，"得叉尸罗民众念您大恩，不想让您失去双眼，一起请愿希望您在这里称王！"

"糊涂，"驹那罗从座位上起来，因生气而来回徘徊，最后停在首辅大臣面前，"我不能那样做，否则我父王大兵到来，整个得叉尸罗都得消失！现在，你可以张榜出去，就说任何人都可以来挖我的眼睛，只有这样才能保得叉尸罗平安！"

首辅大臣红着眼圈来到民众面前，将驹那罗的打算说了。"什么？"民众群情激昂，“王子殿下太仁厚了，我们不能让他失去双眼！”“王子是对的！”首辅大臣擦擦眼泪，站到高处说，“现在他这样做失去双眼但可以保命。我想大家都知道国王陛下的威力，曾经一样不用一兵一卒就收复了这里，咱们谁能和他分庭抗礼呢？诸位，王子是不想让大家跟着遭殃啊！”这个时候，有一个年老的人站出来说：“大家听我说，当年阿育王子，也就是现在的国王陛下来收复得叉尸罗，本来频头莎罗王没有给他准备武器，结果在路上就有神灵使道路裂开，从里面涌出刀叉剑戟各式武器。你们说，这样的人谁敢与他抗衡啊？依我看啊，还是听天命吧！”民众听了纷纷散去，相比来说毕竟还是自己的命更重要！

首辅大臣按驹那罗要求张贴告示，可是半个月过去了没有人来剜取王子的眼睛。驹那罗反倒着急起来，他问大臣们：“怎么，这十由旬土地都没有吸引力吗？竟然没有人前来挖取我的眼睛？”

大臣们听了无不落泪，回答说：“王子殿下，这是民众对您的爱戴，没有人能狠下心来挖你的眼睛！”

驹那罗听了说：“既然如此，只有烦劳龙神来取！”说完就朝天空呼唤：“神龙可在？神龙可在？”话音未落已经有神龙落地，问他：“王子殿下有什么差遣？”驹那罗指着自己的双眼说道：“我犯有重罪，需要挖除双眼。而全国上下没有人前来挖取，今天你可来挖，十由旬土地将归你所有！”

众大臣劝无可劝只能流泪，龙神听了王子的话急忙说道：“我宁可挖了自己的眼睛，也不能害了王子清澈见底的双眼！”驹那罗听了更加着急，拿出一个价值十万两黄金的宝箧，塞进神龙手里说：“如果你来挖取，十由旬土地还有这个价值十万两黄金的宝箧都是你的！”神龙立刻跪倒在地说：“王子殿下，我经过多年修行才获得这一点点神通，您就可怜可怜我，不要让我做有损于德行的事情！”驹那罗听了急火攻心，伸出双手就要插自己的眼睛，众大臣急忙制止。“上天啊，为什么就没有人来取我的眼睛，难道真的要让整个得叉尸罗跟我遭殃吗？”驹那罗泪如雨下哭倒在地上。

又过了一段时间，驹那罗的业缘已经成熟，有一个拥有十八丑相的人前来挖取他的眼睛。“你这个丑人，不要伤害王子殿下！”民众拦住丑人，不让他进入王子住所。“你们这帮愚昧的人，如果不挖了他的眼睛，阿育王带兵来到这里大家都得死！”丑人说着闭着眼睛挥舞着大刀向前走，民众只好让开一条路让他来到了驹那罗面前。丑人看到威仪万分的驹那罗并不行礼，站在那里大声问：“王子殿下，我不要十由旬土地，我只为挖你的眼睛才来这里，你准备好了吗？”

就在这个时候，上座夜舍的话从远方传来——王子殿下，你没有修习佛法不具有智慧，所以你的双眼看到的不一定是真相。想要知道事情真相，就要想办法消灭贪、嗔、痴三毒！这句话反反复复回响于天际，驹那罗闭上眼睛想：看来上座早就知道我有这个报应，所以用这句话以及“三界变化无常，没有任何个体可以长久存在”点化我，希望我不要有恐惧心，既然这样我不如坦然面对，将心皈依佛法！想到这里，他瞪大眼睛伸长脖子对丑人说：“我终于可以脱离尘世痛苦，让心获得自在了！壮士，你来得太及时了，来吧，先取我一只眼睛放在我的手中！”

丑人听了唰啦抽出匕首接近驹那罗。“恶人，你不要伤害王子！”民众纷纷围拢上来要捉住他的手腕，驹那罗大声制止。一个老人泪流满面跪倒，以头抢地：“奇哉怪也，驹那罗王子双眼犹如莲心，又像清澈的河水，让人见了生不起任何恶念，可是上天就是不能容许美好的事物存在，要让这个恶人毁掉他的双眼！”得叉尸罗36万人听了没有一个不哭，天地之间充满了巨大无边的愁绪。“王子殿下，我手法很快，不会让你很痛！”丑人用一只手捏住驹那罗的下巴，刀光一闪，一颗眼珠已经挖出。丑人将其对着阳光观看一会儿，然后放在驹那罗手里。

驹那罗感觉手中温热，低下头只见一颗清澈的眼珠犹自淌着鲜血。他放声大笑说：“眼睛啊，你为什么到了今天还是看不透这个世界？我本以为你挺不错，今天看来只不过是凡眼肉胎而已！”说到这里他走下台阶对民众说：“每个人都有一双眼睛，但是很少有人能看清这个世界的本质！各位之所以生活在虚妄当中，就是因为它欺骗了你们！今天我来告诉你们，这世界上的任何东西都不能长久存在，终究会分崩离析，就像水上泡沫一般瞬间寂灭！各位，只要你们不让自己的心放逸，必然可以逃脱生死束缚！”他的话音没有落下，已经征得须陀洹果得见佛法真谛。他又走上台阶坐在座位上，对丑人说道：“不要愣着，给我把另外一只眼睛取了！”

丑人听了他的话跪倒在地说：“王子殿下太厉害了，没了一只眼睛还能这样给大家说法，现在我已经被你感动，已经不能下手挖眼！”

驹那罗听了说：“壮士，你就是我脱离痛苦的舵手，更是得叉尸罗36万人的救命恩人，请下手吧！”

丑人听了又将他的另一只眼挖了出来，放在他的掌心。驹那罗用手摩挲这只眼睛，心说：“舍肉眼而得清净法眼，看透三界本质，从此我便获得大自由，不再被世间虚妄所困扰。” 他一有这个想法，立刻证得斯陀含。

“王子殿下啊，您没有了双眼，以后该怎么生活啊？”民众哭成一团。

“各位，这欺人的眼睛不要也罢，如今我舍弃了生身之父皈依佛法之父。我不再是王子，不必再用财宝装饰我的权威。我只需要佛法这个财宝，就能得到大利益永远脱离忧苦！”

当驹那罗的双眼送到帝斯罗叉面前时，她失声痛哭，暗中命人做了一个美丽的宝箧将其装盛起来。然后来到阿育王面前说："国王陛下啊，之前战报有假啊，驹那罗并没有自立为王，他受歹人胁迫不屈服，最后被挖了双眼！"

说着，她将宝箧呈了上去。阿育王打开宝箧看到一对清澈的眼珠顿时昏了过去，被宫人用水泼醒后大声呐喊："我要血洗得叉尸罗！"但是他的决定被罗提掘多否决，他说："国王陛下，王子殿下的双眼是不是得叉尸罗人挖取，谁也说不清楚，不如派人去那里弄个明白再说！"得到阿育王的同意后，他立刻派出使者前往得叉尸罗。

"王子殿下，到底是谁挖了您的眼睛！"使者来到驹那罗面前拜倒在地哭泣着说，"国王陛下知道您失去双眼，每天都以泪洗面！"

"哦？"驹那罗反问，"取我双眼的命令是父王下的，他怎么会以泪洗面？"

"王子殿下，国王陛下什么时候下过这样的旨意呢？"使者听了大吃一惊，首辅大臣将"王旨"交给使者，其看了一遍说："王子殿下，这王旨是第一夫人监国的时候下的，而且不是罗提掘多大人的笔记！"

"但这齿痕封印……"

"王子殿下，当时国王陛下大病初愈，精神恍惚，肯定有人欺骗了他获得了他的齿痕封印！"

"是谁这样处心积虑要弄瞎我的眼睛呢？"

"王子殿下，请恕我直言，您之前是否得罪过第一夫人？"使者的话一说完，驹那罗立刻想起了当日遭到帝斯罗叉纠缠的事情，心说："这双眼睛让我割舍不掉亲情、爱情。帝斯罗叉帮助我挖了它们，让我得到了佛法给予我的最大利益。我在这里衷心希望国王陛下和帝斯罗叉长寿安乐，一生健康！"

使者看他沉默不语就问："王子殿下，能否告诉我您双眼被害的具体经过？"

驹那罗还是不语，使者跪地说："王子殿下，如果我查不出真相，我的项上人头不保！"驹那罗这才叹息说："这一切都是因缘起因缘灭，不必再追问了。你把我的军队带回去，代我向陛下辞行，就说驹那罗不能继续侍奉左右。另外，你告诉金鬘保重好自己，不要挂念我！"使者只好回花氏城，首先将驹那罗的话复述给了金鬘。

"我的夫君为人善良慈悲，对一切弱小都不加残害，怎么会无端地被挖了双眼？"金鬘失声痛哭，"如今他一人在得叉尸罗该如何生活啊，我必须去照顾他！"于是，她日夜兼程赶到日思夜想的丈夫面前，抬眼看去，面门赫然两个黑洞，顿时哀嚎两声便昏倒在地。驹那罗辨声识人，对仆从说："夫人因为怜惜我才会晕倒，快用冷水泼醒！"仆从照做，金鬘醒来后悲啼不止，爬起来抚摸着丈夫的脸说："好好的清澈的眼睛竟然被害！"驹那罗听了说道："这是我积攒的恶业，我应该承受这样的报应，这个世界原本一切都是苦的，就算你我恩爱，将来也会死去分离。既然如此，你为什么要强求呢，应该早日远离苦恼，不要哭泣才对！"

这对苦命夫妻打算居住在得叉尸罗不再回花氏城。最初，他们还能受到民众的爱戴和供养，后来谣言四起，民众开始动摇，聚在一起说："驹那罗瞎了眼睛的事儿，阿育王已经知道了，他非常痛恨得叉尸罗。最重要的是，驹那罗的军队都已经离开这里，我们养驹那罗没有什么用，还很可能惹祸上身，不如把他们赶走！"

于是，36万民众一反常态，来到驹那罗面前进行驱赶。"你们不要紧张，我和妻子这就走！"驹那罗扶着金鬘向城外走去，心怀愧疚地对金鬘说："夫人啊，我已经不是王子，而且又瞎了双眼，你跟着我只能吃苦，不如你扔下我走吧！"

金鬘听了失声痛哭，半天之后才止住悲哀说："夫君啊，你我谁也离不开谁，以后就让我找一些生计来做养活你！"

"你我从小生活富足，曾经哪干过各种活计，恐怕你难以支撑。还是让我弹琴换一些钱来活命！"

"也好，你的琴声是我最爱听的，相信别人也爱听。以后你弹琴我乞讨，咱们步行回花氏城！"

"夫人，你回花氏城做什么呢，不如你我浪迹天涯！"

"夫君啊，你如果不向父王说明经过，恐怕36万得叉尸罗民众要遭横祸！"

听了金鬘的话，驹那罗犹如受到当头棒喝，立刻跪谢金鬘："多谢夫人这句话，否则我驹那罗将成为身系36万人命的杀手！"

于是，他们一路相依相扶以弹唱为生，向花氏城进发。一个月后终于来到宫门外，金鬘欢喜地说："夫君啊，我们已经到了王宫！"驹那罗用手抚摸宫门叹息说："你我打消国王陛下怒气之后，再离开这里过真正的自由的生活。"说话间他们来到门口，金鬘拉着驹那罗信步而入。"嗨，你们什么人，竟然擅闯王宫！"一声暴喝之后，两把冰冷的武器架在了他们脖子上。

"他是驹那罗王子，我是金鬘夫人，我看你们才是大胆，竟敢拦住我们的道路？"金鬘语气十分强硬，可是门卫们听了大笑起来说："你说你是金鬘夫人，那我的老婆就是帝斯罗叉，他要是驹那罗王子，我就是九天神仙！"金鬘听了怒火中烧要还嘴，驹那罗拦住她合掌说："大人，你不要如此玷污神仙，我们不进就是！"

然后，指着一处对金鬘说道："在我记忆中那里有个象厩，你我就到那里歇一晚！"

金鬘听了，流下眼泪说：“夫君当初锦衣玉食，如今却落得栖息象厩的下场！”

驹那罗摆摆手说：“只要心是平静的，吃什么住哪里都没有分别。”金鬘只好搀扶驹那罗来到象厩中。虽然里面臭味扑鼻，两个人却因为劳累睡得很香，到了天亮的时候，一阵琴音将金鬘唤醒，她睁开眼来见驹那罗横琴在怀，十指在琴弦上欢快跳跃着，过了一刻，琴音陡变，悲悲戚戚如泣如诉，听得她泪水直流。

门卫听了这琴声，仿佛一下子明白了五阴的害处，感觉自己正在远离生死轮回之苦。阿育王听了这琴声，立刻对左右仆从说：“这琴声如泣如诉，好像在向我讲说一段冤屈故事！”这个时候，琴音一提，几个嘹亮的音符将刚才的阴郁一扫而光，阿育王立刻又说：“看来弹琴的人敬信佛法并且获得了一定成果！”左右仆从立刻询问缘由，阿育王说：“先前，他是为他人鸣不平而非为自己！后边的琴音刚强有力，只有没有任何欲望，脱离了三界困扰的人才能弹得出来！”说到这里，他非常想见弹奏之人，就让仆从们出宫相请。

仆人们来到宫外象厩中，看到一对儿穿着破烂衣衫的夫妇，心说：“这样的人怎么会是得到佛法精髓的人呢？”不过看到驹那罗双目虽瞎但是手指非常灵活，不由得纷纷喝彩，驹那罗停下来问：“你们可是宫中的宫女？”

众仆从听了回答说：“我们正是宫人，你这盲人在这里弹曲子，已经搅扰了陛下休息，还是快些离去吧。”说完转身回到阿育王面前说：“国王陛下，并没有什么精通佛法的人，只是一对儿乞丐夫妇，男的双眼已经瞎掉！”阿育王听了双眼瞎掉四个字，心说：“前不久帝斯罗叉说得叉尸罗人将驹那罗双眼弄瞎，而后又有人报告说金鬘失踪，难不成门外的就是他们？”于是，对仆从说：“你们去象厩把那两个乞丐带到这里来！”仆从听了大不乐意，心说：“不就是两个乞丐吗，值得如此兴师动众？”心中有气，来到近前问话难免不耐烦：“哎，你是什么人在这里弹琴，你们姓什么父亲如何称呼？”

驹那罗放下琴合并双掌说：“阿育王是阎浮提之主人，因为他一切人都得到自在。我就是他的儿子，名叫驹那罗。另外，我还有一个父亲，就是大法王如来！”

有老仆人听了这话吃了一惊，细看之下果然是驹那罗夫妇，于是急忙将他们领到阿育王面前。

驹那罗和金鬘来到大堂上站立那儿，阿育王心说：“驹那罗、金鬘何等尊贵，怎么会沦落到这个地步？何况他们非常孝顺，见到我都会行礼，而面前的人则站立那儿丝毫没有礼貌可言！让我不解的就是那琴音，明明就是在向我劝谏什么……”想到这里，他从宝座上下来走到二人面前问：“你们可是驹那罗和金鬘？”

“国外陛下，我正是驹那罗，她正是金鬘！”驹那罗合掌说。

“胡说，他们见我都行使跪拜礼，而你们却站在这里！”阿育王大声说。

“我心已出家，地位高于刹帝利，因此我们无需对你进行礼拜！”

听了这话，阿育王撩开驹那罗的长发，看到面门上赫然两个黑洞，问他：“你以为你刺瞎双眼就可以冒充我的王儿吗？”

驹那罗听了说：“这世界上什么都可以冒充，唯独智慧不能！”听到这话，阿育王不再怀疑，立刻拥他入怀哭着说：“你的确是我的儿子驹那罗。你我分别多日，见了你却没有欢喜、悲伤和喜悦，你的确获得了佛法真谛！只不过，你的双眼为什么要被人挖除？”说到这里因为太激动的缘故，阿育王竟然晕倒在地。宫人急忙用冷水将他唤醒，阿育王爬起来抱住驹那罗号啕大哭说：“我儿驹那罗，你本名发增，生于我起塔之日。后因为你双眼美妙清澈犹如驹那罗鸟，所以又名驹那罗。今天看来你的双眼已经没有了，驹那罗这个名字已经不再适合你了。驹那罗啊，我看不到你的这双眼睛，犹如万里虚空不见星月！呜呜，原本清澈双眼如今成为两个骇人黑洞，是谁没有慈悲心竟然弄瞎了你的眼睛，使得你要承受一生漆黑之苦，快告诉我！”

“国王陛下，世事无常，这双眼睛再美早晚都要失去。事情已经发生，就不要再追问下去了！”

“驹那罗啊，话虽如此，但是我看你身形憔悴，使我心犹如火烧一般难受，更像遭受金刚一般硬度的冰雹击打！是我对不住你，不该让你去得叉尸罗，如今我只能找出元凶进行赎罪，你告诉我到底是谁害了你的眼睛！”阿育王几乎歇斯底里，为自己的过失懊悔不已。

“你不要忧愁烦恼，”驹那罗表情异常平静，“国王陛下，难道没有听过这样的话吗？业力是无法逃脱的，就连佛都是一样的，更别说独自悟道的人和凡夫俗子，没有一个可以脱离业力。因为人的心识无常总是会造下不同业，前念虽灭后念又生如此往复没有绝断的时候。一切人身都像箭靶，而善恶之报犹如利箭，根本无法躲避。况且我双目失去并非别人蓄意用刀剑伤害，更不是鬼神前来伤害，这些痛苦都不是它们带来的。我自己造下的恶业，自己不去承受反而埋怨他人，岂不是又造下了恶业？”

听完驹那罗的话，阿育王心中还是非常忧愁，犹如烈火烧心一般。他问驹那罗说：“是不是得叉尸罗第一辅臣害你成这个样子？”

驹那罗听了心道：“国王陛下深爱我的双眼，不查明真相不会罢休，这样下去会株连无辜，还不如趁现在说明白！”

于是，他对阿育王说道：“没有别人正是你弄瞎了我的双眼！”

阿育王犹如被晴天霹雳所吓，立刻大声说：“你的双眼清澈无邪是我最爱，我怎么会弄瞎你的眼睛呢？”

驹那罗听了摇摇头叹息一声说道：“你亲自下的王旨，上边有你的齿痕封印，这怎么能错呢？”

阿育王听了更加不明所以，辩解说：“我什么时候下过这样的王旨，我怎么不知道？”

驹那罗说：“没有王旨，我怎么能甘愿任人挖除双眼？”

阿育王听了急了，说道：“驹那罗你听着，如果是我让人弄瞎你的眼睛的话，那么我现在甘愿咬断自己的舌头！”说着就把舌头伸入两齿之间。驹那罗进行阻拦，阿育王又说：“不咬舌头可以，那么我甘愿将牙齿拔下来和齿痕封印对照，如果吻合的话我甘愿挖出自己的眼珠！”说完到处寻找工具。驹那罗高喊一声：“够了，不要这样闹下去了，我的双眼已经不能复明，这查下去只会牵连无辜！”

在阿育王和驹那罗谈话的时候，有宫人来到帝斯罗叉面前说：“夫人，驹那罗回来了！”帝斯罗叉听了脑袋嗡的一下，心说：“驹那罗那么聪明，应该早知道是我弄瞎了他。现在，他一定跟国王陛下说明事情经过，我该怎么办才好呢？”她像热锅上的蚂蚁，绞尽脑汁在想对策：我不如去骗过莲花夫人，让她替我说话。于是，她立刻赶到莲花夫人面前说：“哎哟妹妹啊，驹那罗回来了啊！”

“托姐姐的福，他平安回来了，刚才给我请安了，现在和国王陛下聊天呢！”

“哎，驹那罗命好苦啊，失去了那么漂亮的双眼！你说是谁这样狠心呢，竟然做出这样伤天害理的事情。要是可以的话，我真想把我的眼睛给驹那罗，让他重新看到这个世界！”

“多谢姐姐关心驹那罗！”

“妹妹啊，以前我对你不敬，你就别往心里去啊。以后咱们好好处，到老了也有个伴儿不是？”说完帝斯罗叉找个理由离开了，莲花夫人心想：“帝斯罗叉为什么会主动来看我呢？为什么要赔礼道歉呢，看来她心里有鬼！”于是，她立刻来到阿育王面前跪倒在地说：“国王陛下啊，刚才帝斯罗叉来看过我，这是从来没有过的事情，我怀疑她惧怕什么！”

“嗯，你说得没错，驹那罗双眼被害正是她当监国的时候，我也怀疑这个狠毒的女人。对了，她跟你说了什么没有？”阿育王问莲花夫人。

“她说‘是谁这样狠心呢，竟然做出这样伤天害理的事情。要是可以的话，我真想把我的眼睛给驹那罗，让他重新看到这个世界！’她向来凶恶自私，而且驹那罗并非她亲生，她说这些话目的何在？”

“就是她，这个贱人害了我儿的双眼！”阿育王气得眼睛都红了，他命令仆从说：“去给我把帝斯罗叉找来，我有话问她！”

当帝斯罗叉看到阿育王阴沉的脸时，心里已经明白自己的末日到了，但是她不肯就这样输掉。“国王陛下召唤我，有什么事情吗？”她跪倒在地，用娇媚的眼神看着阿育王。

“帝斯罗叉，你不用费心思了，我对你的厌恶已经到了极致！”阿育王拍着桌案大声喝问：“你老实说，驹那罗的双眼是不是你害的？”

帝斯罗叉听了立刻高声叫嚷：“国王陛下，你有什么证据？”

“你向来凶恶，怎么会好端端地去看莲花夫人，怎么会说出那样的话来？你破坏法物（法物：指佛教僧团中，为维持教理之传统而使用的财物、资财等。阿育王将驹那罗双眼视为法物，非常爱惜重视！）之后，又装好人安慰被你伤害的人，你的戏演得可真好啊！”说到这里阿育王升起了极大的嗔怨，猛烈地拍击桌椅，在场的人都吓得浑身哆嗦不敢言语。

“我死也不能承认是我弄瞎了驹那罗，我要用更加愤怒的方式反击，只有这样才能证明我是无辜的！”

于是，帝斯罗叉大声咒骂阿育王：“好啊，你整坏驹那罗的双眼，今天反倒来埋怨我来了，这个世界上除了你还能有谁敢弄瞎驹那罗？你弄坏了我深爱的儿子驹那罗的双眼，我恨不得挠尽你一身皮肉。或者把你活着挂在树上，然后用锯把你切断，再用刀子割了你的舌头，轮起大斧凿碎你的骨头吸出你的骨髓。最后把你的尸体抛入火坑，让你身形俱消！”

“大胆，竟然这么恶毒辱骂本王，不想活了吗？”阿育王奔过去将帝斯罗叉踢倒在地。

“你这个暴君，说什么修建佛塔增加善业，都是做给民众看的！”帝斯罗叉几乎歇斯底里，“都说虎毒不食子，可你连自己儿子都不放过！”阿育王狂啸一声抽出佩剑就要斩杀帝斯罗叉，驹那罗急忙按住他的手跪倒在地说：“国王陛下，第一夫人本性并非凶恶，这都是她修习恶法的结果。想让众生不受恶法残害，国王陛下只能以身作则皈依正法！否则天下人都怀有嗔恚用暴力手段解决问题，岂不是你的罪过？”

“我儿说得有理，你远途劳累去休息吧！”阿育王送走驹那罗后，对帝斯罗叉说：“像你这样的人必须严惩，否则我怎么治国？”说完就命令兵士将帝斯罗叉扔进了胡胶做的房子里，用火将她活活烧死。听着帝斯罗叉撕心裂肺的嚎叫，他升起了更大的嗔恚，振臂高呼：“驹那罗为得叉尸罗百姓献双眼，之后却遭到他们抛弃，这样的民众不留也好。”于是，命令大军突袭得叉尸罗，用火攻的方式将这里所有百姓烧死。

做完这些之后，阿育王亲自送驹那罗到菩提塔处，希望借用神力使其双眼复明。“国王陛下，”驹那罗坐在佛陀曾经坐过的地方，“现在咱们处于世尊的正觉的地方，请你说实话，第一夫人是不是被你杀了，得叉尸罗36万民众是不是你下令烧死的？”阿育王听了重重叹息一声说：“这两件事都是我做的！”话声未落，只听驹那罗哀嚎一声，原本要好的眼睛再一次流出鲜血，不久之后病情恶化死去。

驹那罗的死讯传遍了阎浮提，众比丘听了感觉不可思议，纷纷来到优波鞠多面前问说：“驹那罗因为什么因缘被帝斯罗叉弄瞎了眼睛？”

“业力犹如利箭，而众生则是箭靶，没有可能逃脱！”优波鞠多睁开双眼说，“今天我就给你们说说驹那罗过去世的事情，你们要仔细听好！”于是，优波鞠多以慈悲音开始为众比丘讲起驹那罗过去世——

很久以前，在波罗奈有个猎人，在夏季的时候他住在村中种地维持生计，等到冬天动物们冬眠或者进洞之后，他就进山进行捕猎，将动物的皮毛扒下来卖钱，骨肉则运到家里当食物。有一年冬天，他来山里打猎，不巧正好遇上天下冰雹。“这个鬼天气，看来今晚我没法下山了！”肚子里咕噜噜的声音，让猎人烦躁不安，“哎，从早上到现在我还没有吃一口东西呢，真饿啊！不过现在最重要的还是找个睡觉的地方！”他四周观望，看到另一座山腰有个山洞，急忙向那里奔跑，远远地闻到了山鹿特有的味道，心说：“这么大的味道，敢情不下一百只啊！”等他进入山洞之后，被眼前密密麻麻的山鹿惊呆了，半天才回过神来。“哎呀，这么多山鹿啊，我要是杀了一只呢，其他的就都跑了；全杀了呢，这些我又吃不了坏了太可惜了！”他自语着在鹿群中来回走动，突然他掏出匕首将五百只山鹿的眼睛刺瞎，然后杀了一只烤着吃。其他山鹿瞎了眼只能惊恐地聚到一起不断哀鸣……

“那个时候的猎人就是这一世的驹那罗，”优波鞠多合掌念诵佛号，又说，“他刺瞎了五百只山鹿的因，造成了之后五百世瞎眼的果。而这一世正好是第五百世！”

“原来如此，”众比丘听了恍然大悟，接着又问，“既然造了这么大的恶，为什么他还能投生刹帝利，而且容貌端正获得斯陀含道？这样说来不是太矛盾了吗？”

“善是善，恶是恶，善恶不能相抵，业力之报可谓不爽！”优波鞠多双掌合十表示对业力的敬畏，“当初在人寿四万岁的时候，有个佛叫迦罗迦孙大，在教化众生因缘完毕之后进入无余涅槃。当时有个国王名叫端严，为迦罗迦孙大起石塔并用七宝庄严周围方圆四十里地。端严王去世之后，有一个叫做不信来的国王统治波罗奈，他偷取七宝等物只剩下土木框架。很多民众因为石塔被毁而大声哭泣懊恼。这个时候有个长者路过这里，看到人们哭泣就问，‘你们为什么哭泣啊？’人们回答说，‘长者啊你有所不知啊，迦罗迦孙大佛塔被毁了，七宝也丢没了，我们看了非常难过所以才哭啊！’长者的儿子就是现在驹那罗的前身，他知道这件事情之后，就用七宝重新修整石塔使其恢复原貌，然后又造了一个迦罗迦孙大佛石像，和原来的石像大小高低相同。他当时发愿说，‘希望未来我能获得与其一样的清净妙果。’”说到这里，优波鞠多总结道：“正是因为驹那罗在过去世曾经庄严佛塔，所以能投生刹帝利，另外因为重修佛像所以拥有端正容貌，又由于他发了正愿，这一世才能获得斯陀含道！”

五　半庵罗果因缘

阿育王在为佛起塔之后，对佛法深信不疑，有一次他与优波鞠多讨论乞食的话题，他问道："尊者，按理来说，只要是信奉佛法的人都愿意供养你们，这样的话，你们不用乞讨就能活着而且还能活得很好。但是事实上你们都在乞食，这是因为什么呢？"优波鞠多听了双掌合十念诵佛号，之后回答阿育王说："出家人乞食有两个目的：第一个就是自利，只有吃饭才能活着修行，而且乞食能杜绝俗事方便修道；第二个就是利他，趁机为他人讲经说法，使其弃恶从善，而且施舍之人可以增加善业获得福报！"阿育王听了对乞食顿时生出敬意，思考之后问优波鞠多："那么说来，对出家人施舍得越多福报越大吗？"优波鞠多摇摇头说："在对出家人布施的时候，要对佛法有敬信心，才能产生福田心和施舍心，从而欢喜布施，远离悭贪、吝惜、悔施。只有这种'敬信、福田、施舍、破贪'等与布施善心相应的身口意业行，才能称为清净布施行为。反过来说，不与以上'敬信、福田、施舍、破贪'等四种心态相应的布施行为，就叫做不清净布施，即是不净施之意。不净施是福报小或者没有福报的！"阿育王听了全然明白了乞食和布施等本质意义，问优波鞠多："那么在世尊在世的时候，谁做的布施最大而且是清净布施呢？"

优波鞠多听了阿育王的话，立刻合并双掌表示对佛陀的崇敬，回答说："在世尊在世的时候，接受过数以万计的施舍，其中布施最大且清净的当属长者须达多！"阿育王听了点头说道："这个人实在厉害，能在数以万计的人中给您留下深刻印象，那么所布施的财物一定很多，有多少呢？"优波鞠多思索一下说道："当初他是以真金百亿两进行大布施！"阿育王听了万分感慨，说道："须达多长者都能布施真金百亿两，我这个全阎浮提的王者怎么可以落后？"说完这句话，他就把属于自己的土地和五百个大臣的土地全数进行了布施，并在上起八万四千宝塔及声闻塔，并用四千瓶灌菩提树，这些这合在一处相当于九十六亿两黄金。

不久之后，阿育王得了重病，御医用尽了办法也没有起色，便对罗提掘多说："第一辅相，我们已经尽力了，国王陛下元气耗尽，没有好的可能了！"

"千万不能让人知道国王陛下病了，否则阎浮提将动荡不安！"罗提掘多严肃地做了个杀的动作说，"如果谁泄露了消息，我立刻就杀了他！"

病得在谁的身上谁清楚，阿育王知道自己没有多长时间活头了，于是悲哀涌上心头，每天都是哭天抹泪。罗提掘多见了说："国王陛下，想往世你我见到世尊的时候，你施舍一把土就获得了铁轮王这样的无上福德，而我只是在一边陪着高兴一下，也获得了第一辅相的福德。你我都是有福的人，可你现在为什么连着哭了这些天呢？”

“罗提掘多，我这病是好不了了，没有几天活头了！”阿育王红着眼睛说。罗提掘多听了心说：“国王陛下成为全阎浮提第一王，受亿万人礼拜，竟然也会怕死，让我来开导开导他！”想到这里，他施行臣子礼说：“国王陛下威德没人能比，以一人之力保护着阎浮提无量众生。你就好比那高空的太阳，给亿万人民送来温暖，没有人敢仰视你，除了这宫中人之外，还有谁见过你呢？所以，你的事迹在民间传得神乎其神。但是，今天国王陛下病得很重，就好比那太阳将要落到地平线之下，这是多么凄凉的事情啊。可是反过来想想，这三界无常也就无所谓了，不至于这样哭泣！”阿育王听了罗提掘多的话，擦擦眼泪摆摆手说：“罗提掘多，枉你从小就跟我在一起，到如今多少年了，竟然不晓得我内心的想法。你以为我怕死怕失去王位才哭，或者以为我布施了那么多钱财心里不舍才哭。实际上，我不是为这些痛苦，而是因为死后我将远离诸贤人圣人而烦恼。另外，我本来要仿效长者须达多用百亿两黄金进行大布施，可至今才布施九十六亿两，还差四亿两黄金，这才是我感到懊悔的根本所在！”

“原来国王陛下因为这个懊恼，”罗提掘多听了阿育王的话哈哈大笑起来，然后说，“这个不难啊，国库还有很多财宝金钱，可以将这四亿两黄金补上！”阿育王听了说：“罗提掘多啊，那你赶快将这四个亿送到鸡头摩寺去进行布施。”罗提掘多立刻跪地领旨，之后又说：“国王陛下，我今天来是有一件事情问你！”得到阿育王的允许后他问：“你百年后谁来继承王位？”

“我知道自己不久于人世，”阿育王叹口气说：“已经选好了太子，那就是驹那罗的儿子贰摩提，我死以后你可要扶持他坐稳王位！”

“国王陛下，贰摩提个性多疑而且刚愎自用，他为太子的话，恐怕……”

“罗提掘多啊，我已经对不起驹那罗了，我想通过这种方式来弥补我的过失！”阿育王想起驹那罗禁不住热泪盈眶。罗提掘多听了只好行礼退下，前往国库提取那价值四亿黄金的财宝。可是让他意外的是，点库官百般搪塞就是不给黄金。罗提掘多心想：“这点库官是贰摩提的人，肯定是要给主子省钱！”果然，点库官没有办法再搪塞罗提掘多，只好来到贰摩提面前哭诉说：“王子啊，罗提掘多前往国库提取价值四亿的财宝，说是要布施给鸡头摩寺。你说这老国王一旦死了，必然是你继承王位，没有钱你能坐稳吗？王子啊，你还是快些想办法进行截流吧！”贰摩提听了觉得有理，立刻以阿育王的名义召所有大臣来议事。

大臣们聚在宫门前等待召见，有大臣说：“国王陛下召我们进宫议事，看来他病情好转了！”

罗提掘多听了说：“前两天我受王命提财宝到鸡头摩寺布施，结果点库官百般搪塞。大家都知道他是贰摩提的人……”话说到这里，就有大臣高声说：“老国王即将油枯灯灭，还弄什么布施啊，没了钱贰摩提王子还怎么当国王啊？”有大臣听了不愿意了，说：“阿育王布施，是为贰摩提王子积福德。这钱和福德相比哪个重要？”

“你们这是自欺欺人啊，什么福德啊，谁能看得见呢？”

“哼，当年阿育王子不向世尊布施泥土，怎么能有今天的阿育王？”

“这都是歪理邪说，我是打心眼里不信这事儿！”

大臣们吵成一团。贰摩提站在远处看得清清楚楚，心说：“向着我说话的大臣占多数，我今天必须立威，削弱罗提掘多的权力，才能保住国库财宝！”想到这里他大步上前说：“都给我闭嘴，今天是我召你们议事不是祖父阿育王！”罗提掘多以及一众老臣听了一愣，贰摩提见了心中冷笑，一甩衣袖先头进入大厅。大臣们鱼贯而入坐在自己位置上，抬头一看贰摩提竟然坐在了王位上。罗提掘多直言不讳：“王子殿下，老国王健在，你不能坐在王位上！”

“罗提掘多，你是祖父阿育王的第一辅相，可并不是我的第一辅相。你这个时候就跳出来，就不怕我登基之后要了你的命？”

“我行正法没有恐惧！”罗提掘多说到这里话锋一转，问说：“王子殿下，是不是你指使点库官搪塞我？”

“不错，”贰摩提拍案而起，“从现在开始所有财政支出没有我的同意，任何人不能动国库财宝，否则杀无赦！”说到这里，他对阿育王的仆从说：“我祖父用餐排场太大，你们就用一金一银两个盘子给他送餐！”

“王子殿下，”罗提掘多怒火攻心，大声对贰摩提说：“如果你实在想节省钱财，就免了我的薪饷，不要从老国王身上进行克扣”

“好，既然你主动提出，那么我就宣布革除你第一辅相的职务，”贰摩提哈哈大笑，然后猛然一拍桌子说，“但是，我的决定从来不会改变，我这样对老国王已经不错了！”

罗提掘多知道多说无益，等到会后前去阿育王住所。“什么人赶快离开这里！”护卫拦住他，“国王陛下重病需要休息！”罗提掘多知道最后的希望也破灭了，只好跪倒在地遥遥地向阿育王施行礼节。就在这个时候仆人给阿育王送饭，罗提掘多看到那一金一银两个盘子痛哭失声，说：“世事无常啊，阎浮提威德最盛的王竟然沦落到这个地步！”说完，拖着年迈的身躯向家走去。

“国王陛下请用膳，”仆从托着金银盘说，“这是贰摩提王子特意让人为您制作的美食！”

“他有心了！”阿育王从床上挣扎坐起来，看到金银盘问仆从：“是我布施使国库空虚？”仆从不敢答话跪在那里默默流泪，阿育王叹息一声说：“你们不要为我流泪。具体情况我都知道了，只恨我年老体迈，就好像那衰老的大象一样，一个小小的豺狼都能欺负啊！”说到这里，他话题一转说：“就算只剩下这两个盘子，我也要布施给鸡头摩寺，你们去办吧！”仆从听了将饭食倒掉，带着盘子去了鸡头摩寺进行布施。有眼线急忙将这件事告诉了贰摩提。“看来我伟大的祖父是要布施到底了，”贰摩提冷笑几声之后说，“那我就让那两个仆从用瓦罐给他送餐，我看他还怎么布施！”让他没想到的是，阿育王竟然将两个瓦罐也布施给了鸡头摩寺。

两个仆从从鸡头摩寺回来，正好遇到贰摩提。“你们两个给我站住，”贰摩提阴森森地说，“这是做什么去了？”

“王子殿下，”仆从跪倒在地说，“我们受国王之命去鸡头摩寺布施两个瓦罐！”

“祖父啊，可真有你的，”贰摩提恨声说，“瓦罐这么下等的东西都能布施，这鸡头摩寺还有什么不要？”说到这里命令仆从：“你们去采摘庵罗果，将果肉挖了做送餐用具！”

“王子殿下，他毕竟是您的祖父，更是阎浮提第一王，这样做……”仆从还没说完，贰摩提一声暴喝：“给我住口，你们是不是觉得脑袋长得太结实？”

“王子息怒，”仆从浑身颤抖以头顶地哭着说，“我们不该多嘴，请您饶命！”

贰摩提嘴角浮现一丝冷笑说：“那还不快滚，等我反悔吗？”仆从爬将起来撒腿就跑，贰摩提嘎嘎怪笑拂袖而去。

当仆从用庵罗果壳盛着饭菜进到房屋中，阿育王正坐在床上闭目冥思，听到声音看了一眼说：“好啊，先是金银盘再是瓦罐，现在换成了庵罗果壳，放眼整个阎浮提，还有谁敢这样对我？”说到这里对仆从说：“你们去将大臣们给我召到这里，我有话要问他们！”

“这一次的确是国王陛下要见我，希望他老人家快些好起来，这样阎浮提才有希望！”

“老国王苟延残喘，这又是发哪门子神经，非要召见我？”

大臣们各怀心事站在门外等待阿育王召见。不再是第一辅相的罗提掘多穿着一身便服夹在队伍中。“你们进来吧！”屋子里传来沙哑的声音，接着嘎吱一声房门打开，只见阿育王犹如秋后野草一般孤零零坐在床上。

“国王陛下！”罗提掘多第一个冲进去，扑通跪倒，以头抢地，泪水不断滴落在地上。

“罗提掘多，咳咳咳……”咳声中肺脏和空气摩擦的声音清晰可闻，罗提掘多跪爬过去给阿育王敲打后背，片刻之后阿育王说：“让你受苦了！”短短五个字，融进了他们之间所有情谊。

“各位，可能是我年迈了吧，竟然想不通一个问题，”阿育王扫视群臣，皱着眉头说，“今天我把大家叫这里来，就是想让你们给我一个答案。”

“国王陛下请问，臣等知无不言！”大臣们虽然这么说，但那些奸臣的心里则噼里啪啦打着小九九，心想：“这国王陛下要问什么啊，别是想除掉贰摩提，那样一来我不也遭殃了？”

“哈哈哈，”阿育王仰天大笑，说，“其实答案已经在你们的脸上！”他用手指指众臣的脸说：“敢于抬头面对我的，不用说一定知道正确答案！”说着一拍桌子，“现在的阎浮提谁来主宰？我就让低头的人回答我这个问题！”

“国王陛下，整个阎浮提当然您为主宰，除了您别无他人！”那些奸臣口是心非地说。阿育王听了哈哈大笑，然后感慨道：“你们以为我是三岁娃娃吗？谁不知道现在阎浮提是他贰摩提的？世尊曾说世事无常，众生都被各种苦困扰。现在想来的确没错，往日我的一切旨意，没有人能违抗阻止。而今天我的命令除了罗提掘多之外，还有谁真正地执行呢？我要布施，贰摩提横加阻拦，甚至将我的餐具换成了这半个庵罗果！从说一不二的君王到今天竟说废话的糟老头，这就是一种苦，它在折磨我的心！”说到这里，阿育王抚摸半个庵罗果壳长叹一声继续说：“以前我健康的时候，其他王国元首如有骄慢，我都能动用武力和智慧将其制服。而对于贫苦的人，我一律救济，为他们遮风挡雨。今天我这个样子，就好比原先崭新的车行走到最后年限，变得破旧不堪，没有一分价值！更像那原先繁盛的恕伽树，现在变得枝叶凋零，不能再庇护别人。所以，该离开我的都离开了，就算不离开我，也不再恐惧我，对我的话当做耳旁风！”

就在这个时候，贰摩提走了进来说：“国王陛下，孙儿这样做只是不想失去钱财，利于我之后统治国家！”

阿育王听了摇摇头说：“贰摩提，你不知道啊，富贵犹如白云，风一吹就消失得无影无踪。可以说它是这个世界上最凶恶低贱的东西！我虽然是阎浮提第一王，死了之后这富贵生活不也戛然而止？你留着些财宝有什么用呢？”

贰摩提还想说话，阿育王摆摆手说：“好了，你不要着急，我死之后阎浮提就是你的，你将是第一富有的人！但我最后提醒你，要善人善用！”说到这里，阿育王指指大臣对贰摩提说：“你退下吧，我还有事情交代给他们！”贰摩提只好退下，阿育王把半个庵罗果壳递给罗提掘多说：“你带着这半个庵罗果去鸡头摩寺进行布施，对寺中上座说‘这是阿育王最后的布施了，之前的布施虽然很大，但是只有这半个庵罗果让阿育王得到自在。现在他失去了一切，希望众位尊者能可怜阿育王，接受他的最后施舍，使他得到福德！’”

“国王陛下！”罗提掘多高呼一声之后，激动得再也说不出话来，伸出双手接过庵罗果壳，一路洒泪向鸡头摩寺走去。大臣们受阿育王感染纷纷在其后边跟随。到了鸡头摩寺之后，罗提掘多将阿育王所教授的话说了一遍，鸡头摩寺上座听了对众僧人说：“你们看到阿育王受福快乐，权倾天下主宰阎浮提。可是现在，他却被原来礼拜自己的亲人和众大臣所制约，除了这半个庵罗果归他使用之外，没有任何东西属于他了。就算这样，他还是怀着殷殷之心将它施舍于僧！”说完这话，上座即叫众僧进行仪式，将半个庵罗果放进羹中，使全寺院的僧众接受到阿育王的供养。吃完斋饭，上座对所有僧人说：“从阿育王这件事来看，大家当对这个世界以及生死产生厌恶。富贵无常，终会烟消云散。就算再有威势，也会有失去的那一天！咱们应该告诉各国国王，身处富贵而得大自在的人只有阿育王。更要告诫后来者，要在自己权力尚在身体尚好的时候，尽心尽力累积功德！”

布施半个庵罗果之后，阿育王身体江河日下，终于到了临终这一天。他把手伸向罗提掘多，说：“罗提掘多，你是智者，你告诉我现在在阎浮提中，谁得自在？”

罗提掘多握住阿育王的手，流着眼泪说：“国王陛下，阎浮提中得自在者只有世尊！”

阿育王听了他的话，合起双掌观望四方，然后说道：“除了国库之外，今天我将四海一切土地都布施给佛僧。我这一生所做的善事，不求成为转轮圣王、帝释天等享受天人之乐。只愿我来生心得自在速成圣果！”然后，他写下诏书以齿痕封印，交给罗提掘多说：“王旨里都是我刚才说的话，我死后你可公布，让贰摩提按我旨意去办！”

“罗提掘多遵旨！”罗提掘多双手捧着王旨哽咽起来。

“你不要哭，你要明白世事无常，死代表着一段路程结束，更代表新的路程的开始！”阿育王说完念诵一声佛号安然死去。罗提掘多装好圣旨，流着眼泪来到外边，对着东西南北喊道：“国王陛下驾崩！”喊毕，原本晴朗的天空顿时阴云密布，大风呼啸而至，使得气愤十分苍凉。

半个时辰后，贰摩提和诸大臣身着丧服赶到。“祖父，一路走好！”贰摩提来到门口跪倒在地，众大臣跟着跪倒齐声喊：“国王陛下一路走好！”之后一片沉寂，所有人因为心痛而流着眼泪，因为他们一下子意识到失去了最宝贵的东西。罗提掘多长叹一声说：“阿育王威德举世无双，我们应该按照转轮王标准进行葬礼，大家有没有异议？”众大臣纷纷看贰摩提，他抽着鼻子说：“我没有异议！这个时候我才明白祖父的话，可惜太晚了！”罗提掘多听了心说：“贰摩提王子终于清醒，阎浮提有救了！”

阿育王葬礼之后，罗提掘多拿出阿育王遗诏，说道：“我有先王诏书两卷，众臣听旨！”贰摩提和大臣们跪倒接旨，罗提掘多将阿育王传位贰摩提的诏书以及布施诏书念完，有大臣问：“传位贰摩提王子的诏书我没有异议，可老国王将一切土地布施给僧却不能理解！”他的话一说完，大臣们立刻七嘴八舌讨论起来

“是啊，诏书有假吧？罗提掘多你想干什么？”

“土地布施给僧，那么传位给贰摩提王子还有什么意义？”

“土地都布施给僧的话，阎浮提到底谁说的算？”

“土地之上有百姓，是不是百姓也都属于众僧了？”

罗提掘多听了大声问：“诏书有老国王齿痕封印，内容也是他自己写的，不信你们可以验看！”说着将王旨递交给众臣，继续说道：“至于谁说的算，那就看贰摩提王子行正法还是行恶法，行正法的话他说得算，行恶法僧说的算。天下百姓皈依佛法不好吗？你们当初极力赞成老国王为佛起塔，但是现在却这样怀疑佛法，前后不一不能坚持真知正见，是为不忠不信不义！”众大臣没有人能驳倒罗提掘多，各个站在那儿满脸通红。正在尴尬间，有大臣说：“我看了王旨的确是老国王写的，齿痕封印也是真的！我当然要遵从老国王的旨意，但有一事不明，请罗提掘多解答！”罗提掘多听了点头说：“你尽管问，我知无不言，言无不尽！”那大臣问：“老国王为什么要将阎浮提所有土地布施给僧呢？”

“当初老国王问尊者优波鞠多：‘阎浮提谁布施最多？’尊者优波鞠多回答说：‘有一个长者叫须达多，他布施最大是黄金百亿两！’老国王打算效仿须达多长者，当时他已经布施黄金 96 亿两，剩下的 4 亿两原本让我去国库提取，可是因为新王的阻拦没有成功，没办法他才将阎浮提土地顶算那四亿两黄金。因此，只要新王肯拿出四亿两黄金即可赎回阎浮提，而且老国王的遗愿也得以实现，获得福德上升天界！”大臣们听了纷纷表示会全力说服新王，让他出四亿两黄金赎回阎浮提。再说贰摩提对佛法有了正确的认识，听了大臣们的话赎回了阎浮提。

贰摩提王传位给耆呵提，耆呵提传位给弗舍摩，弗舍摩传位给弗舍密哆。总体来说孔雀王朝的统治者的素质越来越低，越来越不坚信佛法。有一天，弗舍密哆招来大臣们说：“我的祖先阿育王名传阎浮提，众位可有什么办法也让我拥有这样的名声？”片刻静寂之后，有大臣回答说：“阿育王敬信佛法为世尊起佛塔八万四千座，又以百亿两黄金布施与僧。只要国王陛下所做超过阿育王，自然可以获得美名！”

“你说得有道理，不过我祖先阿育王威力无边，可以做出那样的功德，而我有什么能耐和他相比呢？”弗舍密哆皱着眉头，一副忧愁的样子，“你们有没有

别的方法，让我和阿育王一样名传阎浮提呢？”

“除此之外，没有别的办法了！”对佛法敬信的大臣们都这样回答。弗舍密哆听了眼泪都快下来了，大声询问：“还有没有人有不同的意见？”这样连问三声，有一个恶臣站了出来说：“国王陛下，人有两种方式可以留名。”弗舍密哆听了急忙问：“你快说说有哪两种方式呢？”凶恶大臣说道：“修福作恶两条路，都可以留下您的大名！您的祖先阿育王不是起了八万四千塔而得以留名吗，那么大王您就只能用作恶的方式留名于历史了！”忠臣听了这话急忙反对，说道：“国王陛下是阿育王后裔，只能使其功德超越而不能让其作恶，这不是为人臣下所该说的话！”凶恶大臣听了仰天大笑，说道：“国王陛下只为留名而非为了留下美名，作恶有什么不可以的吗？”昏庸的弗舍密哆听了这句话感觉非常称心，就大声说道：“这话说得好，我听了非常高兴！”忠臣跪倒一片说：“国王陛下啊，阿育王曾经说过他做这样多的功德，不是为了出名更不是为了长寿，而是为了来生能获得圣果。所以，陛下不求出名做好您的本职工作一样可以名传天下！”

“国王陛下，不要听信这些迂腐的人，”恶臣跪倒以头顶地，“只有按我说的去做才能出名，请陛下快快决断！”

“不要争了，我又不是小孩子！”弗舍密哆生气了，他拍打着桌子说：“我要毁灭佛法，就是要通过这个手段出名，谁也拦不住我！”于是，他率领象、马、车、步四军杀向鸡头摩寺，对副将说：“给我把寺门砸了！”副将立刻率领兵士扛着攻城圆木去顶撞寺门，就在这危急时刻，寺门之上的狮子吼发出了正义力量，震得他们双耳流血纷纷溃逃。

“怎么回事儿？”弗舍密哆问跑回来的兵士，“你们双耳怎么出血了？”兵士将遭遇说了，弗舍密哆听了哈哈大笑说：“我就不信邪，我以阎浮提第一王的身份去砸寺门，我看那狮子吼能把我怎么样？”说着大踏步上前，可离寺门还有十几米的时候就再也走不动了。弗舍密哆心生恐惧急忙退兵了。

没老实几天，弗舍密哆又率领四军来到鸡头摩寺，对副将说：“这次不能砸，给我用火烧！”副将得令率领众军拿着火把前来烧门，可是离门还有数十米就遇到无形阻力。副将命令兵士投掷火把，一阵狂风吹来火把全部熄灭。副将又命令兵士射火箭，箭没上弦弓自行折断。弗舍密哆心生恐惧，带着大军返回花氏城中。

半个月后，恶臣再次请奏出兵破坏寺门，并表示自己有办法毁掉鸡头摩寺，弗舍密哆听了非常高兴，又率领重兵来到鸡头摩寺附近，可是众军又被狮子吼发出力量阻止，恶臣对弗舍密哆说：“国王陛下，您可以派遣使者到寺门喊话，威胁上座出来见面。”弗舍密哆依计行事，派人门前喊叫：“国王陛下要坏佛法，谁敢阻拦一律格杀！”比丘们听了急忙告诉上座，上座听了入定观察，心说：“前几次他们被寺门之上狮子吼赶走，可狮子吼不能护佑寺院所有方位，他们总有进来的一天，全寺僧侣岂不是要惨遭屠杀？还不如我去见弗舍密哆，劝他弃恶从善！”想到这里，上座穿上法衣庄严自己来到寺门处见弗舍密哆，对他说：“你的先祖阿育王起塔八万四千座，留下了盖世美名，你为什么要反其道而破坏佛法呢？”弗舍密哆听了哈哈大笑说：“我只为留名，美名丑名无所谓！我现在就要破坏佛法，我来问你是留浮屠还是留僧房？”上座和众比丘听了异口同声说道：“当然留浮屠。僧房还可建造，而浮屠毁坏不可修复，罪过太大！”弗舍密哆听了说：“你们这些迷信佛法的人啊，竟然认可死也要保留浮屠，那我就成全你们”说到这里抽出佩剑将上座砍死，然后命令兵士只保留浮屠，僧侣以及僧房一律消灭。

“快看哪，鸡头摩寺着火了！”

“所有僧人被杀了！”

百姓们得到消息后纷纷跪在地上双掌合十，祈求神佛护佑鸡头摩寺。弗舍密哆见了对副将说：“花氏城中如果再有人拜佛一律格杀！”副将得令率兵视察全城，对供奉的佛龛等物一律砸毁，对供养三宝屡教不改的人进行杀戮。

“从今天开始，我弗舍密哆要毁坏阎浮提之上佛法！”弗舍密哆对众大臣说，“你们有什么建议让我尽快达到这个目的？”群臣纷纷跪倒劝谏，结果弗舍密哆发怒，杀了十多个人，使得大臣们心生恐惧不敢言语。

“国王陛下，我这里给您设计了毁坏佛法的路线图，只要按照标示进行，就可尽快让您出名！”恶臣捧着一个图标对弗舍密哆说。

就这样，弗舍密哆一直毁坏佛法到舍伽罗国，他站在王城之上说道：“从今天开始给我下诏，凡是提着僧人头颅来的都可以重赏！”当时，在这个国家的一个大浮屠当中有个阿罗汉，他知道弗舍密哆的作为后，心想：“我用神通变化出数万沙门头颅，让弗舍密哆以为僧侣都已杀尽，快点离开这里！”于是，阿罗汉变化出数万沙门头颅交给全国人民，让他们带着头颅来到弗舍密哆面前领赏。

弗舍密哆站在城墙之上，城下是堆积如山的沙门头颅，这些头颅当中不乏冤屈的在家人。“没想到这个国家竟然有这么多沙门！”弗舍密哆对恶臣说，“什么时候能完事呢，太耽误我的进程了！”就在这个时候，数万百姓拎着沙门头来到城下，百姓首领喊：“禀告国王陛下，我们一起杀了数万沙门，请您验看！”弗舍密哆被这阵势所吓，心想：“怎么会一时间杀了这么多沙门，这里必定有鬼！”想到这里假意说：“你上来和我说话！”百姓首领不知是计跟着兵士来到城上。弗舍摩多当时翻脸，让兵士对其进行殴打，然后问：“哪有这样巧的事情，你们同时送来这么多沙门头颅，说这些头颅来自哪里？”百姓首领频频摇头说：“国王陛下不要怀疑，这些确实都是沙门头！”“来啊，”弗舍密哆大喊一声，“给我把他的脑袋砍了！”兵士听了刷拉抽出佩刀。“国王陛下，”百姓首领吓得尿了裤子，“我说，是大浮屠当中的阿罗汉给我们的！”说完指了指大浮屠的方向。“这才像话，”弗舍密哆拍拍他的肩膀，对兵士使个眼色，只见刀光一闪其头颅飞上半空画个弧线落进了沙门头颅堆中。

“众将听令，”弗舍密哆近乎歇斯底里，大声说道，“杀向大浮屠给我把那个可恶的罗汉捉到碎尸万段！”大军犹如蝗虫一样扑向大浮屠，可是阿罗汉已经入灭，弗舍密哆大为嗔怒，抡起大刀将罗汉肉身劈成碎片，然后率兵奔向偷罗厥吒国，要灭掉这个国家的佛法。不过，舍伽罗国阿罗汉入灭前，曾以神通告知这个国家的护法神：“弗舍密哆将率兵前往你国毁坏佛法！”护法神心想：“我受持佛戒不能做下恶事。但是面对这样的恶人，我不用暴力该如何守护佛法呢？”他焦急万分忽然想到一个主意。原来当初有个禁密舍鬼要迎娶他的女儿，因为这个禁密舍鬼丑陋凶恶，所以他没有答应。现在情势所迫，护法神打算将女儿下嫁给禁密舍鬼，条件是让他对偷罗厥吒国进行保护。禁密舍鬼在自己住所睡觉，护法神将其唤醒说：“一直以来，你都很喜爱我的女儿，今天我就将她嫁给你。不过那弗舍密哆攻打这里，只有将他驱逐，我才能亲手将女儿送到你府上！”禁密舍鬼脾气暴躁咬牙切齿说：“这个家伙坏我好事，我今天就杀了他！”于是，当弗舍密哆刚一进入偷罗厥吒国，禁密舍鬼就召唤天人鬼神利用神通将其引诱到南海。

“我们怎么来到这里来了？”弗舍密哆被海风一吹才清醒过来，问副将说：“你看海浪滚滚将要把我们淹没，全速撤退！”走到半路，遇到担着巨大山石的禁密舍鬼，急忙问说：“你这恶鬼担着山石想要做什么？”

“我是偷罗厥吒国禁密舍鬼，不能让你毁坏那里的佛法！”禁密舍鬼说着将巨大山石从肩膀落下，弗舍密哆以及四军被活活压死。这里因此得名为深藏摩伽提，从此以后，印度孔雀王朝就此覆灭。

六　优波鞠多因缘之一

被佛陀授记的人，大多都是未来获得正果或者成为大圣的人。其中较为知名、对佛法传播起到很大作用的当属优波鞠多。某年，佛陀和阿难来到摩突罗国云游，就曾经授记过他。

“我涅槃百年之后，在这个国家将有个掘多长者，他的儿子就是优波鞠多。这个人教授禅法，在众弟子中为第一。他虽然不像我这样具有三十二相，但是是我之后可以将佛法发扬光大的人。他所教化的僧人和普通人都可获得解脱。其中的获得阿罗汉果的人很多，多到什么程度呢，这么说吧，每当有一个人获得阿罗汉果，就会往长 36 尺，宽 24 尺的窟中投入竹片，后来竟然将这个窟投满了！”佛陀授记优波鞠多，阿难听了立刻合掌说：“这样果报殊胜的人，谁又可以度化他呢？”

“问得好，”佛陀指着远处一丛青树林问阿难，“你看到那一丛青树林了吗？”得到阿难肯定回答后，佛陀点头说道：“那青树林名叫优留曼荼山。在我涅槃之后，摩突罗国有个长者生了两个儿子，一个叫那罗，一个叫拔利。他们在优留曼荼山建造僧房，因为这里安定可修禅定，而且这里房舍卧具俱全，所以人们根据他们的名字命名这里为那罗拔利精舍。同一时期将有一个名叫商那和修的比丘把这里当做僧房，他会度优波鞠多！”

阿难听完佛陀的话感叹：“世尊，优波鞠多这一世度了这么多的人，使他们获得了利益，就连我都感觉不如啊！”

“优波鞠多并非这一世度化这样多的人，”佛陀看着优留曼荼山对阿难说，“他在以前无量劫的时候，也让众生受到了利益。你想了解详细一些的话，我就给你好好讲解一下！”尊者阿难听了立刻合掌敬听。于是，佛陀开始用无上慈悲的声音讲起了优波鞠多的过去世。

以前，在优留曼荼山有五百个辟支佛住在一面，另一面则是住着五百个仙人，第三面则住着五百只猕猴。有一天，猴王说：“各位，我们应该了解善法，让自己脱离苦痛！”它的建议被猕猴们采纳，于是结队从自己住处来到辟支佛们住的地方。辟支佛们看到猕猴说：“这些猕猴有灵性想了解善法，比那五百婆罗门强多了！”于是，五百辟支佛分别为猕猴们讲经说法。听了善法之后，猴王建议以后用鲜花野果供养辟支佛，同样得到了众猕猴的赞同。随着时间的推移，辟支佛们都要进入涅槃了，他们商量说：“猕猴们一直听咱们讲经说法，咱们涅槃之后它们无法可听，这怎么办呢？”有辟支佛听了说：“咱们教授它们趺跌迦坐之法，让它们学会禅定！”众辟支佛听了纷纷叫好，当猕猴们再次聚集这里的时候，他们同时地跏趺坐，猴王看了率先效仿，其他猕猴接二连三效仿，没有多久猕猴们学会了趺跌迦坐。辟支佛们在当天夜里同时涅槃。第二天猕猴们再来这里，发现那些花果并没有被动过的痕迹，而五百辟支佛仍然保持趺跌迦坐姿势，不免觉得非常奇怪。

“辟支佛睡着了吗？”有猕猴问。

“我看不像睡着了，他们应该是在打坐吧！”有猕猴回答。

“可是，我刚才试过了，他们并没有呼吸！”一个小猕猴惊恐地说。

“看来，这五百辟支佛已经涅槃！”猴王说到这里双掌合十，“他们从此以后不再受烦恼所扰，获得了大自在！”

“什么是涅槃呢？”有猕猴问。

“涅槃就是脱离肉身获得法身，进入不死不灭状态，脱离世间一切忧苦！”猴王说。

“善哉善哉！”猕猴听了纷纷跪倒，流着热泪说：“不过，从此以后我们再无处听法了！”

“不会的，在另一面不是有五百个仙人吗？咱们可以去那里听他们说法！”有猕猴嚷嚷说。于是众猕猴顿时来了精神，排着队来到五百仙人居住的地方。

“啊，”有猕猴看到了一个倒垂山崖的仙人吓得尖叫起来，“那个仙人在做什么？难道是想自杀吗？”众猕猴循声望去纷纷惊叫不止。

“大惊小怪，你们再看那里！”有猕猴指着远处说，众猕猴望去只见很多仙人卧倒于荆棘之上，皮肤被刺破流出鲜血，以至于染红了衣衫。

“还有这里！”有猕猴发现了新大陆一样惊叫，众猕猴看去只见很多仙人在四周点燃大火，头顶烈日进行五热灸身。

再往里走，猕猴们发现有的仙人不是在翘着一只脚，就是在举着一只手，有的因为绝食饿得皮包骨……猕猴们以为进入了地狱，纷纷聚拢在猴王面前问：“这些仙人在做什么呢？难道这里就是地狱吗？”

这些仙人所作所为和辟支佛们相比相差悬殊，这是怎么回事儿呢？猴王立刻趺跌迦坐进行思考，之后获得答案，对猕猴们说：“仙人们在修炼邪法，我们不能见而不救！”于是，它领着众猕猴撤掉荆棘、收走尘土；把那些翘脚举手仙人的手脚放下；再把倒悬仙人的绳索全部拿走；再把每个火堆熄灭扔掉。这些仙人见了纷纷指责：“你们这些猕猴懂得什么，竟然打断我们修炼！”猴王听了问道：“你们可知什么才是真正的修行呢？”众仙人听了纷纷摇头说道：“我们这样修行，也是因为看到别人这样做的缘故！”

猴王听了跌趺迦坐、双掌合十说：“你们可以跟着我来做！”五百仙人见了说：“猕猴这是怪咱们修行不对啊！咱们就照着它的方式去做怎么样？”众仙人纷纷附和，于是跟着猴王趺跏趺坐，结果思维集中，在没有老师引导的情况下悟得佛法真谛，轻松修得七觉，成为辟支佛。众猕猴见了纷纷欢呼跳跃，说：“从今以后，咱们又有地方听法了！”仙人们见了它们的举动，感慨地说：“咱们成为辟支佛全是因为这些猕猴所教授的修行之法，我们应该供养它们！”于是，成为辟支佛的五百仙人采摘花果供养猴王，在其寿终正寝之后以烧香的形式继续供养。

讲到这里，佛陀对阿难说：“那个时候的猴王就是优波鞠多。身为猕猴犹能利益五百仙人使得道证，更何况投生为人呢？”说到这里，佛陀指指自己的衣襟对阿难说：“你拽住我的衣服。”阿难听了知道佛陀要使用神足通，立刻抓住衣襟，跟随佛陀飞往罽宾国。到了之后，佛陀对阿难说：“你看这里的土地是不是很平整很广阔呢？”阿难看去果然如此，于是点头说道：“的确如此！”佛陀说：“我涅槃后将有一个比丘名叫摩田地。他能使佛法在这里被人所崇信。罽宾国拥有很多房舍和卧具，坐禅第一。” 阿难听了感叹说：“世尊，您所说的这些人，在您涅槃后将一一出现，使得佛法不灭！”

“一切无常，没有不灭的法，没有不灭的物。我涅槃后一千年佛法将灭。”佛陀说完这话向前逐渐行进。阿难问说：“世尊，你要去哪里？”佛陀回答说：“我将去拘尸那城，那里的某处森林将是我涅槃处！涅槃之前，我要去见迦叶，将佛法交付给他！”

阿难扶着佛陀来到摩诃迦叶面前。“世尊，”得知佛陀即将入灭，摩诃迦叶虽然成为阿罗汉脱离所有苦，但仍然心有不舍，合掌请求说，“希望世尊不要入灭，世人还需您来度化。”

“缘分已尽，多留无益！”佛陀对迦叶说，“在我入灭之后，你应该秉持佛法保护三藏经文，继续利益众生！”摩诃迦叶心中悲痛，合掌说：“世尊，我听您教诲！但愿世尊不要入灭，否则好比苍天没有日月，天地将一片黑暗！”但佛入灭心已定，用世俗心想：“我将入灭，帝释天主应该来我这里听我言说。”

“世尊将入涅槃！”在三十三重天的帝释天主感受到佛陀召唤，心中升起大大悲哀，立刻用神通来到佛陀面前，施行礼足之后站在一边。佛陀对他说：“我即将入灭，你为须弥山之主，应当拥护善法！”帝释天主听了佛陀的话，双掌合十说道：“谨遵法旨！”佛陀听了点点头让其离去，然后又入世俗心想：“我将入涅槃，四天王天应该来我这里听我最后言讲！”“世尊将入涅槃！”四天王感受佛陀召唤，心生巨大悲哀，立刻使用神通来到佛陀面前施行礼节。佛陀对他们说道：“在我涅槃之后，你们要拥护善法。具体事情，你们要听从帝释天主安排！”四天王听了心中非常难过，轻声说道：“世尊，我们定当护持善法！”佛陀点点头让他们回四天王天，然后对尊者阿难说：“我已经叮嘱迦叶、帝释天主和四大天王，接下来你扶着我去娑罗林！”

阿难听了立刻照办。来到娑罗林后，佛陀指着两棵娑罗树对阿难说：“我今天就在这里过夜！”说完端坐那里闭目冥思，过了好一阵对阿难说：“你去娑罗林北边进行布置，我今天午夜入涅槃！”阿难领命而去。

佛陀跌趺迦坐心想：“众生所作之业皆有因果，生老犹如波浪一般起伏无常，而且一波刚平一波又起，永无间断。我度化众生使其脱离生死之苦，如今到了涅槃的时候，我应该舍身而去就像舍弃口中的吐沫一样，从而成就无畏涅槃。凡人谈到死亡都很恐怖，是因为深受欲界、色界、无色界的残害。只有佛法能度化众生，让他们摆脱欲界、色界、无色界的残害，获得自在！”当天，佛陀教化完拘尸那城外道之后，在两株娑罗树之间涅槃。

七　优波鞠多因缘之余

佛陀说完这句话之后便涅槃，进入不生不灭状态。之后有人起八座舍利塔、第九瓶塔、第十灰炭塔，使得佛陀继续受世人供养。后来，帝释天主以及四大天王用香花、梵乐、末香（檀香捣成碎末）供养佛陀舍利。帝释天主说道："世尊嘱咐我们守护善法之后涅槃，从今以后我们当遵从他的教导，护持佛法，直到佛法入灭为止。"随即，他召唤四大天王来见。

等到四大天王到齐了，帝释天主告诉持国天王提头罗吒："你去守护东方佛法。"又告诉增长天王毗楼勒："你去守护南方佛法。"又对广目天王毗楼博叉说："你去守护西方佛法。"再对多闻天王毗沙门说道："你当去守护北方佛法！"为了让四大天王进一步明白自己的职责，帝释天主说："你们知道为什么我要这样布置吗？"四大天王摇头，帝释天主说："世尊入涅槃之前召我前去，对我说在未来将有三个对佛法抱有邪见的王者毁灭佛法。在这之前，由你们四位天王在四方守护佛法！"四大天王听了不敢迟疑，立刻兵分四路守护佛法。

佛陀进入涅槃的时候，大地发生六种震动，有众多阿罗汉感知之后心说："世尊已入涅槃，我也应该入涅槃追随他！"于是先后有数千亿阿罗汉进入涅槃。当时诸天空中传出巨大声音说："诸佛弟子都将跟随世尊进入涅槃，进入不死不灭境界。这个时期是佛法将灭而恶法横行的特别时期。若不聚集三藏经书（三藏，即为：经藏，释迦在世时的说教，以及其后佛教徒称为释迦牟尼言行的著作；律藏，整理佛陀所制戒法的典籍；论藏，指佛以自问答的方式论辩法相为经,佛弟子及诸菩萨又据此解释经义、论辩法相的有关著作），那么诸罗汉入涅槃之后，佛法即灭！"

帝释天主听到这个声音，立刻招来四大天王以及诸天众赶往尊者摩诃迦叶修行处。帝释天主以头面礼摩诃迦叶的脚，说道："世尊曾经说过他涅槃之后，尊者要聚集三藏经文，从而使得佛法继续利益众生！"

摩诃迦叶听了双掌合十说："世尊的确这样嘱咐我，并将佛法交付给我，现在就是收集三藏经文的时刻！"说完便于虚空中打大揵捶（类似于梆子的法器），顿时铜声轰鸣响彻三千世界（古代印度人的宇宙观）。

五百罗汉听到揵捶铜声说："这声音来自拘尸那城，看来是尊者摩诃迦叶有要事协商，我们快去！"于是纷纷使用神通来到拘尸那城摩诃迦叶面前。摩诃迦叶问阿那律："诸罗汉中有谁没来？"

阿那律具有“天眼第一”之称，用天眼看遍各处，说道：“只有尊者憍梵波提，还停留在尸利沙宫没来！”

摩诃迦叶听了点点头，又问道：“在这里的各位谁是下座？”

弗那站了出来，说道：“我是下座！”

摩诃迦叶问他：“弗那你能不能遵从佛法的教化？”

弗那回答说：“我能从顺佛法教化，尊者有差遣的话尽管直说！”

摩诃迦叶听了点点头说：“善哉善哉。你为下座都能顺从佛法，其他众僧也能顺从。因为你的原因，庄严了僧众。现在，你去尸利天宫对憍梵波提说，‘迦叶等比丘僧呼唤你，因为在那里有无比重要的僧事需要你参加。’”

弗那接受命令，立即赶往尸利沙宫，来到憍梵波提面前说：“我这次受迦叶等比丘的委托而来，需要你暂时离开尸利沙宫前去迦叶修行地，那里有重要的僧事等你参加！”

憍梵波提听了弗那的话，说道：“弗那长老，你为什么不说是如来等比丘，而说迦叶等比丘呼唤我？难道是世尊已经涅槃？那样的话，外道岂不是要破坏佛法？恶比丘将要破坏僧团和谐？”

弗那听了说道：“的确如尊者所说，如来已经入涅槃。度人过苦海之法桥已经损坏，佛法将灭，山腰住有四大天王，山顶住帝释天王的须弥山已经崩溃，住乾陀山的众生已经放弃声闻佛法！”

听了他的话，憍梵波提说道：“世尊如果还在、没有涅槃，我还会去阎浮提。不过现在世尊已经灭度，回到那里我会思念他因而不快乐，我为什么要去呢？我现在要入涅槃追随世尊，我就在这里顶礼迦叶以及众僧！”说完这话，憍梵波提已入涅槃。弗那只能回转阎浮提，来到众僧之间，对上座摩诃迦叶说道：“憍梵波提不肯过来，他在尸利沙宫礼您与众僧足即入涅槃！在最后一刻，他还说，‘世尊走了，我为他的弟子，也当随他走！’”

“大部分罗汉都因为世尊涅槃而涅槃了，任由涅槃的话所有罗汉都将离开这个世界，这样一来佛法还怎么护持？”听了弗那的话，摩诃迦叶说道：“从现在开始要让所有罗汉知道，在收集完毕三藏经文之前不允许涅槃！”说完他敲响大揵捶进行宣告，然后集合五百阿罗汉齐心合力前去收集法藏。并对阿难长老说道：“你是世尊十大弟子中声闻总持第一者，拥有大智慧，经常随从世尊左右，具有最为清净纯洁的修行力，知识丰富见解独到，谦逊、诚恳、随和，和众僧辩论而不遭受他人非议，这些就连世尊都非常赞叹。但是修撰三藏经文需要成为阿罗汉才行，你去婆利阇聚落，在那里你将获得阿罗汉果，然后再来找我们一起修撰三藏经文！”尊者阿难听了立刻带着徒弟婆阇弗哆向婆利阇聚落走去。

尊者迦叶安排完阿难，对五百罗汉说：“世尊涅槃在拘尸那城，有太多的世人和天众前来瞻仰，难免对我们产生影响，不如我们去寻找更加清净的地方撰集经法！”众罗汉听了双掌合十表示赞同。尊者迦叶入定观察发现王舍城是阎浮提最清净的地方，于是带领罗汉向那里进发。

且说尊者阿难和弟子婆阇弗哆来到婆利阇聚落后，有部众问他们：“世尊是否真的进入涅槃？”得到他们肯定答复后，四部众心生悲苦，甚至有的郁闷至极非常懊恼地说：“世尊进入涅槃，就好比天空失去太阳和月亮，恶法即将横行，我们该如何是好？”

阿难听了四部众的话心生哀愍，高颂一声佛号坐在法座上要为四部众讲解佛陀涅槃的因由，希望能消除他们的悲苦和懊恼。这个时候，弟子婆阇弗哆心想：“尊者摩诃迦叶让我师尊来到这里成就阿罗汉果，而他却给四部众讲经说法，我还是劝诫师尊修撰三藏经文最重要，让他快些修得阿罗汉！”

想到这里说：“各位，所谓涅槃就是安然清净地坐在菩提树下，在这个世界死去，而证入到不生不灭寂静清凉的涅槃境界。世尊他永远在我们身边，并没有离我们远去。在座的各位只要入定，不要放逸各种恶行，就可以见到我们敬爱的世尊！”阿难听了弟子的话，对四部众说：“我的弟子将我要说的话都说了，你们从此以后要精进修行，不要这样悲伤懊恼！”弟子婆阇弗哆上前来扶阿难走下法座，来到禅房休息。阿难对婆阇弗哆说的话感慨颇多，于是通宵或静或动不断修定慧。在半夜稍过，右胁着床、头未到枕的时候，突然间顿悟佛法真谛，证得阿罗汉果。

“师尊，您可修得阿罗汉？”弟子婆阇弗哆跪地问阿难。

“听你昨天的话后，我在夜里修行定慧，在半夜时分顿悟佛法，证得阿罗汉果！”阿难说。

“那我们遵照尊者摩诃迦叶所说，前去寻找他们吧！”

阿难听了即时入定观察，发现众罗汉正向王舍城进发，于是让婆阇弗哆拽着自己衣襟，利用神足通前往那里。

尊者摩诃迦叶带领五百罗汉来到王舍城，阿阇世王（也就是韦提希的儿子）得到消息非常高兴，让第一辅相敲鼓宣告城内百姓用香花等物装饰城池，用各种工具铺平道路，之后随他一同迎接众罗汉。阿阇世王骑着大象走在最前头，后边跟着众多百姓和军士。估计走出一由旬左右终于看到了众罗汉的身影，他非常高兴地说：“今天我终于可以得见大德！”

尊者阿难在路上对弟子婆阇弗哆说：“世尊在世的时候，阿阇世王曾经听信提婆达多的话，对三宝不生敬信，后来提婆达多死了，阿阇世王浑身长满了脓疮，真是痛不可忍。世尊知道了，立刻使用神足通来到王舍城搭救他。在见到世尊的那一刻，阿阇世王立刻从象背上爬下来跪于地上向世尊表示忏悔！”

婆阇弗哆听了双掌合十说：“世尊威力没有人可以抵挡。提婆达多另起炉灶，最后也因恶业死去。阿阇世王还算智慧，迷途知返皈依三宝。思维的转变就可以让人远离地狱！”正说话间，他们已经来到了罗汉队伍当中。

阿阇世王因为对三宝产生敬信，一见到摩诃迦叶等尊者之后，立刻从大象背上下来施行五体投地大礼，然后来到迦叶面前进行礼足。“如来游涉往来非常自在，这是声闻极用功夫的原因。这是任何一个修行者所比不上的！”

尊者迦叶立刻以神通力阻止他，说：“从今以后你再见到我们，不要像礼拜世尊那样进行行礼！”

阿阇世王听了欣然受教，合掌说道：“如来涅槃我没有见到，如果尊者您入涅槃的话，一定要告诉我，让我得见那最庄严的一刻！”

“我会提前告诉你的，”摩诃迦叶说到这里转移话题，“今天我带着这么多罗汉来王舍城，是为了收集如来法眼，希望大王成为我的施主，给我们提供房舍、卧具以及衣物饮食还有一些治疗疾病的药物。”

阿阇世王听了急忙说：“这太好了，这是众罗汉大发慈悲成全我的福德啊。我愿意诸比丘终身受我房舍卧具、饮食衣物，治疗疾病的药物随时都可提供，但希望诸比丘身康体健、少用医药！”

“不得疾患不用药物当然最好！”尊者摩诃迦叶点头说，“国王陛下，王舍城最幽静的地方在哪里呢？”

“尊者，王舍城幽静的地方有两处，一处是竹林，一处是毕钵罗窟！”

“好，这两个地方我都去看看！”

于是，阿阇世王带领众罗汉先来到竹林。尊者迦叶放眼望去，见这里已经有人居住，虽然幽静但偶有人声以及家畜鸣叫，心说：“这里房屋众多，人员错杂，突然间来了这么多罗汉，人们肯定要前来跪拜，这样不利于收集三藏经文，还是看看毕钵罗窟吧！”于是，他摇摇头，阿阇世王又带着众罗汉来到毕钵罗窟。摩诃迦叶观看这里石窟众多且卧具不少，最主要没有外人打扰，决定在这里撰写、收集三藏经文！阿阇世王立刻让兵士打扫卫生布置卧具，工作完成后，他对尊者迦叶说：“尊者，你们安心在这里收集三藏经文，我让兵士远远地守护这里，不让外人进入。现在卫生打扫完毕，卧具焕然一新，我这就离去！”

摩诃迦叶点点头送阿阇世王离去后回到众罗汉中间，“之前，为了方便后来比丘修行，我们已经收集了法句偈！”

众罗汉听了点头说：“这样，未来修行佛法的人就不用死记硬背，免除了很多不必要的麻烦！”

摩诃迦叶听了说：“咱们已经有了一个好的开头，今天斋饭过后，咱们就开始收集三藏经文吧！”

斋饭过后，五百罗汉环绕摩诃迦叶问他：“尊者，三藏经文有法藏、经藏和律藏，请问先收集哪一个？”

尊者迦叶听了思考一下说：“先收集经藏！”

众罗汉听了又问摩诃迦叶说：“那么咱们之间，谁最精通经藏呢？”

摩诃迦叶回答说：“尊者阿难在世尊众弟子中多闻第一，所有经藏阿难全部掌握。我们今天就让尊者阿难负责修撰经藏经文如何？”

众罗汉听了纷纷合掌赞同，摩诃迦叶转身对阿难说：“阿难，你所拥有的法眼出于世尊，现在因为世尊涅槃，很多多闻的罗汉比丘也随之涅槃，尽守经藏的人也只有你了！今天就要收集经藏，你可以为大家讲解一下！”

阿难听了合掌说：“我听凭尊者安排！”然后在上座面前观察众比丘心，之后说：“比丘修行之道，离开世尊无法庄严，就好像那天空中只有星星而没有月亮一样。众僧中无佛，也是如此。”用这样的话来表达对佛陀的尊敬之意后，阿难用头面礼上座足，随即升高座对众罗汉说：“关于所有经藏，有的是我从世尊那里听来的，而有的则是从师兄弟那里听来的！”摩诃迦叶听了问阿难：“那么，世尊最初在哪里讲经说法呢？”

“我曾经听世尊说，最初他出家修行的时候，原本有五个人跟着他，后来这五个人觉得他道行浅薄，就跟随一个住在波罗奈鹿野苑的古仙修行去了。后来世尊在菩提树下获得正觉，第一站就是寻找这五个人，为他们转法轮，将他们之前不正确的见解、不善的法都破碎无余，之后为他们讲经说法。所以，世尊最初讲经说法的地方应该是波罗奈鹿野苑古仙处！”阿难讲到这里将世尊当初转法轮所说的苦圣谛经文重复一遍。五百罗汉中有个尊者名叫憍陈如，他听了阿难的苦圣谛，心说：“曾经世尊为我说过这个法，今天阿难所说与世尊所说完全一致！”想到这里他心生感触来到空地上坐下说：“有因必有果，众生起身动念都有果报，所以说诸有是众生沉浮的生死海，各种苦痛从不间断。众生贪心那荣华富贵等诸有，殊不知这些东西就是镜花水月没有实际意义。诸有就像芭蕉一样容易断裂，所以就算如来佛法精深、强大、勇猛，功德可以遍布三界，可是他的肉身也不能常住于世。明白了这些，在座的各位更应该精进修行，争取早日脱得肉身得到不死法身！”

五百罗汉听了憍陈如的话纷纷从座位上起来，来到地上排列坐下。尊者迦叶问众罗汉：“阿难所说的事情经过和念诵的经文是否正确？”

众罗汉听了齐声回答："都是正确的！"于是阿难收集佛陀的所有经文，并进行深度解析。

摩诃迦叶心想："经藏已经由阿难来收集修撰，接下来的律藏由谁来收集编撰呢？"

他扫视所有罗汉，看到优波离的时候灵机一动，心想："世尊曾经对优波离有很好的评价，说他对所有戒律都熟知而且一律奉行，在佛弟子中持律第一！优波离所持有的戒律都是从世尊那里学来的，我该问问他愿不愿意收集修撰律藏！"

想到这里，他来到优波离身旁说："优波离，世尊评价你精通律藏，且持律第一。今天咱们要收集律藏，你现在跟大家细细说说吧！"

得到优波离肯定答复后，尊者迦叶问他："世尊在哪里制定了最初的戒律，为什么制定了这个戒律呢？"

优波离双掌合十说："当时世尊住在毗舍离国，须达迦兰陀的儿子出家修行，他的母亲说你出家可以，但是我们只有你一个儿子，你得给我们留下血脉才行。于是，须达迦兰陀的儿子同意了，从而犯了色戒。世尊根据这件事定了最初的戒律！"

摩诃迦叶听了问众罗汉："优波离所说对不对啊？"

众罗汉听了合掌回答："所言不差！"

尊者迦叶听了对优波离说："既然这样，优波离尊者你负责收集修撰律藏！"

优波离立刻开始收集第二戒律、第三戒律，一直到所有戒律典籍。

到了这个时候，摩诃迦叶心说："经藏、律藏都已经有罗汉收集修撰，下边的法藏（论藏，包括经藏和律藏）由我来亲自修撰整理。"想到这里他对众比丘说道："法藏，包含四念处、四正勤、四如意足、五根五力。七绝八圣道，分四难行道、四易行道、无诤三昧、愿智三昧、增一之法。并记载有一百零八种烦恼，还有众多外道言论集合，更有业、定慧等记载。因此诸长老给其取名为法藏！"

众罗汉听了合掌说："既然这样我们一致推选你来修撰法藏！"

摩诃迦叶收集完法藏之后，对众罗汉说："用这个来推崇佛法，可以救济各种生物，世尊所说的修行要求，我们要勤勉奉行。法藏好比是一盏明灯，可以破除一切黑暗，没有来由的那些妨碍，我们要慑住心神不要放纵心思任意妄为！"

尊者阿难听完摩诃迦叶的话心想："尊者迦叶的话不算全对，因为世尊在涅槃之前对我说过，若放舍细微戒律，可以让众僧得安乐。我今天应该向众僧说明白！"于是，他合掌向上座摩诃迦叶说："我之前在世尊左右侍奉，他曾经跟我说一句话，我不知道今天该不该说！"

迦叶双掌合十说："世尊法语当然可说！"

阿难听了说："世尊涅槃前叮嘱我说，'如果舍弃一些细微的戒律，可以让众僧心生安宁愉悦！’刚才听尊者说的话，我觉得应该把这句话告诉大家，一起进行讨论！”

尊者迦叶听了这话说：“我个人认为修佛就是修戒律，戒律不严如何能修得正果呢？”说到这里，他走到阿难面前问：“我来问你，当初世尊说没说哪些是细微戒条，哪些是重要戒条呢？”

阿难听了摇摇头说：“这些世尊并没有明确指出！”

迦叶听了又问：“那你也没有追问一下，弄个明白？”

阿难听了摇头，迦叶说：“你没有问的话，就是犯了突吉罗罪！”突吉罗在佛教戒律中属于最轻的戒律，僧人稍不注意就能触犯。

阿难听了迦叶的话解释说：“不是我知晓一切戒律，觉得无需问世尊，而是我怕问了增加自己的烦恼！”

迦叶听了立刻说：“你不问世尊的动机就是有罪的，怎么可以因为怕增加烦恼而不询问？这又属于突吉罗罪！”

说到这里，他又问阿难：“当初世尊临涅槃的时候，曾经跟你索要水而你没有给，这属不属于突吉罗罪？”

“不问因由的话，这的确属于突吉罗罪，”阿难对众罗汉说，“众位，也许你们都以为我当时不敬世尊，觉得我犯了戒条。实际上当日有魔变化五百车辆从河中走过，顿时河面变得非常污浊，我怎么可以给世尊喝这样的水呢？所以说我不给世尊取水我问心无愧！”

但是迦叶仍然没有罢休的意思，他又问阿难：“你曾经用脚踩踏世尊金色法衣，这也是你的罪过！”

阿难听了非常平静地回答说：“我没必要心生惭愧，当时没有其他比丘和我共同来捉金色法衣！”

“如果没有其他比丘和你共同捉那金色法衣，”迦叶继续追问阿难，“那你为何不把它抛入空中，若掷空中，诸天自然会前来取走。”

阿难不再辩驳，合掌立在那里。迦叶又问他：“你最大的罪过是什么你知道吗？”

阿难摇摇头，迦叶继续说：“当初世尊对你说，‘如果有比丘善修四如意足，则能获得一劫或者半劫寿命。四如意足包括：一、欲如意足；二、精进如意足；三、心如意足；四、思维如意足。在所有弟子当中只有我擅长其中三种，而其他弟子都没有修得。既然这样，你为什么不请世尊继续住世，使众弟子修得如意足呢？”

阿难听了合掌说：“这件事我的确有愧，不过当时有魔遮蔽我心，我无从查知，希望所有同修不要怪我才是！”

迦叶并没有就此停住，又说："阿难，你还有罪过。我问你，当初你为什么把世尊的阳具暴露给女人们？"

阿难听了立刻合掌说："我之所以这样做，是想让那些女人对自己的女人身产生厌倦，希望她们来生投生为男儿身！"

尊者迦叶听了阿难的话说："好，这个不说也罢，我再说说你下一个罪过。当初你殷勤地劝说世尊度化女人，使得女人们也出了家，这是不是罪？"

阿难合掌对众罗汉解释说："强劝世尊度化女人，我并不惭愧。为什么这样说呢？众位都知道过去诸佛都有比丘、比丘尼、优婆塞、优婆夷四部众。为什么世尊就不能有呢？所以我才强劝世尊度化女人！"

迦叶听了对阿难说："虽然你的理由都很充足，在座各位都可以理解。但是对于不知情的修行者，你的行为会产生很严重的误导。所以，你应该针对以上六个突吉罗罪进行忏悔！"阿难听了双掌合十进行忏悔。

尊者迦叶对众比丘说："我们不应该舍弃细微的戒律，你们知道为什么吗？"

众罗汉纷纷摇头，他给出答案："如果开了这个头，这个会说七灭诤是细微戒律，那个会说众学法是细微戒律，更有人说四波罗提、提舍尼法是细微戒律，也会有人说波夜提是细微戒律。这么一弄就没有重要戒律了，所有戒律都以突击罗这种细微戒律形式消除了。诸比丘也会舍弃二不定法十三事，乃至四事一切修行都停止了！"

说到这里他又问众罗汉："这样的情形是大家愿意见到的吗？"

见众罗汉摇头，他又说："最可怕的还不是这个，而是所有外道会说，'你们看哪，释迦牟尼定下的所有戒律都是虚幻的，就好像云烟一样！不然为什么他在世的时候，所有比丘都秉持戒律，而他涅槃之后，所有比丘就都涣散了呢？'他们就会趁机破坏佛法，打扰沙门的修行。因此，我说戒律严明是战胜外道的关键。你们认为如何？"

众罗汉听了合掌赞同，细微戒律因此没有舍弃。

收集三藏经文完毕，迦叶对众比丘说："世尊曾经说过这样的话，'我所能禁制的你们都要禁制，我所不禁制的你们不要禁制。擅自禁制或者不禁制都是错误的。诸比丘当奉行戒律使善法增长，遏制甚至消灭不善法。'根据这句话我们就能知道，世尊所制定的戒条我们应当拥护并受持，只有这样佛法才能得以久住！"众罗汉听了再次合掌称是。

八　摩诃迦叶涅槃因缘

经过辛苦的收集和修撰工作之后，三藏经文得以留于人世。尊者迦叶对众罗汉说：“我们已经收集了三藏经文，但是有没有缺少呢，需要我和大家一起进入愿智进行观察。”说完自已先进入愿智三昧，紧跟着众罗汉也纷纷进入愿智三昧，观察结果三藏经文没有缺少。这个时候，尊者迦叶心想：“现在我已经完成了三藏经文收集修撰工作，兑现了我对世尊的承诺！世尊是引导我远离诸恶，奉行诸善的善友。因此我当报答他对我的恩情。那么什么才是真正的报答世尊的恩情呢？那就是世尊所要做的我已经做完了。当初世尊所要做的如下：第一，通过佛法让同修受到最大利益；第二，让众生获得最大利益；第三，通过佛法教化，使得未来世界众生拥有救人苦难的大悲之心；第四，通过努力让佛法流传于世永不断绝；第五，让那些没有羞耻过罪的人获得惭愧心，从而远离恶业；第六，为心有羞耻过罪的人远离身、口、意三业过失。细细想来，这些我都做过了，我已经报答了世尊对我的恩！诸有无常，世事无常，我现在年龄很大了，身体已经腐朽老坏，如此臭烂的身体实在让我心生厌恶，我证入涅槃的时刻已经到来！”

想到这里，他巡视众罗汉问：“阿难在吗？”

“我在这里，”阿难从罗汉队伍中出来来到近前施行礼足，问尊者迦叶，“尊者有什么吩咐？”

迦叶握住阿难的手，引领他来到三藏经文跟前，对他说：“当初世尊涅槃将佛法交付给我，让我收集三藏经文，如今三藏经文全部收集完毕，并且做了进一步的修撰，我完成了世尊的嘱托对他有了交代。接下来我将要涅槃，我把三藏经文交付给你，你要尽心尽力守护！”

阿难听了心有不舍，握住迦叶的手说：“世尊刚离我们去了，尊者你又即将涅槃，这让我们如何是好？”尊者迦叶双掌合十说：“缘起缘灭，不必强求，一切随缘就是了！”

阿难听了合掌轻声说道：“阿难接受尊者教诲！”

“阿难，你知道将来谁将成为你的传人护持佛法吗？”尊者迦叶问。

“还不知道！”

“我入定观察，现在王舍城有一个长者名叫林胜，他的妻子名叫骄阇耶。这二人结婚多年骄阇耶才怀孕，不过她经过了六年的妊娠才生下了一个男孩，这孩子一出生就穿着商那衣，这商那衣随着他的长大而长大，所以林胜给他起名商那和修。如今商那和修已经成人，前不久他出船入海打捞珍宝，走前发愿说如果打捞到珍宝并且平安回家的话，他就做施主开办法会！据我观察，他佛缘深厚，一定能得偿所愿。法会一结束你就要度他出家，将来在你涅槃之前，可将佛法交付给他！”

阿难听了双掌合十说：“我记下了！”迦叶摆手示意他退下，然后心想：“我现在应该到世尊曾经修行之地，还有无量净天等拥有善功德的地方，以及世尊静心修行真妙舍利的地方去进行礼拜和供养。”于是，他使用神通飞向佛生处塔、道场塔、转法轮塔、般涅粱塔四塔处，进行非常恭敬的礼拜，之后他又去八大舍利塔进行礼拜和供养。又如大雁王一般飞到大海莎竭罗宫敬礼佛牙。

“尊者难得一来，老龙这里施礼了！”莎竭罗宫龙王见尊者迦叶立刻施行五体投地大礼，让其坐在龙座上后，又进行礼足，合掌问：“尊者这次来恐怕是准备涅槃吧？”

“我已经完成三藏经文修撰，已经没有什么挂念，涅槃之前来这里是想礼敬佛牙！”

“既然如此，请随我来！”龙王领着尊者迦叶来到佛牙处，并为其准备好供养之物，迦叶礼敬完毕又如金翅鸟一样，一扇翅膀直上云霄来到了仞利天上。

“禀告帝释，尊者迦叶正向这里来。”有天众看到迦叶身影立刻向帝释天禀报。

“哦，众天人快随我前去迎接尊者！”帝释天主听了穿上法衣领着手持花瓶和香花的天众前去迎接。见到迦叶之后，帝释天主和诸天人急忙进行礼拜和供养，然后问说：“听闻尊者在收集三藏经文，怎么有空来这里？”

“三藏经文已经修撰完毕，所以得空来这里供养世尊舍利！”

“那我前头带路！”帝释天主说着在前引路来到佛舍利处，问尊者迦叶：“尊者您今天来到这里是为了供养世尊舍利，之后而入涅槃？”

“正如你所说，”迦叶合掌说，“我今天就是来敬礼如来牙、如来发、如来天冠以及如来钵，这是我最后的供养，我将入涅槃！”

帝释天主以及众天人听了这话，心中升起了无限的悲愁和烦恼。帝释天主说：“世尊涅槃不久，我们刚刚远离悲痛，不想尊者又要涅槃，佛法由谁来护持？”

“这个尽管放心，”尊者迦叶说，“我已经将佛法交付给尊者阿难！”帝释天主看迦叶已经安排好了一切，知道就算如何忧愁烦恼也不能阻挡他涅槃，于是取来佛牙恭敬地递给迦叶，迦叶双手接过佛牙举于头上，以牛头旃檀、曼陀罗花供养佛牙。之后，以慈悲音告诫众天人：“世尊涅槃，对我们来说，就好像兵士没了领袖，群星没有了月亮，但是佛法还要驻留世间，还需要大家进行护持，所以大家要继续精勤正法，不要放纵自己的思想任意妄为，不要给外道创造任何机会！”说完这句话后，摩诃迦叶使用神通回到王舍城。

阿难接受完迦叶的嘱咐，每日跟随迦叶左右，迦叶去哪里乞食，他就跟着去哪里乞食，迦叶进入定慧他也进入定慧，阿难之所以这样做，是因为他担心迦叶进入涅槃而自己却不能看见。这一天早晨，摩诃迦叶对尊者阿难说：“今天你我虽然都去王舍城乞食，但是却要分开，我有事情要办！”

“我不离尊者左右，就是担心你涅槃而我却没有看到！”尊者阿难听了迦叶的话说，“你的事情是否能和我一起去办呢？”

摩诃迦叶问阿难：“你是否知道单独乞食有几种善事？”

阿难听了摇头，摩诃迦叶说：“你单独乞食有三种善事，第一让众生看到你的真善面容；第二是你多闻总持第一，给众生讲经说法，可以让他们欣然接受并且付之行动；第三我和你一起乞食，我为上座，都是我完成了这三种善事。我交付你佛法之后，你当单独乞食，以你自己名义完成这三种善事才对！”

阿难听了双掌合十：“阿难遵上座教诲！”于是中前着衣持钵来到王舍城。

尊者阿难走后没多久，摩诃迦叶也中前着衣持钵进入王舍城乞食。不知不觉乞食到王宫附近，他想起当初阿阇世王与自己的对话，心说：“阿阇世王曾经跟我说，‘尊者涅槃的时候可要告诉我。’那么我今天就该去阿阇世王那里，告诉他我将要入涅槃！”于是他来到王宫门口，守门人看到尊者迦叶立刻施行礼足，双掌合十问：“尊者有什么事情吗？”

迦叶对守门人说：“你前去告诉国王陛下，摩诃迦叶有重要事情前来禀告国王陛下！”

守门人听了施礼说道：“尊者来得不巧，国王陛下刚好睡下！”摩诃迦叶听了对守门人说道：“那没有问题，你把他叫醒告诉他我在这里等候。”

守门人听了急忙摆手说：“国王陛下性格暴烈，最不喜欢别人叫醒他，这样吧，等到他醒了我自会告诉他尊者来过了。”

摩诃迦叶听了点头，然后说道：“如果国王陛下醒了，你一定要告诉他我来过了，摩诃迦叶将入涅槃所以前来相见！”

说完这话，摩诃迦叶使用神通来到鸡足山。鸡足山顾名思义就是三座山比邻鼎力好像鸡爪一样。摩诃迦叶跌趺迦坐于鸡足山底部心中想：“我收集完三藏经文已经交付给阿难，而今我应该把我的法衣和饭钵传给弥勒菩萨。这法衣还是当年世尊所赠的粪扫衣，我穿着至今，每每看到它就想起世尊来。这饭钵是我自己的，从出家至今不知跟我多少岁月了。既然我要将法衣和饭钵传给弥勒，就不能让我的身体朽坏。弥勒九十六亿徒众轻视世尊和我色身，我可以利用神变使他们抛弃偏见成就阿罗汉！”忽然间他又想到阿阇世王，心说：“如果阿阇世王没有看到我最后一面，沸血当即就会从他的面部流出来，这样一来他必死无疑，我不能让他这样死掉！我应当等待他来到这里，这也是我不入涅槃的又一原因！”于是，他没有立刻进入涅槃而是进入了灭尽定。在这个时候，大地出现六种震动。尊者迦叶将欲入定，心说：“阿难一定会领着阿阇世王前来见我，那么应当让山在他们来的时候打开，在他们走的时候合上！”于是利用神通将自己所想告知山神。

忉利天主帝释感受到六种震动，对众天人说：“尊者迦叶已经进入灭尽定，我刚从如来涅槃的痛苦中解脱出来，尊者迦叶又入涅槃。大德一个个离去，我心痛好像刀绞！”

众天人听了无不悲哀忧愁。帝释天主又说：“迦叶涅槃不可阻挡，我当前去对其色身进行供养！”于是，带领众天人来到鸡足山，用天曼陀罗花、天末香、牛头旃檀等物供养迦叶色身。

毕钵罗窟神也感受到大地六种震动，知道是尊者迦叶入灭尽定，心说：“从今天起毕钵罗窟因为没有尊者迦叶而变得空旷起来，摩竭国也变得空洞枯寂。以前，街巷中贫困而迂腐的人、身在痛苦不幸中的人、身体瘦弱的人、贫贱之人，迦叶尊者都给以悲悯，让他们获得利益。而今尊者迦叶入灭，这里又回到了贫穷没有善法的状态。现在佛法已经崩坏，不能再继续度化世人，佛法能生涅槃的果实已经被摧毁，正是群魔高兴而诸天人悲伤的时刻。我待在这里干什么呢，还不如回到天上！”说完，毕钵罗窟神就回天上去了。

尊者阿难乞食完毕，感受到六种震动，知道是尊者迦叶入灭尽定，双掌合十向鸡足山方向说：“万物变化多端，人生死无常，世尊涅槃后迦叶涅槃，护持佛法重任担在我的肩上！”想到这里忽然想到阿阇世王，心说：“当日阿阇世王要见尊者迦叶涅槃，不知到底得见没有。”立刻入定观察，发现其并没有得见，于是前往竹林等待阿阇世王。

同一时间，阿阇世王还在酣睡。睡梦中他来到议事大厅，发现里面空空的，心想：“这么晚了大臣们怎么还没有上朝？”不经意间听到嘎嘎怪响，循声望去只见房屋大梁正在下沉，他肝胆俱裂急忙向外奔逃，眼瞅就要到了门口，只听轰隆一声房顶坠下……“啊！”阿阇世王一下子从梦中醒来，大声说道：“不好，快来救我！”听到他的喊声，守门人急忙进来跪倒在地说：“国王陛下，就在刚才尊者迦叶来了！”阿阇世王联想梦境，心说：“莫非尊者迦叶已入涅槃？”想到这里即刻询问守门人，得到肯定答复后啊呀一声昏倒，众人急忙用冷水洒脸使他醒转。

“你这该死的东西，尊者来的时候为什么不叫醒我？就是你这个该死的东西，让我错过了见尊者最后一面的机会，我要杀了你！”阿阇世王大声怒喊唰啦抽出佩剑，吓得守门人两股战战，扑通跪倒在地说：“国王陛下向来讨厌被人从睡梦里叫醒。我这是叫也是死罪不叫也是死罪！”

阿阇世王听了还剑入鞘说：“也罢，就算杀了你也于事无补，我要前去竹林见阿难尊者！”说完带着兵士来到竹林，阿难早就在这里等候，阿阇世王见到他跪倒在地施行礼足，问：“尊者迦叶今天涅槃吗？”

阿难回答说：“尊者迦叶尚未进入涅槃，只是入了灭尽定，他在等候陛下前去瞻仰！”阿阇世王听了泪流满面说：“那么尊者迦叶现在在哪里？”

“陛下，他在鸡足山！”

“请尊者带我去那里，我要进行供养！”

于是，尊者阿难带着阿阇世王利用神通来到鸡足山，当他们到了山前，山体自然张开，阿阇世王和阿难随即看到了尊者迦叶。只见他身上洒满了天曼陀罗花、天末香、牛头旃檀等供养之物。阿阇世王痛哭流涕，对迦叶施行礼拜，先是举起两手在头两侧，然后举身投地。他头顶着地面而呜咽，然后从地面起来收集旃檀木。阿难看到他的举动问：“国王陛下你收拾这些旃檀木干什么呢？”

阿阇世王听了擦擦眼泪说：“凡是人死都要火化，我这是要火化尊者！”

阿难听了急忙阻止，说道：“迦叶尊者之所以留住身体，是在等待一个人的到来！”

阿阇世王听了说道：“当初，我与尊者相约涅槃时刻让我观看，他等的人可是我？”

阿难听了点点头又摇摇头，说道：“尊者迦叶的确想让你看他涅槃，你的确是他等的人之一，但是最主要的是他要等当来下生弥勒尊佛出世，这是我不让你火化尊者的最主要原因！”

阿阇世王听了立刻放下旃檀木双掌合十说：“那时候的情况又是怎么样的呢？”尊者阿难回答：“五十六亿年之后的一天，弥勒尊佛带领徒众九十六亿来到这鸡足山中，这石门就会再度大开！当这些徒众见到大迦叶尊者身材如是矮小时，都生起轻慢之心。于是弥勒尊佛就吩咐大迦叶尊者演化神通，当这九十六亿徒众见到大迦叶尊者的神通变化时，都惊呆了，之前的傲慢和轻视顿时一扫而光。大迦叶尊者将法衣和世尊用过的钵具交给弥勒尊佛后，就当即证入涅槃。”

阿阇世王合掌说：“尊者迦叶功德太大了，竟然在涅槃的时候度化九十六亿罗汉，只可惜我没有见到他最后一面，得到他的教诲！”说到这里禁不住再次流泪。

尊者阿难立刻合掌说：“国王陛下不要哭泣，尊者涅槃是舍肉身成不死法身，我们应该心生愉悦而非悲伤！”

听了这话，阿阇世王立刻对尊者迦叶施行供养之后就下了山，刚出得山口，只见鸡足山轰隆隆自动合并。

阿阇世合掌说：“我很悲伤，因为如来涅槃的时候我没有看到；尊者迦叶入灭尽定时我没在身旁，很是遗憾。若尊者入涅槃时请一定告诉我，让我陪伴左右！”

阿难听了阿阇世王的话，回答说：“国王陛下放心，我涅槃之前一定前往王宫告诉你！”之后，阿难并没有离开王舍城，而是给大众讲经说法同时等待商那和修。

再说这商那和修带领随从行船于大海之上，原本平静的大海顿时波涛阵阵，他并不知道这是迦叶涅槃六种震动之一，只以为有海潮突然来袭，急忙下令靠岸。等到风浪过了继续航行，途中经历系列惊险之后终于抵达传说有宝的海域。

“众位，我自出生就有这神奇的商那衣，我已经发愿得到财宝就开法会，你们可不要让我失望！”商那和修大声说。所有随从听了都非常激动，纷纷表示打不到财宝绝不返航。海龙王预知商那和修是佛法传人，立刻使用神通力将财宝漂浮在其船下百余米。

“网好沉啊！”随从们收网的时候，只觉得有巨大拉力向下拖拽，使得船舷几乎与海水持平，吓得大他们叫起来：“我们不知道这网里是什么，再这样下去我们将葬身大海！”

“十方诸佛保佑我平安返航！”商那和修双掌合十向四周礼拜。之后船舷上升，有顺向大风刮来，很快回到了王舍城。众人将网拖上来发现诸多财宝纷纷鼓掌喝彩。商那和修安置好珍宝之后来到毕钵罗窟，发现这里已经人去窟空，只好来竹林寻找众罗汉。尊者阿难拥有他心通，于是在竹林修行定慧等待商那和修到来。

商那和修来到竹林看到一个罗汉来回走动，心说：“我九死一生才从大海中获得财宝，想成为大施主开办法会，但我不知道佛在哪里，让我问问这个出家人！”

他径直来到阿难面前，双掌合十说明来这里的缘由后问：“尊者，请问佛在哪里呢？”

阿难听了他的话，随即回答道：“你来得不巧，佛已经证入涅槃，自此以后众生再也见不到他了！”

商那和修听得这话一下子站立不稳昏倒在地，阿难取来清水泼洒在他的脸上这才醒转过来。“哎，没想到佛已经涅槃，那我取得财宝还有什么用，开办法会还有什么用呢？”

商那和修哭了半天抱怨了半天，忽然想起了什么，问阿难：“那么请问尊者舍利弗、目犍连、摩诃迦叶在哪里修行？如果找到他们，我还可以开办法会，是这样的吧？”

阿难听了合掌说道：“的确是这样的，不过这几位尊者都已经入涅槃了！”

商那和修听了悲从中来，哭得更加伤心，说道：“没想到我打捞宝物回来这段时间，佛与这几位尊者都入涅槃，这难道就是我的命吗？难道我就没有缘分开办法会？”

哭了半天就要离去，忽然心想：“当初尊者迦叶率领五百罗汉到这里，那么这个出家人是不是罗汉呢，该怎么称呼呢？”

于是立刻合掌问：“尊者如何称呼？”

阿难回答说：“阿难！”

商那和修当然听说过阿难大名，于是立刻跪倒于地用头面礼足，双掌合十说道：“大德，我要开设法会！”

阿难说道：“开设法会与你有大利益，你可随意开设！”

商那和修听了喜笑颜开，用财宝作为资财开设法会。阿难坐在最上座接受民众、僧侣礼拜，之后商那和修对纲领职事说：“尊者，我愿将这些财宝施舍于僧，请对众宣布这次法会由我资助！”纲领职事听了敲响铜钟，众僧随即为商那和修唱诵愿文。

法会之后，商那和修前来拜谢尊者阿难。阿难心道：“迦叶尊者曾经说过此人为佛法传人，可将三藏经书相传，需要让他出家。现在我就度化他出家。”于是问他说：“商那和修，你已经做了财施，接下来你可愿意做法施？”

“请尊者告诉我什么是法施呢？您想让我做什么样的法施呢？”商那和修听了立刻跪倒请教。

“在佛法中，出家就是所谓的法施，你能做到吗？”阿难问商那和修。

“出家修行远离各种苦痛，这正是我的心愿！”商那和修听了双掌合十说：“好，我就做法施！”

“善哉善哉。”阿难听了心生愉悦，并问他：“商那和修，出家之后所有的戒律你能持否？”

商那和修听了说：“尊者，所有戒律商那和修能持！”

于是，阿难问众僧：“商那和修申请出家，各位有反对的吗？”连问三声没有反对，阿难尊者随即给商那和修剃度。然后将僧衣放在他的面前，商那和修双掌合十说：“我从出生的时候就穿着这身衣服，它随我生长而生长，名为商那衣。我现在用有形体、有限寿来受持此衣。”阿难听了没有异议，领着他来到三藏经文之前，说：“世尊涅槃之前嘱咐尊者迦叶收集这些经文，所以我们这五百罗汉才会来王舍城。等到收集完毕迦叶将其交付给我进入涅槃，如今我将其中法藏交付给你。这里一共有八万四千法藏，你要精通才行！”一段时日之后，商那和修对这些法藏全部能受持，证得阿罗汉果，拥有了三种智慧和六种神通。

阿难心想：“三藏经文已经交付给商那和修，而且他已经成为罗汉，以后我就可以安心修行了！”于是，每天他都在竹林中修行定慧。有一天，他在竹园中进行经行的时候，听到一个比丘念诵法句偈语，大概意思是：“若人或百岁不能见到水鸟鹳，不如出生一日就见到水鸟鹳。”

阿难听了这个比丘的话心说：“一定是这个比丘的师尊理解错了世尊的话，才导致这个比丘这样理解这个偈语。”于是他从比丘身边走过，纠正说：“世尊说的应该是，‘如果人生百岁而不解生灭法，不如生一日就得以解生灭法。’而不是像你刚才说的那样！”比丘听了不知谁对谁错，瞪着眼睛瞅着阿难。阿难继续说道：“这个世界上有两种人诽谤佛陀，第一就是虽然多闻但是并不了解义理，不了解果报的真实性；二是颠倒解义，这样的做法可以称之为毒。只有正确理解义理才可以获得涅槃果！”

“的确是这样的吗，我回去问问师尊！”比丘这样想着来到授业恩师的面前说道：“师尊，我刚才在一处念若人活百岁不能见到高僧，不如生一日就见到高僧，这个时候尊者阿难来告诉我说这不是世尊说的话！”

比丘的师尊听了说道：“尊者阿难老了不行了，记不住事情了，这样会耽误你的，别听他的，继续这样读诵！”于是，这个比丘继续那么读诵。

当阿难再次经过这里的时候，又听到了他的偈语，心道：“这个比丘听了我的指点竟然还是如此念诵，什么原因呢，我来问问。”于是，来到比丘面前，说道：“我之前不是告诉你世尊没有说过这样的话吗？你怎么还是这样念诵呢？”这个比丘听师尊说阿难年迈，因此对他也不尊敬起来，撇撇嘴说道：“阿难长老啊，你已经很老了，记不得世尊到底说没说过这话了！”

阿难听了问道：“这是你的师尊说的话吧？”

比丘听了干脆梗着脖子，说道：“的确是师尊所说，你能怎么样呢？”

看着面前比丘的样子，阿难心想：“我亲自给他说，他终究不肯相信！”于是，阿难即刻入定，看看有没有比丘可以改变这个比丘的做法，让他领受正确的义理。结果他发现根本没有这样的比丘。他心想：“哎，舍利弗、目犍连、摩诃迦叶都已经入涅槃，我该向谁说这件事情呢？我应当进入涅槃，这样我就可以再见到他们，这是多么快乐的事情！世尊的智慧在这个世界将存在千年，我只管涅槃就行了。我的同修们都涅槃已久，对他人表示亲近到最后还是一场空，就好比自己身体到最后只不过是一部机器而已，终究会毁坏！”想到这里，阿难叫来商那和修，说道：“当初世尊把三藏经文交付给尊者迦叶，然后尊者迦叶入涅槃前，又将三藏经文交付给我。现在，我也要进入涅槃了，法藏我已经交给你了，现在我将律藏和经藏交付给你，你应该拥护佛法！”

“师尊，您能否不入涅槃，徒儿还有好多需要您指教的地方！”商那和修听师尊要入涅槃，虽然证得阿罗汉仍然心生不舍进行劝阻，“您是最上座，拥有宏大威德，众生还依靠您来庇护，您不能涅槃！”

阿难听了摇摇头说：“商那和修，你已经证得阿罗汉果，应该知道世事无常的道理。世尊德行深厚，也没有长久住世，更何况我呢？我下边说的话你要听好！”

商那和修立刻合掌敬听。“在摩突罗国有一个地方叫优留曼荼山，那里幽静典雅最适合坐禅。当初世尊曾经授记，说未来会有长者兄弟二人，一个叫那罗，一个叫拔利，将在优留曼荼山建造僧房作为出家人的修行处，也就是说他们就是寺院最大的施主。同一时期摩突罗国还有长者名叫掘多，他生的儿子名叫优波鞠多，你应该度化他出家！”

“哦，”商那和修听了急忙问，“这优波鞠多是佛记的人，那么一定拥有深厚佛缘，我度化他之后，他能获得什么样的成果呢？”

阿难听了说道：“世尊说过此人在他涅槃百年后能大大弘扬佛法，发扬佛德！他就是你未来涅槃指示交付佛法的人，你记住了吗？”

商那和修轻声回答：“师尊所言我一字不落全都记下了！”

阿难起座带着商那和修来到三藏经文之前，用手摩挲说：“当日世尊涅槃，亿万罗汉随之涅槃，诸天空中有声音提醒收集三藏经文，之后我们五百罗汉历经千辛万苦终于将其收集完毕。这三藏经文在佛法在，三藏经文亡佛法亡，所以你一定要时时刻刻护持三藏经文！”

阿难说完把三藏经文交付给商那和修，并叮嘱其一些事宜之后，在第二天早上穿上僧衣持着饭钵来到王舍城乞食，他一边走一边想：“当初阿阇世王说世尊涅槃他没有看到，尊者迦叶涅槃他也没有看到，特别嘱咐我涅槃的时候一定让他看到，我这就去王宫告知！”

当阿难来到王宫门口的时候，巧不巧的还是那个守门人当班，他看到阿难急忙跪倒施行礼足，然后合掌问：“尊者来这里有什么事情吗？”

阿难说：“你进去告诉国王陛下，尊者阿难前来相见！”

守门人随即进入国王寝宫发现阿阇世王已经睡下，他不敢叫醒他便来到阿难面前说道：“尊者，国王陛下已经入睡，请您换个时间再来！”

阿难听了说道：“上次也是因为他正在睡觉没有见到尊者迦叶最后一面。我今天来也是要进入涅槃，你可否叫醒国王陛下，不要让他再生遗憾！”

守门人听了急忙摇动脑袋露出惊吓状，说道：“国王陛下最恨别人于梦中叫醒他，我不敢这样做！”

阿难听了说道：“好吧，等到国王陛下醒来的时候，你告诉他尊者阿难今天入涅槃！”

守门人听了心想：“上次尊者迦叶涅槃我没叫醒国王陛下差点没了脑袋，这次我尊者阿难涅槃我到底叫还是不叫呢？”想到这里他呜呜哭了起来，阿难知晓他的心思说：“这是阿阇世王的业，他注定看不到世尊涅槃，看不到迦叶涅槃，但是他能看到我涅槃，所以，你不要哭，你的性命无忧！”

守门人听了这才止住哭声。阿难离去前又嘱咐说：“如果国王陛下责怪你，你就说阿难尊者说，‘有缘自会见我，无缘想见不得！”

说完大步离去，到城中次第化缘，民众见到他心生愉悦纷纷礼拜然后进行布施，阿难为他们讲经说法，成就他最后功德。

阿难拿着食物回到竹林吃完斋饭，心想：“摩竭国和毗舍离素有矛盾，经常发生争斗。我要是在摩竭国都城王舍城入涅槃呢，阿阇世王得到我的舍利不给毗舍离；如果我在毗舍离入涅槃的话呢，毗舍离人得到我的舍利而不给阿阇世王。两国为了这个肯定要展开战争。为了避免这样的惨剧发生，我只能在恒河当中涅槃！”想到这里，阿难尊者就向恒河走去。

阿阇世王酣睡不止，梦中和大臣、官人一起到恒河游玩，在路上远远地看到了尊者阿难，急忙让马夫停车想下地行礼，就在这个时候天空突变，原本灿烂的天空好像一下子蒙上了一层黑布，天际隐隐传来雷声。呼呼，一股无名大风刮来，只听咔嚓一声伞盖杆子竟然断了！阿阇世王啊呀一声惊醒，大声喊道：“尊者救我，尊者救我，我的伞盖断了！”喊完才知道做了一场梦，浑身已经湿透，有风吹来狠狠打了几个寒噤。

“国王陛下，我有要事禀报！”守门人跪倒在地说。

“有什么事赶紧说！”阿阇世王隐隐觉得不妙。

“阿难尊者刚才来过了，说今天入涅槃！”守门人话音越来越小。阿阇世王听了头轰的一声晕倒在床上，守门人急忙取来凉水洒脸，其醒转后大声斥责：“大胆为什么不叫醒我？”

问守门人浑身发抖语不成句，说：“国，国王陛下，当，当时您在睡觉我不敢叫醒！”

阿阇世王大声叫嚷：“混蛋，你三番两次耽误我，看我杀了你！”唰啦抽出佩剑就要刺杀，守门人情急之下想起阿难最后的话立刻喊：“尊者有话让我说给国王陛下！”

阿阇世王大喝一声：“说，之后让你死得痛快！”

守门人说：“尊者临走之前让我告诉您有缘自会见他，无缘想见不得！”

阿阇世王听了长叹一声说道：“这是我的命，每当尊者入涅槃我便在睡梦中！”说到这里问守门人：“你可看到尊者阿难向哪里走了？他说没说在什么地方涅槃？”

守门人无奈地摇摇头，阿阇世王又要发火。这个时候，他只觉眼前一花，一个怪异的人凭空出现张口说道：“阿阇世王不要害怕，我是竹园神。尊者阿难已经去了恒河涅槃，你快些去，迟了恐怕见不到最后一面！”

阿阇世王听了急忙调集象、马、车、步四兵向恒河方向追去。同一时间，毗舍离神飞升高空说道：“毗舍离国人快快去恒河，尊者阿难将去那里涅槃！”声音犹如铜钟，前声消失而后声又至，毗舍离王听到声音立刻召集国民并调集象、马、车、步四军前往恒河。

阿阇世王大军扬起一路沙尘赶往恒河，有大臣指着远方说：“国王陛下，您看那边沙尘滚滚，是不是毗舍离王的人马？”阿阇世王翘首观察吃了一惊，心说：“毗舍离王竟然公然和我抢夺尊者舍利，不能让他得逞！”于是抽出佩剑命令大军快速前进。“尊者等等！”阿阇世王快马加鞭，见阿难即将入河大声喊：“请受我最后礼拜！”话声没落滚鞍下马跪倒在阿难面前进行礼足，然后合掌说道：“如来以及舍利弗、目犍连、摩诃迦叶都弃我而去。您是第四盏明灯，我应当皈依您，希望您怜悯我不要离开我，不要涅槃！”说完泪如雨下，紧紧抱住阿难双腿，仿佛一松手他就会消失一样。

毗舍离王虽然晚了一步也跪倒于阿难面前说：“尊者，请您怜悯我，在毗舍离入涅槃！”

“尊者一直在我王舍城修行，为什么要到你那里涅槃？”阿阇世王听了毗舍离王的话立刻怒火中烧。

“尊者入灭前在你国修行度化众生，入灭后在我国接受民众供养，这很合理！”毗舍离王反唇相讥。

“那我们先打一仗，谁赢了尊者就到谁的国家涅槃！”阿阇世王说完跨上战马，两方四军立刻剑拔弩张。

尊者阿难高颂一声佛号，“两位都是人王，都是对佛法敬信的人，难道不知道杀生是佛法不容的吗？我哪里都不去，就在这恒河中涅槃。随后我的舍利将自动分成四份，你们两个各持四分之一！”

“尊者！”两个国王同时跪倒，激动得说不出话来。

“你们好自为之，今后不要再生争端！”阿难说完驾着小船来到恒河中央。此时太阳即将落下，余晖映红了恒河。小船顺流而下，阿难停止划行双掌合十入定观察，之后说：“世尊啊，佛法我已经交付商那和修，摩田提将在我入灭时出现，您说的一切都已经应验！”说完就要进入涅槃，即时大地发生六种震动。

在雪山有五百获得五种神通的仙人，感受到震动后聚到一块讨论起来。其中一个仙人说：“各位，六种震动在释迦牟尼佛出生时候有，在他获得正觉时候有，在他涅槃时候也有。如今，释迦牟尼佛已经涅槃。现在最上座是阿难，看来尊者阿难将要入灭！”

“既然这样，我们就遵循震动源头前去寻找，让尊者在涅槃前度我们出家！”仙人首领说。他的说法得到了众仙人的赞成，于是纷纷使用神通来到阿难面前。仙人首领对其进行礼足合掌说道：“尊者，请主持仪式让我们出家！”阿难点头算是应承，心中想：“我的诸位贤明圣洁的弟子现在应该来我这里！”五百罗汉获知师尊召唤同时来到阿难面前，让五百仙人出家获得阿罗汉果。为什么这么快就得到阿罗汉果呢，是因为他们在恒河中受戒的缘故。

其中一名仙人获得阿罗汉果后礼阿难足合掌说道：“世尊的最后弟子须跋陀先于世尊进入涅槃。我今天是尊者阿难的最后弟子，因为不忍心看到您涅槃，所以要求先于您涅槃！”

尊者阿难听了他的话，问说：“你叫什么名字？”

仙人回答说：“我叫摩田提！”

尊者阿难听了心生喜悦合掌说：“善哉善哉，世尊所言从没有错！”

摩田提听了合掌问：“世尊曾经授记过我？”

阿难回答：“是的，世尊和我巡游摩揭陀国的时候，他曾经这样对我说，‘在我百年之后，将有摩田提在罽宾国主持佛法，让众生受到最大利益！’所以，你不要在我前头涅槃，你需要实现世尊的授记，去罽宾国主持佛法！当初世尊将佛法交付给迦叶，尊者迦叶又将佛法交付给我，我立刻就要涅槃，现在我将佛法交付给你！”

尊者阿难将佛法交付给摩田提之后，立刻踊入空中做十八种神变，让所有施主得到喜乐之后起猛烈狂风分散肢体之三昧，一份向忉利天与帝释天主，一份到大海之中与莎竭罗龙王，一份与阿阇世王，一份与毗舍离。以上四处都起塔供养阿难舍利。

九　摩田提因缘

阿难入涅槃之后，能护持佛法的大德又少了一位。这一天，摩田提来到阿难塔前进行供养，完毕之后心想："尊者阿难把佛法交付于我，并告诉我到罽宾国安置、发扬佛法。我应该积极行动起来，让世尊的授记实现！"于是，他穿着法衣托着饭钵向罽宾国走去。这一路上他为民众讲经说法，使那些对佛法不敬信的人产生敬信；使那些外道脱离恶法皈依正法。

罽宾国王知道摩田提来了，急忙率领大臣走出半由旬迎接。这个国家有一条恶龙也得知了尊者摩田提的到来，心说："在这里我拥有比国王还高的威望，这个尊者来这里宣扬佛法，民众岂不是要供养他？我不能让他得逞！"于是，它利用神通使得天空黑了下来，想给摩田提一个下马威。

"尊者来罽宾国宣扬佛法，实在是众生之幸啊！"罽宾国王见到摩田提，跪倒在地施行礼足，然后指指天空说，"只不过这里有条恶龙恐吓众生，使得人人充满恐惧没有时间参悟佛法！"摩田提看看天色立刻入定观察，发现的确有一条恶龙在兴风作浪，心想：想在这个国家宣扬佛法，我必须先打败这条恶龙，消除民众的恐怖心。怎么打败它呢，看来只有将它激怒与我交战，最后让它心服口服让出罽宾国。想到这里，摩田提立刻入定，使得大地发生六种震动，动摇了恶龙的宫殿。

"啊，是谁在捣乱，让我的宫殿发生动摇？"大龙冲出宫殿飞腾而起，产生了强大的嗔恚之心，看到震动之源竟然是一个比丘，大声喝道："哪里来的不知死活的秃头，看我收拾你！"话声未落天空出现道道闪电，照得天地之间犹如白昼，然后急降大雨，没有一会儿便大水四处横流。摩田提仍然入定，大地还在震动，恶龙一声怒吼剧烈抖动身体使得鸡蛋大的冰雹从天而降，噼里啪啦砸向地面。罽宾国百姓在一刻钟之内尝受春夏秋冬四种天气，纷纷从家中出来指着天空中的大龙讨论起来。有人说："哎呀，这是怎么了？难道是谁招惹了大龙？"有消息灵通的说："听说从王舍城来了个尊者，是他在和大龙战斗！"又有人说："但愿尊者战胜，这样这条大龙就会离开罽宾国，咱们就有好日子过了！"说话间人们纷纷来到城外，远远地观看摩田提斗大龙。只见尊者摩田提去除妄念杂虑、远离嗔恚怨憎之念，专致于慈悲心，使得众生获得喜乐，从而进入慈心三昧。大龙感受到他的威力心中很纳闷问摩田提："比丘，你是谁，为什么攻击我？"摩田提不回答，大龙再次发怒使出神通，但是都不能碰到摩田提衣角，更何况动摇他的身躯？大龙发怒将凶恶的雷电、大冰雹、霹雳、雨作为武器纷纷向摩田提袭来，摩田提轻轻一挥手，它们就变成了睡莲花、紫莲花、大白莲花、青莲花的花瓣，天地之间真是花雨纷飞非常好看。“真是好手段！”大龙赞叹一声立刻使用神通将这些花瓣变成刀、剑、长槊种种兵器，又向摩田提袭来。摩田提高诵一声佛号，使出神通将所有武器变成佛家七宝，只见天空中金光闪烁迷人双眼。民众欢声跳跃捡起地上七宝，大龙见了怒火中烧，心说：“好你个出家人，竟然用这种方式争取民心动摇我的地位，看我怎么收拾你。”想到这里念动咒语将漫天飞雨变成大石头和大树从天而降，要活活压死摩田提。“好凶恶的龙，杀孽实在太重！”摩田提坐如金钟略施神通就将树、山化为饮食、衣被。

“哇哇，气死我啦！”大龙看了心内着急，使用神通降大暴雨七日七夜。摩田提却总是漂浮于水面上，等到时机成熟之后使用神通将洪水全部收拢导入大海，轻描淡写就化解了大龙的攻击。“水不能伤他，那我就用火！”大龙想到这里狂啸一声，从口中喷出熊熊烈火。摩田提却使用神通将火变成珍珠，于是大量珍珠噼里啪啦从天上不断落下，民众见了急忙开始收拢珍珠。“这些愚昧的人啊，竟然贪心那些财宝！”大龙心生嗔恚一摇身变化出数千条龙来，它们彼此缠绕，片刻之后同时长嚎一声一下子散开向摩田提和民众飞来。“不要伤害无辜！”摩田提大喝一声，一抖身体变化出数千只金翅鸟。金翅鸟以龙族为食，大龙见了心生恐惧急忙躲闪，那数千条龙也没了踪影。

“尊者住手！”大龙堕落在地迈着蹒跚的步伐走了过来，站到摩田提面前问：“你到底是谁，为什么要为难我？我斗不过你，你有什么要求尽管说，我能做到的一定会做！”摩田提听了心说“看来它有投降的打算！”于是高诵佛号说：“你这恶龙不从事为民布施降雨，反而利用恶法来迷惑民众获得供养，你就没有羞耻心吗？今天我给你机会，你应该三次表白皈依佛法！”

“尊者，我从来没考虑过皈依佛法，”大龙听了摩田提的话大声问道，“我凭什么皈依，皈依之后能有什么好处？”

“恶龙，”摩田提回答说，“你身中贪痴嗔三毒，如果不皈依佛法将堕入地狱！”于是，将地狱种种惨像说给大龙听。

“这是真的吗？”大龙听了之后心生恐惧。

“你经过多少世的修行，成就了现在的龙身，我劝你不要继续作恶，皈依佛法！”

“我听尊者劝告，我皈依佛法！”大龙变化成人形浮于空中说，“尊者，你还有别的要求吗？”

尊者摩田提知道大龙对佛法还不十分敬信，就想让它看看佛法的威力，于是说："让出罽宾国你可愿意啊？"

"什么，尊者你开什么玩笑？"大龙听了非常不高兴，怒声说道："这里是我领地，我不能让给你！"

摩田提听了这话和善地对大龙说："在世尊涅槃的时候，曾经指出罽宾国应当成为安稳坐禅之地！"

大龙听了他的话问道："世尊真的说过这样的话吗？"

得到摩田提肯定答复之后，大龙问说："那么你要多少地方呢？"

摩田提灵机一动说："给我一坐处即可！"

大龙听了心想："这一坐处总好比整个罽宾国都给他好！"想到这里急忙同意了。摩田提现出无量大身漂浮于空中，将整个罽宾国都坐在了身下。大龙看到这个景象非常吃惊，对摩田提生出敬畏，问说："尊者，你这一坐处竟然是整个罽宾国！你要这样大的地方做什么啊？"

摩田提双掌合十回答说："之所以要这样大的地方，是因为我有很多同修！"

大龙听了问道："那么你有多少同修？"

摩田提说道："我有五百罗汉同修。"

大龙听了计上心头："如果尊者能保证今后一千年这里都是五百罗汉不减，我就把罽宾国给你。一旦少于五百罗汉，就要把罽宾国立刻还我！"摩田提听了大龙的话入定，看佛法在世还能有多少年，能否保证五百罗汉不减？结果得知佛法将住世千年，可以保证罗汉不少于五百。于是他回答说："就这样一言为定！"大龙听了就给摩田提整个罽宾国。

"恶龙终于走了，我的百姓有救了！"罽宾国王跪倒摩田提面前施行礼足，双掌合十说："请尊者将五百罗汉领到这里，将敬信佛法的人领到这里！"

"国王陛下对佛法敬信，让我心生愉悦，"摩田提摸顶罽宾国王说，"我这就让我的同修们来到这里！"说完入定心说："我的五百同修应该来到罽宾国，对佛法敬信的众生应该来到罽宾国。"须臾之间，五百罗汉飘然而至，之后不断有民众从各地来到罽宾国，在这里建造村落、城邑。

"尊者，感谢您在罽宾国宣扬佛法，" 罽宾国王说，"如果再有郁金种子就更好了！可惜，在罽宾国没有这种东西。"

"陛下不要忧愁，我知道在香山当中有这郁金种子，我这就给你取来！"说着，摩田提利用神足通来到了香山当中。

当时香山有一条龙负责保护郁金种子，只是它脾气暴躁，总是伤害无辜。当它看到摩田提飞向这里的时候，心说："这就是打败大龙的摩田提？我今天就要会一会他！"想到这里大声喝问："什么人敢来这里闹事？"摩田提听了说："神龙，我是阿罗汉摩田提，想取郁金种子到罽宾国种植，庄严佛法！”香山龙听了狂啸数声说：“这里岂是你说来就来说走就走的地方？”说着利用神通进行攻击，可惜都被摩田提轻易化解。最后它不得不求饶，得到摩田提宽恕后问：“尊者，你要这郁金种子在什么时候播种？”摩田提听了回答说：“佛法不灭播种不止！”香山龙听了问摩田提：“那么佛法将在世多少年月？”摩田提回答说：“佛法在世将有千年之久！”香山龙听了立刻合掌说：“在这一千年之间我给你郁金！”摩田提听了心中大悦，取得郁金种子回到罽宾国。

某一天，摩田提想起恩师阿难，心说：“尊者阿难交付佛法与我，让我在罽宾国广作佛事，我现在都已经完成，到了涅槃的时候！”于是，他来到罽宾国王面前说：“国王陛下，我已经完成世尊交给我的任务，今天我即将涅槃！”

“尊者，你来罽宾国宣扬佛法，使众生获得利益，这么大的功德我们感念在心。可我们还没有听够尊者的法语，请不要涅槃！”罽宾国王哭着说。

摩田提高诵佛号说：“修行之人当入涅槃，这样才能让众生更加敬信佛法！”说完，他踊身虚空作十八种神变，使得众施主得到欢喜心，也使得同修们受到了更大的供养。同修们用栴檀将摩田提火化，然后将骨灰收集起来建立声闻塔。

十　商那和修因缘

话说商那和修往摩突罗国走来，感受到大地发生震动之后即刻入定观察，发现是师尊阿难在恒河之上进入涅槃，立刻跪倒念诵经文，然后说："师尊，我一定找到那罗和拔利两位长者，让佛法在摩突罗国发扬光大！"说完站起继续行走。这一天傍晚，他穿过一座山林来到了一条河边，清洗一下灰尘之后抬头眺望，远远地看到一座寺院在落日余晖下绽放光彩，其匾额上写着毗多寺。商那和修感觉腹中饥饿，心说："今夜不如就投宿这个寺院。"

他快步来到毗多寺门前叩打门环，不久有比丘打开大门，看到商那和修之后合掌问说："尊者来自哪里，敲打山门有什么事情吗？"商那和修说明来意之后，比丘立刻回报了住持，得到其许可之后领着商那和修来到一处僧房，安排好吃住一切事情之后离去。

当夜，就在商那和修即将入定的时候，听得门外有人说话，原来是两个摩诃罗比丘在讨论问题。其中一个说："商那和修是尊者阿难的弟子，据说尊者阿难将佛法交付给他，让他去摩突罗国宣扬教法！"另外一个比丘听了说："这么说来，商那和修可是世尊的徒孙呢！"

"是的，我以前听别人说过一句话，据说是商那和修说的，你想听吗？"

"当然想听，一定对修行有好处！"

"这句话是这么说的：'如果有比丘连小戒都不犯的话，那么可称为胜戒；如果有比丘无所不知，他便可称为多闻。'"

"哦，这句话听起来还颇有道理！"

商那和修一听就知道后一个是新出家的比丘，心说："我没说过这样的话啊，比丘们误传我的话岂不是害了后来的修行人？我得出去告诉他们这话是错的。"想到这里他推门而出大声说："商那和修从来没有说过这样的话。他说的应该是，'保持内心清净，这是净持戒，它是所有佛教戒律中的第一戒律；对佛法有自己的独到的正确的见解，并肯于付出行动进行验证，这才是真正的多闻。'并非你们说的那样！"两个比丘没想到房屋中有人出来，愣了一下合掌齐声说："我们不知道禅房有人，高声说话打扰了尊者修行实在罪过！"商那和修还礼后，第一个比丘问："尊者难道您就是商那和修吗？不然为什么对他这样了解呢！"商那和修回答说："我就是商那和修！"那个新出家的比丘听了立刻问说："尊者，你为什么起商那和修这个名字？是因为受持了商那衣的原因，还是因为过去善业缘而起名商那和修？”商那和修听了回答说：“这两个原因都有！”第一个比丘听了问：“那么你的善因缘指的是什么呢？尊者能不能跟我们讲讲，让我们对佛法产生敬信。”商那和修说：“善哉，既然如此你们端坐好，听我讲来。”于是，他用慈悲音为两个比丘讲起了自己过去的善因缘——

很久以前，在波罗奈古城有一个大商主，他拥有很多财产，是远近闻名的大善人，经常对穷人进行布施，并坚持供养比丘。有一年，他和五百个商人约好共同进入海道，打算去某地做一桩大买卖。结果走到一个地方遇到了大风暴不得不停下来，这个时候，他们发现了一艘随风漂流的船。

“你们看那艘船没有人，是不是传说的鬼船？”有人惊恐地说。

“众位不要害怕，让我们靠近那艘船看看情况！”大商主建议说。

“好，我们一起过去，谁也不能落后！”

五百只船互相贴近然后向小船靠过去，等到近前才发现里面躺着一位生病的辟支佛。

“这是辟支佛，我们应该救他！”大商主说。

五百个商人担心花钱，没有一个愿意搭救辟支佛。商主继续说：“上天有好生之德，见到穷苦人我们都心生怜悯，更何况遇到生病的辟支佛？搭救他就是给自己创造善业！”五百商人听他的话后心生愉悦，与他一道将辟支佛抬入商主船中，让随行的医生用汤药救治辟支佛。不久之后辟支佛恢复健康，为大家讲经说法，使得所有人对佛法产生了敬信。

大商主看到辟支佛穿着一件商那衣，就说：“今天我把白细毛布做的衣服供养给您，您就把这件破旧的商那衣脱掉吧！”辟支佛听了摆摆手说：“施主你有所不知，我当初穿着这件商那衣出的家，又是穿着它成为辟支佛，所以我涅槃的时候也应该穿着它！”大商主听到“涅槃”二字心说：“我一直以来坚持供养出家人，这一次好不容易碰到辟支佛，我怎么能让他涅槃呢？”于是急切地说：“尊者请不要涅槃，随我们一同入海，等到这次生意做完之后，您可以到我家中接受供养，饮食、卧具以及治病药物一个不少。”“施主，我知道你说到做到，但我不能跟你去，”辟支佛合掌说，“你向来好发欢喜心，乐于供养出家人，你应当得到大功德！”说完踊身空中做种种神变之后进入涅槃。

听到这里，两个比丘合起双掌对辟支佛表示尊敬，然后说：“这个大商主就是您吧？”商那和修回答：“的确如此，我供养辟支佛舍利之后就发愿：但愿我在未来能遇到圣师（佛家得道之人），过了百千万亿年之后，我果然遇到阿难圣师，且他所得到的功德我全部得到。记得当初我还发了一个心愿：如果我将来投生的地方充满正法，那么请赐予我如辟支佛所穿商那衣。因为这，我出生就穿着这件商那衣。后来出海打捞财宝，用其办法会，法会之后尊者阿难让我出家做法施，当时我就跟尊者阿难申请终身受持这件商那衣，这就如同当初的辟支佛一样，一直到涅槃都受持这件衣服！”

摩诃罗比丘听了商那和修的话赞叹：“尊者，您的名字真好！”

商那和修说道：“善哉善哉，你们两位今后要正确领悟佛法，不要懈怠，终有一天也会和我一样脱离众苦获得阿罗汉果！”两个比丘听了双掌合十离去。商那和修也回到房中打坐，到第二天天色微明离开寺院。之后的路途当中，商那和修一边乞食一边给民众讲经说法，让很多人弃恶从善甚至皈依佛法。这一天，他终于来到了摩突罗国优留曼荼山，他向四周观望，心说：“这里清静典雅，的确是坐禅的好地方！”这个时候他感觉到一阵躁动之气，立刻入定观察发现这里有两条龙以及五百个眷属。“这两条龙戾气太重，骄傲自大，”商那和修自语说，“只能利用神通将它们赶走，否则任由它们在这里，没有人敢来学佛！”想到这里，他再次入定使得优留曼荼山发生大震动，乃至于摩突罗国王宫发生摇晃。

“怎么回事儿，是地震了吗？”摩突罗国王站立不稳急忙扶住墙壁，对大臣喊道：“找占卜师来占卜。”占卜师来了之后，对国王说：“国王陛下不要惊慌，这是有得道高僧入定的原因。我观察过了，他现在就在优留曼荼山！”

“优留曼荼山？”国王听了十分惊诧，“那里不是有两条恶龙吗，他到那里去做什么呢？”

“陛下，看样子这位尊者想要在那里建造修行地，这也好，他驱赶走那两条恶龙，百姓们也就不用再担惊受怕了！”

“既然这样，我怎么可以袖手旁观呢？”国王对大臣们说：“给我准备象、马、车、步四军，我要去优留曼荼山观战，就算帮不上忙也要给尊者鼓劲！”

于是，摩突罗国王到达优留曼荼山之后，向商那和修施行五体投地大礼，然后合掌说道：“尊者威力无边，将这两条恶龙驱走，是为我国除了一大害！”

“国王陛下，”商那和修说，“这两条恶龙很有耐性，我需要继续动摇他们，稍后我再和你说话！”然后入定使大地发生剧烈震动。

“是谁打扰我们睡觉？”两条恶龙终于从睡梦中惊醒，怒不可遏飞腾于天上，俯视观察发现是一个出家人，张口叫嚷：“你这个秃头比丘，竟敢打扰我们兄弟睡眠，找打！”说着，张开大口猛地一吹，顿时大风刮了起来，没一会儿乌云聚集商那和修头上，闪电雷鸣之后降落暴雨。商那和修不慌不忙，立刻入定进入慈心三昧，使得那暴雨在头上三尺自动分开，衣衫没有半点湿痕。“好手段！”两条恶龙见暴雨无效，立刻使用神通将雨水变成无数条毒虫，向商那和修扑来。商那和修高诵佛号，轻轻一挥手发出白热光团，毒虫全数变成灰烬。“再尝尝我们的厉害！”两条恶龙将灰烬收拢，利用神通将每粒灰烬变成刀、枪、剑、戟同时向商那和修飞来，这要是被扎上，顿时就得成为刺猬。可商那和修见了不动不摇，一甩衣袖，将所有武器尽皆缠住，再一抛洒变成漫天花雨。摩突罗国王以及众兵士从来没有见过这样的美景，顿时陶醉其中。

两条恶龙生活在优留曼茶山，远离世俗大众，不对任何人、任何法产生敬仰，一直都是自高自大。它们和商那和修打个平手，心生无限嗔恚，怒喝：“比丘，你动摇优留曼茶山，不让我们睡好觉，你到底想干什么？”商那和修听了合掌说：“我这么做不为别的，就想让你们离开，让我们僧人入住这里！”

哈哈哈，两条恶龙听了放声大笑，然后凶恶地说：“我们的土地凭什么给你？”“出家人不打诳语，”商那和修合掌说，“世尊曾经授记他百年后，优留曼茶山应该成为出家人修行处，名字改为那罗拔利精舍，是阎浮提第一坐禅之地！”

两条恶龙听了开始商量，一个说：“世尊是得道大德，不过已经涅槃，这话也无从对证。”另一个说：“万一真说过这话我们不应的话，又是对世尊大大不敬！为了把握起见，我来问问这位尊者的来历背景！”说到这里问商那和修：“尊者，你师尊是谁？”

商那和修拥有他心通，知道它们的心思，回答说：“你们不用怀疑我说的话，我的恩师是尊者阿难，尊者阿难是世尊近侍，某一年他们到这里巡游，世尊看这里寂静幽美，就跟我师尊说了这个授记。”两条龙听了变成人形合掌说：“既然如此，我们听你安排！”说完腾空而去，将优留曼茶山留给了商那和修。

“尊者啊，我可要谢谢您啊。”摩突罗国王看恶龙离去，立刻对商那和修施行大礼，合掌说：“请尊者跟我回王宫接受供养！”

“平民供养出家人可让自己和家人、朋友平安健康，国王供养出家人则可以保证天下万民平安健康。因此，我接受你的供养。”商那和修说完，国王扶着他上了御驾向王宫奔驰而去。在王宫住下当夜，商那和修入定观察那罗、拔利二兄弟，见他们对穷人进行施舍，对佛法生有敬信，已经脱离尘世束缚，心说：“真的太好了，明天我就去化缘，让二位施主在优留曼茶山修建精舍！”

当夜无话。第二天一早，商那和修穿法衣托饭钵进入摩突罗城次第化缘，来到那罗拔利二兄弟门前。正巧那罗要出去办事，看到商那和修合掌说：“尊者面相威严，一定修得成果，请到里边接受我们供养！”说着领商那和修来到堂上对拔利说：“兄弟，你我应该供养这位尊者。”于是，让人拿来上好饭食进行供养。商那和修合掌说：“出家人不接受这么好的饭食，只要是施主吃剩的或者不爱吃的施舍给我就行！”那罗拔利二兄弟听了，对商那和修非常尊敬，命人拿来剩下的饭食施舍，然后问商那和修：“我们要出去办事，尊者能否留在我这里，等我们回来听您讲经说法呢？”

“其实，我这次来不仅仅为了乞食，我还想跟二位施主讨要金钱，在那优留曼荼山修建精舍！”

“尊者，您必须有充分理由说服我们，才能获得这修建精舍的钱款！”

“既然这样，我给二位施主讲一段故事。在一百年前，世尊和尊者阿难曾经来到优留曼荼山，世尊看这里风景秀丽非常适合坐禅，于是对阿难说，‘我涅槃后在摩突罗国有一长者，他生有两个儿子，一个叫那罗，一个叫拔利。这两个人将于优留曼荼山修建修行地，名为那罗拔利精舍。’二位施主，世尊的话谁敢误传？更何况那尊者阿难就是我的师尊！”

“哦，原来尊者就是降服两条恶龙的尊者商那和修？”那罗和拔利双双跪倒施行大礼，然后合掌说：“我们有眼不识泰山，竟然怀疑尊者的话有假，罪过，罪过！”于是，那罗、拔利出钱在优留曼荼山修建修行地，让众僧在其中坐禅修行。为了纪念那罗和拔利功德，商那和修给修行处起名为那罗拔利精舍。

“那罗拔利精舍已经建成，那么世尊授记的掘提长者是否出世呢？”商那和修想到这里即刻入定观察，发现其居住摩突罗城中，每天忙于商业对佛法没有敬信，且没有子嗣。掘提长者对佛法没有敬信，我要利用方便度化他，商那和修心中思维。我要让他弃恶从善，对佛法产生敬信，只有这样才能让他的儿子优波鞠多顺利出家！

第二天，商那和修带领一百位比丘来到掘提长者家中。掘提长者见了心想：“这得施舍多少米粮和金钱？”于是立刻合掌说：“众位尊者来到我家里本是好事，可是我家中一没有剩饭剩菜，二没有多余金钱，请到别处乞讨吧！”

“施主，你就是掘提长者吧？”商那和修问。

“不错，我就是掘提，不过就算知道我的名字，我还是没法施舍！”掘提说着就要离开。

“施主你错了，我来这里并非跟你索要食物和金钱，而是来给你讲经说法的！”商那和修说。听了他的话，掘提长者心想：“听法就是浪费些时间，总比给他们粮食和金钱好多了。”于是坐在对面听法。商那和修说到精彩处停下来，掘提长者急忙说：“尊者，我听你说法心生快乐，为什么要停下来？”商那和修说：“施主，今天不早了，明天我再来给你讲！”第二天，商那和修带了90名比丘来到掘提长者家中为其讲经说法，说到精彩处立刻停止，解释说：“今天天色不早，明天我再来给你讲经说法！”以此类推到了第十一天，掘提长者看商那和修自己来讲经说法，立刻问：“尊者，今天怎么就你自己来了呢？其他的尊者呢？”

“出家人不打诳语，虽然我获得阿罗汉果却没有一个徒弟，等我涅槃后却没有传接衣钵的人。我看你很有佛缘，所以这些天给你讲经说法，希望你做我徒弟。这是我最后一次给你讲经说法，你要是愿意的话可以跟我出家！”商那和修回答说。掘提长者听了这话，急忙摆手说：“尊者，你误会了，我听你讲经说法并不代表我想出家。我很喜欢这世俗的生活，不能跟随尊者，不过如果将来我有了孩子，我一定让他出家供养你，你觉得怎么样？”

“既然如此，我无话可说，”商那和修合掌说，“请施主不要忘记了今天的承诺！”掘提悬着的心放在了地上，快活地回答：“尊者放心，我绝不会忘记！”

不久之后，掘提妻子生了一个儿子，取名为阿失波掘多。过了七年时间，商那和修来了，一进院就问：“施主可有了儿子？”

掘提长者听了立刻摆手说：“早着呢，这怀孕生子哪有那么简单呢？”

“施主不要骗我，”商那和修说，“你生了一个儿子取名为阿失波掘多！”

掘提长者听了急忙问：“尊者，你不出精舍怎么知道我有了孩子呢？”

商那和修说：“我身为阿罗汉，能够知晓世间每个众生的心思，你有孩子这件事当然逃脱不了我的法眼！”说到这里话锋一转，问：“施主可记得当初的承诺？”掘提长者不敢抵赖表示记得，商那和修问：“既然施主记得，现在阿失波掘多应七岁了，可以让他跟我走了吧？”

“尊者，”掘提长者脸色骤变，因为着急出现了口吃，“我，我现在只有这么一个，一个儿子，怎么可以让他出家呢？如果我再生一个儿子，我就让他跟你出家，你说好不好？”商那和修等待不是阿失波掘多，当然说好了，这一下可把掘提长者乐坏了，用最好的饭食供养商那和修，结果人家只要剩饭剩菜，弄得他非常不好意思。

又过了两年，掘提长者的妻子又生了第二个儿子，取名为檀泥掘多。等到这个孩子长到五岁的时候商那和修来了，二话不说直奔主题：“施主，你之前说再有儿子，就让他随我出家，现在可以让檀泥掘多随我出家了吧？”没曾想这掘提长者听了又摇头说：“我有两个儿子，他们各有用处，一个给我守护钱财，一个给我赚取钱财，所以不能让檀泥掘多跟您出家！这样吧，如果我再生第三个儿子，我就让他跟您出家！”

“哎，施主三番两次推脱，”商那和修无奈地说，“希望你下一次兑现诺言，不然你可要堕入地狱的！”掘提长者听了浑身起了鸡皮疙瘩，心说：“这要是没有第三个儿子我该怎么办啊！”好在过了三年，他的妻子又生了第三个儿子，这个孩子容貌端正犹如天人，掘提长者就给他取名为优波鞠多。

优波鞠多自小聪慧诚信，长大后在市场上贩卖供香，因为品质优良获得了很多客户，赚取了不少钱财。商那和修入定观察获知这些之后，来到掘提长者家里说："现在可以让优波鞠多跟我出家了吧？"掘提长者因为三儿子给自己赚了不少钱财，不舍得让其出家，于是对商那和修说："尊者能保证优波鞠多出家后，我的生意持续兴旺的话，我可以考虑一下！"

商那和修说："你的财产增长主要来源于优波鞠多，是他心怀善念吸引了众多顾客。只要你能保持这样的状态，财富只会增长不会减少！"

掘提长者听了双掌合十说："他就在市场中，尊者你可以自己和他说！"

佛陀入灭之后众魔欢欣鼓舞，其中有一个魔王预知优波鞠多将要脱离世俗困扰，僧团又要增加一个领袖，心想："我不能让优波鞠多出家，否则我将不能毁坏佛法。"于是，他遍告摩突罗国民众说："在优波鞠多手里有最好最便宜的香，你们快去买啊！"

民众凡眼肉胎哪里知道这是魔王的计策，纷纷来到优波鞠多这里购买香。优波鞠多暗自奇怪，就问他们："今天怎么这么多人来买香，难道要进行大规模祭祀吗？"得到人们肯定答复后，立刻又进了大批质量好的香，结果销售一空，他看着一袋子金币心想："这样下去我就可以拥有自己的产业了，就不用在这市场上承受风吹雨淋了。"这样，他升起了贪欲心，正中众魔下怀。

正在优波鞠多沉入幻想的时候，商那和修来到面前，问他："优波鞠多，你在这里卖香，交易过程当中是净心还是不净心？"优波鞠多销售香，认识很多出家人和居士，因此在商那和修叫他的名字的时候并没有惊诧，很平淡地问商那和修："尊者，你说的净心和不净心指的是什么呢？"

"如果你在买卖过程中产生了贪欲和嗔恚，那么你就是不净心的，反之则为净心！"商那和修解释说。

"我一直过着这样的生活，免不了有贪欲和嗔恚，希望尊者教授我获得清净心的法门！"优波鞠多合掌请求说。

"好的，我这就教授你法门，"商那和修说着指着一块石头说，"这块石头获得我的神力，可以预知人的心。你当然知道人心是受环境影响的，就好比你生活在这个市场上，你就会有贪欲心和嗔恚心。我教授你法门之后，如果你能很好地控制自己贪欲心和嗔恚心的话，这块石头就会变白，反之变黑。"然后，商那和修教授优波鞠多念佛以及不净观（通过观想自身和他人身体的种种污秽不净现象，消除自身对欲望的贪恋，是对治贪欲的关键方法，佛教禅观修持的重要法门）。

第一天，神石三分之二为黑，三分之一为白；第二天，神石黑白各占一半；接下来的日子，白石比重越来越大，最后整个神石变成纯白色。商那和修见了对优波鞠多说："优波鞠多，你已经拥有了善心没有半点恶心，能正确判断事物了！"说完回到精舍等待更好的时机度他出家。

当时摩突罗国色情业比较发达，其中有个叫做婆须达多的女人，是最知名的妓女，她极尽纵欲淫乱之能事，获得很多男子的青睐赚取肮脏的钱财。有一天，婆须达多要进行祈愿，就让贴身婢女去市场买香。婢女知道优波鞠多诚信，所以就在他这里买了很多上好的香。不曾想婆须达多看了大发雷霆，说婢女偷来的香，因为她认为那个充满欺骗的市场，不能有这样好的东西。婢女听了非常委屈，解释说："主人不是你说的那样，在那里有个叫优波鞠多的人，他性格沉稳从来不欺骗人，卖的都是好香！"

"哦，那么这个男人帅不帅呢？"婆须达多娇媚地问。

"优波鞠多是这个城市中最帅气的男人！"婢女充分调动自己语言能力，来描述优波鞠多有多么好看，听得婆须达多春心萌动，用渴求的语气商量婢女说："妹妹，你帮姐姐一个忙，约那优波鞠多来这里，好吗？"

"主人，你是想难为他吗？他不会来这里的，他是很正直的人！"婢女说。在她心目中，优波鞠多就是白马王子，容不得任何人践踏。

"好啊，你这个死丫头，你吃我的喝我的，竟然这点忙都不帮！"婆须达多翻脸像翻书一样，操起棍子就要打婢女。

"主人，你不要打我，我去就是！"婢女一边喊一边跑，"你要是请不来他就别回来！"婆须达多在房间里叫嚷，看婢女离去后立刻开始梳妆打扮起来。

优波鞠多正在招待顾客，看到婢女又回来了，就问她："你怎么又回来了呢？"

婢女吞吞吐吐半天说："你知道我家主人是谁吗？"

优波鞠多摇摇头，她嗫嚅了半天说："婆须达多你听说过吗？"

优波鞠多点点头说："她是城里有名的妓女，怎么她是你的主人吗？"

婢女红着脸说："你不要笑话我，我也是没法子才做她的婢女的，我可是一个好女孩！"说到这里长叹一声。

优波鞠多问："你心情不好吗？"

"优波鞠多，"婢女略带伤感地说："我家主人请你去！"

"哦，这个嘛，"优波鞠多挠挠头说，"你回去告诉她，现在还不是见的时候！"婢女听了心中乐开了花，急忙回去禀告去了，当然她又挨了打，不过她心甘情愿。婆须达多打累了坐在椅子上想："太不给我面子了，凭我这张脸蛋，谁不得乐颠地过来？这优波鞠多到底是什么样的人呢？他越是这样我越想见他！哼，别的男子我要五百金币，他我不要金币还不行吗？"想到这里对哭泣的婢女说："别哭丧了，去跟优波鞠多说，我不要他金币就陪他过夜！"

婢女恐惧她的暴力只好再次来到优波鞠多面前。见了她满脸泪痕的样子，优波鞠多说："怎么，我不去你家主人难为你了？"

婢女听了点点头又马上摇头，说：“主人说了，别的男人要五百金币才能过夜的，而你不要金币就能过夜，你去吗？”

优波鞠多听了这话哈哈大笑，说：“你告诉她，总有一天我会见她，让她不要心急！”

婢女没有办法只好折回，优波鞠多对着她的背影喊：“对了，你不要害怕她打你，如果她敢打你，我就不会见她！”

果然婆须达多听了婢女的话又生气了，操起棍子又要暴打她，“优波鞠多说了，你要是打我的话，就不会见你！”婢女护着自己的身体喊，婆须达多听了果真放下了棍子，心说：“这个冤家，我没见到他就已经听他命令了，这可怎么办才好！”

就在这个时候，门外传来脚步声，紧接着大长者的儿子出现在她面前。“哎哟，我的美人，”大长者的儿子急不可待凑了过来，摸摸婆须达多的脸蛋儿说，“是谁惹你生气了，我找他报仇去！”婆须达多寂寞难耐立刻陪他过夜。半个时辰之后，从北方来了一个大商人，他带着大量珍珠玛瑙来到摩突罗城进行交易，看天色已晚就询问路人：“请问这里的第一美女是谁呢？”

路人听了上下打量他说：“看你就是外地人，就连本地第一美女是谁都不知道，我告诉你吧是婆须达多，那女人长得，哎哟呵！”路人的妻子薅住他的耳朵说：“臭男人一说起婆须达多就眼睛放光，还不给我回家！”

大商人继续喊问:“多少钱一晚呢？”远处传来路人杀猪般的声音——“五百一晚，哎哟呵！”

这个好色的大商人立刻安排好珍珠玛瑙，穿戴最好的衣服带着五百金币来到婆须达多住所。“屋里有人吗？”他站在门外问，婢女点亮油灯放他进屋问：“先生找我家小姐吗？”大商人点点头，心说：“这丫鬟都这样美丽，主子肯定美得像天仙似的！”婢女进去通报，婆须达多听说是一个大商人立刻爬起身来就走。“嘿，别走！”大长者儿子一下子搂住她，“我给你五百金币还不行吗？”说着就翻衣兜结果只有一百金币。婆须达多见了撇撇嘴收了金币，说：“今天便宜你了，你走吧！”“妈的，”大长者儿子生气了，狠狠掴了婆须达多一耳光，跳着脚骂：“老子以前什么时候亏待过你，这回见了有钱人就不认识大爷了？”说着还要动手，婆须达多彻底怒了，抽出一把匕首就将他给捅死了。“我杀人了！？”婆须达多把刀子撇得远远的，婢女先镇定下来说：“主人，你还不把他埋了！”说着取来铁锹在屋地挖个坑，将尸体和刀子一起埋了。婆须达多稳定情绪换了衣服，嘻嘻哈哈地接待大商人去了。

大长者家里充满了火药味，所有下人都站成一排，大长者厉声喝问：“你们这些瞎子，怎么就不知道他跑哪儿去了呢？”仆人中有人窃窃私语，大长者听了指着说话的人说：“你和你都给我出来，嘟囔啥呢，给我大声说出来！”

“老爷，”仆人瞅瞅大长者脸色说，“少爷他找婆须达多去了！”

“混蛋，你怎么不拦着？”大长者一嘴巴将仆人打个跟头，大声骂道：“这畜生就是狗改不了吃屎，对那个娘们就是上了瘾！”说到这里对众仆人大喊：“你们还愣着干啥，还不跟我去婆须达多家里！”于是，大长者打头，众家仆在后，浩浩荡荡向婆须达多家里走去。

这两天，婆须达多担惊受怕，听到叫门声浑身哆嗦起来。婢女硬着头皮打开门，以大长者为首的一群人呼啦拥了进来，他大声叫嚷：“婆须达多你给我出来，我儿子来找过你，你说他后来去哪里了？”“好像去，去……”婆须达多言不达意，偷眼瞅瞅后院。大长者眼睛尖，立刻跑向后院屋子，踢开房门冲了进去，发现房间是空的不过一股臭味直冲鼻子：“什么味道？”他转了一圈，忽然感觉身体一沉，双脚竟然踩进了泥土里。“来，”他叫来仆人说，“给我把这里挖开！”于是，大长者儿子尸体暴露出来，婆须达多见事情暴露一下子晕倒在地。“还我的儿子！”大长者拽着她的衣襟就是两大嘴巴，“你这个狠毒的女人，我要让你得到惩罚！”

在朝堂上，摩突罗国王看着大长者红肿的眼睛问：“你确定那尸体就是你的儿子吗？”“国王陛下，”大长者流泪叩头说，“那衣服和配饰我太熟悉了，他就是我儿子，请您主持公道！”国王听了说道：“据婆须达多交代，是你儿子纠缠且不给嫖资还打了她，盛怒之下她杀了你的儿子。我不能判婆须达多死罪，只能割去她的四肢和耳鼻作为惩戒，你接受我的裁决吗？”

“国王陛下圣明，这样让她生不如死才让我解气！”大长者说完不断磕头说，“儿子，你的仇我给你报了！”

于是，国王派人去监狱将婆须达多的鼻子、耳朵割掉，又用钝斧砸断了她的手足，然后把其扔到坟场。每当黑夜，坟场有无数鬼魅来回走动，并有猛兽出没，婆须达多整日担惊受怕不断哀嚎。她的婢女无限忠诚，为她驱赶鸟兽和蚊虫。一天夜里，婆须达多要自杀被婢女救了过来。“你为什么要救我啊？”婆须达多泪流满面，“我现在人不像人鬼不像鬼，活着还有什么意思！”“主人，”婢女擦擦眼泪说，“就算你要死，你也得见优波鞠多一面才行，他会让你的灵魂变得无限洁净，死后获得一个好去处！”一提到优波鞠多这个名字，婆须达多立刻僵住了，然后哀嚎说：“我这个样子，他怎么会见我呢？”

就在这对主仆说话的时候，优波鞠多已经向坟场走来，他心说：“最初婆须达多心有色欲让婢女来找我，所以我说不是见的时候。今天她被割掉耳鼻断了手足，认识到了人世无常充满苦痛，所以我去看她正是时候！”正思想间，已经到了坟场，听到婆须达多的话，立刻说：“谁说我不会见你？”主仆二人听到声音循声望来，婢女顿时喜出望外，为优波鞠多驱赶恶鸟，引领着他来到了婆须达多面前介绍说：“主人，这位就是优波鞠多先生！”婆须达多浑身一颤，对婢女说：“你把我的耳鼻手足收好，用细白毛巾盖上。”说完看到优波鞠多走近，问他：“我安好的时候让婢女找你，你说不是见得时候。如今我被割了耳鼻，断了手足，你为什么过来看我？难道这个时候是你见我的最好时候？”

“婆须达多，”优波鞠多解释说，“你不要怀疑我的动机，我并非找你相陪，也更不是看你笑话，而是想让你明白事情的真相。”

“什么事情的真相？”婆须达多问。

“哦，是关于你自己的本相，”优波鞠多说，“以前那些找你的人是看不到你的本相的，都被你的美丽外表所迷惑。”

“是吗，那么你这位没见过我的人，怎么能知道我的本相呢，我倒是对你的话很感兴趣！”婆须达多的话多少有些揶揄的味道。

“婆须达多，你以色相欺骗世间，你利用自己美丽的容貌和婀娜的身段，勾走男子的魂魄，使你赚得无数肮脏的钱财。今天我就让你认识自己的身体：首先，你的身体整个框架就是一具骷髅，它上面附上一层薄薄的皮肤，使你有了初步的人形；其次，你的血肉经脉使你身体具有弹性和娇艳的颜色；最后，骷髅里面则是那些肮脏的内脏，它们发出的臭气一波波地释放出来，使得你必须用那些外来的香花来进行遮盖，使得你一天冲几遍澡来进行去除。听到这里，你应该知道自己的美丽就是开在牛粪上的鲜花而已，一旦枯萎连牛粪都不如！只可惜，当初你没有认识这些，才会落得今天的下场！”

“优波鞠多，请你不要再说了！”婆须达多抽噎着说，“我现在意识到也晚了！”

“不，婆须达多，”优波鞠多摆摆手说，“你只要按我说的去做，一切还来得及！世尊曾经说过：‘欲望可以让人生出忧愁、恐怖和苦恼，人世间一切苦都是因为欲望而起。’如果你能深刻理解这句话，舍弃欲望和秽恶，那么你就能立刻得到解脱，从而使得身心安住于八正道的正确道路上，最后证入涅槃！”

“真的可以吗？我这样罪恶的身体也能涅槃？”婆须达多惊喜地问。得到优波鞠多肯定答复后，她对三有产生强烈厌恶，对佛法产生了强烈敬信。她对优波鞠多说：“听你的话语，你一定对世尊非常了解，对佛法非常了解，那么请你给我说法！”说完端坐好准备听法。于是，优波鞠多用慈悲音为婆须达多说法：“如果众生是钢铁，那么生苦、老苦、病苦、死苦、爱别离苦、怨憎会苦、求不得苦、五盛阴苦等苦，就好比烈火，时刻烧烤钢铁，钢铁终究变成铁水消失不见。听到这里你是否想问这些苦是怎么产生的呢？”婆须达多点头称是，优波鞠多回答说：“那就是众生痴心渴爱的缘故。因为痴心渴爱所以不断投胎转世，承受那生苦、老苦、病苦、死苦等苦。这个过程就好比一棵毒树不断招引鸟类，前者死而后者至，无穷尽；只有断掉所有痴心渴爱，才能超脱生死！”

“那么如何断掉痴心渴爱呢？”婆须达多问。

“要想断掉痴心渴爱，就必须修行八圣道（正见、正思维、正语、正业、正命、正精进、正念、正定），这是脱离生死门的唯一出口。婆须达多啊，这苦如毒如疮，生苦、老苦、病苦、死苦、爱别离苦、怨憎会苦、求不得苦、五盛阴苦、苦苦、行苦、坏苦。此苦未平他苦又至，让你求生不得求死不能！”

“是不是升天就脱离了各种苦呢？”婆须达多又问。

“不是的，天地人三界没有谁可以逃脱苦的折磨，只有不断精进修行，才能超脱生死，摆脱苦的牵绊，也就是所谓的涅槃！”优波鞠多说到这里对涅槃的至高境界产生了无限的向往。而婆须达多在听法的过程当中，先是远离各种欲望获得预流果，然后见到佛法真谛证得阿那含果位。至此，她对优波鞠多非常崇敬，双掌合十说：“善哉善哉，你今天为我关闭三恶道而开善趣门，使我得以看到并走上涅槃之路。我今天就皈依三宝！”说完又对婢女说：“把我的耳鼻手足拿来，我要用它们布施野兽、饿鬼！”这是她这辈子第一次布施，众野兽和饿鬼心生愉悦，原本阴森的坟场竟然生出了吉瑞。

“既然你已经弃恶从善皈依三宝，我的任务已经完成！”优波鞠多说完转身就走，婢女看着他的背影流起了眼泪。“你刚才听他讲法，应该明白痴心渴爱是众苦的根源，所以，你还是不要对他痴心妄想了！”婆须达多说。婢女听了豁然开朗，之后和主人坚持修行。半年后，婆须达多恶业消尽死去升入了忉利天。她的骸骨经过牛头檀香木烧炼之后，竟然有不少的舍利出现，这件事成为了摩突罗城一件奇闻。不过，人们对她没有好印象，并不觉得那些色彩斑斓的东西是舍利。当时有个天神知晓了这一切，对摩突罗国人说：“你们可认识那第一淫女婆须达多？”得到众人肯定答复后，天神继续说：“她原本拥有恶业应该堕入地狱获得万劫不复的下场，可是她听了优波鞠多说法之后，获得了须陀洹果，在这人间死了之后升入了忉利天！”民众听了这话才信以为真，将婆须达多舍利纷纷领回家中供养。

婆须达多升入忉利天，成就了优波鞠多大功德，只不过这份功德算在了掘提长者的头上，加之他听从商那和修的劝告秉持诚信，生意越做越火，财富倍增。这个时候，商那和修来到长者家中说：“掘提长者，当初你说让我不断你的利便成就你的财富，现在我都做到了，你该让优波鞠多随我出家了吧？”不成想这掘提长者贪心很盛，摆手说：“不行，你得让我得利没有断绝才行！”

“你这个人怎么可以出尔反尔呢？”商那和修问长者。

“哎，不能这样说啊，优波鞠多是我的儿子，我还想让他养我终老，出家了我们两个老家伙怎么办？你必须让我得利不绝！”

“好好，我这就让你得利不绝！”商那和修说着使用神通让掘提得利不绝。于是，掘提长者天天称量所得钱财，心里升起了更大的贪念：“嘿嘿，只要我不同意优波鞠多出家，我就会永远得利！”于是，商那和修多次追问，他就是不让优波鞠多出家。

后来，商那和修只好说道：“世尊曾经告诉我的师尊阿难尊者，‘我涅槃百年之后，有优波鞠多传播佛法利益众生。’因此，掘提你应该让优波鞠多随我出家才对！”掘提长者听了心说：“商那和修是尊者阿难的徒弟，不会误传世尊的话。”想到这里还是不由自主问了句：“的确是世尊说的这话？”商那和修点头称是，掘提长者咂咂嘴说：“好吧，我让他跟你出家就是！”商那和修听了心生愉悦说：“其实，你只有让优波鞠多出家，才能获得永久利益！”掘提听了立刻问原因，商那和修说：“优波鞠多未来能修成阿罗汉，度化众多人成为阿罗汉，你说这样大的功德，对你来说不是利益不绝吗？”掘提长者听了这话心结才彻底打开。

商那和修表明来意之后，优波鞠多二话没说就跟他来到了那罗拔利精舍。羯磨师说众僧：“现在优波鞠多提出出家，众僧有没有反对？”如此问了三遍白四羯磨仪式才算完成，优波鞠多成为了出家人，在商那和修指点下精进修行，不久获得了阿罗汉道。有一天，商那和修找来优波鞠多，让他坐在自己的对面，然后说：“世尊曾经授记‘我入涅槃百年后当有一个比丘名叫优波鞠多，虽然没有我一样的三十二相好，但是却可以将佛法发扬光大使众生受益。在我的教众之中，他教授坐禅是第一的！’现今是你宣扬佛法让众生受益的大好时机，你需要抓住机会，完成世尊心愿！”

优波鞠多听了商那和修的话，双掌合十轻声问：“您说的可是摩突罗国王要开办法会的时候，让我为全国百姓讲经说法？”

商那和修点头称是，优波鞠多合掌说：“弟子受教，一定不辜负师尊所望、世尊所望！”于是，他来到摩突罗国王面前自荐：“国王陛下，再过半个月就是以你为施主的大法会，我想趁此机会为国民讲经说法，不知可不可以？”

国王听了喜笑颜开回答说：“你是尊者商那和修的高徒，而且同样获得了阿罗汉道，我当然欢迎你讲法！”说完命令大臣将这个好消息宣告天下。

“听说没，国王陛下开办法会，有年轻阿罗汉讲经说法！”

“这阿罗汉是谁啊？”

“是知名长者掘提的三儿子，是尊者商那和修的徒弟！”

“既然这样，咱们可不能错过这个好机会，快点出发去参加法会！”

就这样，消息传出去之后，百千万百姓来到摩突罗城，一时间城里所有客栈客满，所有酒肆饭店爆满。等到了法会当天，人们如潮水一般涌到城市中心广场。优波鞠多入定观察，发现来听法的人实在太多，心说：“我该怎么讲法呢？当初世尊讲经说法的时候，让听众以半月形状围绕自己。我也应该仿效一下！”然后继续观察佛陀首先讲什么法，发现是《功德施论》，再说犯戒过患持戒功德的《戒论》《生天之论》。因为越过不净心是脱离痛苦的唯一要道，因此佛陀说法的时候常说《四圣谛》。优波鞠多观察完毕心说：“我也按照佛的模式进行讲经说法，必能让众生获得敬信！”

但是，让优波鞠多始料不及的是，有恶魔感受到摩突罗国方向传来佛法力量，立刻赶来进行阻挠。在优波鞠多要说《四圣谛》的时候，恶魔心想：“四圣谛可以让众生脱离苦痛，我绝对不能让优波鞠多讲成！”于是，使用神力让天空落下珍珠宝雨。大众见到这个场景，纷纷离开坐席捡拾地上的珠宝。

百姓乱作一团，有个女孩被人推倒，她顿时高声哭叫：“别抢我的珠宝！”她的极高的声音刺得人耳朵生疼。人群稍微愣了一下，然后又开始争抢起来。有个人诡计多端，不想让人与自己争抢，就指着优波鞠多座下说：“你们看，尊者座下都是珠宝！”于是，众百姓呼啦一下奔了过去。优波鞠多只好停下，全席上下竟然没有一人得道。优波鞠多心说这珍珠宝雨来得太过蹊跷，于是入定观察，发现是魔王波旬在捣鬼。

“魔王波旬，停止你的行为，否则将堕入恶道！”优波鞠多利用神通对波旬进行警告。魔王波旬听了不但不怕，反而用挑衅的口吻说：“优波鞠多，你不要恐吓我，我要让摩突罗国佛法全部毁灭！”说完，他让百姓心生贪念转告亲朋好友说：“在优波鞠多讲经说法的时候天上掉下珍珠宝雨！”于是第二天，无数人为了得到宝贝参加法会，在优波鞠多讲经说法的过程中，他们不断观看天空，只盼那宝雨快快来到。等到优波鞠多讲到《四圣谛》的时候，果然狂风大作、乌云堆积，没一会儿天空又降金宝雨，民众顿时乱成一团，大家你抢我夺好不热闹，当然没有人可以得道。优波鞠多知道又是魔王波旬做的好事，于是再次进行警告，魔王波旬站立云端放声大笑，说：“优波鞠多，当初世尊都没有降服我，你区区一个罗汉能把我怎么样呢？”

民众得到珍宝之后，消息迅速传遍阎浮提，等到第三天的时候，摩突罗城已经被四方民众挤满，翘首等待再次降宝。优波鞠多坐在法座上说：“在座各位深陷贪痴嗔三毒无法自拔，需要听我讲法入佛道才能脱离！”说完开始讲法，讲到《四圣谛》的时候，只见天空出现众多翩翩起舞的天女。

“不是说有宝雨吗，怎么出来这么多天女呢？”有人高声叫道。

“算了，这天女要是掉下来一个成为我的老婆，那该多好！”

于是，民众纷纷产生色欲心骚动不安，不能继续听优波鞠多讲经说法，最后还是没有一个人得道。于是，魔非常高兴，手舞足蹈地说：“哈哈，我能破坏优波鞠多说法！”说着将曼陀罗花编织成的花串套在了优波鞠多的脖子上。佛陀制定戒律，其中明确规定出家人是不能佩戴花串的，可见魔王波旬居心十分险恶。优波鞠多将花串摘下来，心说：“魔王波旬多次打扰我说法，使得民众不能收到佛法利益。当初世尊为什么不收拾他呢？嗯，世尊肯定是想让我来调伏他，既然如此，我当遵从世尊想法。看它因为破坏我讲经说法而兴高采烈，我就趁其不备，以其人之道还治其人之身！”想到这里，用死蛇、死狗和死人这三种尸体变作花串送到魔王面前。

“哦，”魔王波旬见一个花串从天而降，禁不住拍着巴掌说：“这么美丽的花串，只有我有资格佩戴！哈哈，你优波鞠多再厉害又能怎么样呢？还不是被我弄得不能得到自在！”想到这里将脑袋伸进花环当中，这个时候优波鞠多现出真身，将死蛇、死狗、死人三种尸体牢牢地系在魔王波旬的脖子上。“喂，你这个出家人实在不讲究！”魔王波旬再看花环竟然是三种尸体编织而成的，就想要摘除，但是无论怎么努力就是摘除不得，于是厉声叫骂：“秃头比丘赶快给我摘了，否则我要将你碎尸万段！”

优波鞠多高诵一声佛号，对魔王波旬说：“你曾经跟随世尊左右，当知道出家人不能佩戴花环，可是你却偏偏将花环套在我的脖子上，你居心何在？我现在只不过以其人之道还治其人之身而已！波旬，你只不过是一个魔而已，怎么可以与世尊斗，与阿罗汉斗？岂不就像海浪碰触那西海之中的颇梨山，看样子气势汹汹，实际上不堪一击。更像恶风想吹倒大山，简直痴心妄想！”说完利用神通缩紧那三尸花环，魔王只觉得呼吸困难，伸出尖利十爪想将花环拽下来，可其突然间变得犹如须弥山一样沉重，魔王感觉脖子就要被其压断，不敢再动。当他缩回利爪，花环又恢复原来重量，于是又要摘除，花环又恢复须弥山重量，如此几次之后，魔王波旬已经发狂一飞冲天，大声叫嚷：“我虽然不能自己解开，诸天总有办法！优波鞠多，你以为你自己很厉害吗？等我解开三尸花串，我就来取你的脑袋！”

“魔王波旬，”优波鞠多回应说，“你简直太小看阿罗汉的力量，就算你去帝释天王、去魔醯首罗天婆楼那天都没有用！最后你就是用三昧真火烧，用无量海水泡，这三尸花串也不会掉下来。恐怕它要戴在你的脖子上直到你堕入地狱为止！”

“优波鞠多，”魔王波旬大笑几声说，“你不要在这里吓唬我。有胆你别走，等我回来和你一较高下！”说完腾空而去直奔四天王天寻求帮助。四大天王使尽了办法也不能撼动三尸花串，只好对它说：“你去帝释天那里试试吧。”

于是，魔王波旬来到忉利天帝释面前合掌说：“大神，请您将我脖子上的三尸花串摘下来吧！”

“波旬，你怎么可以和优波鞠多抗衡呢？他是得到佛法真谛的阿罗汉，我解不开他套上的花串！”帝释天只看一眼花串，就立刻表示无能为力。

“怎么可能，你法力广大，看样子你是不愿帮我！”魔王波旬生气地说，“你是怕得罪诸佛还是怕得罪优波鞠多？”帝释天听了解释说：“世尊你是了解的，他拥有实力无人可及，优波鞠多是尊者阿难徒孙，得到世尊真传。我与优波鞠多相比，就好比是猛风遇到山峦不能动其分毫；更像藕根悬挂于须弥山不能使其动摇分毫。解开这个尸体串对我来说没有可能！”

“真像你说的那样吗？”魔王波旬听了帝释天的话非常懊恼，问帝释天说：“连你都解不开，我去别的天界也是不行。那么你知道谁能解开吗？”

“解铃还须系铃人，你回去请求优波鞠多解下这三尸花串！”帝释天双掌合十说。

“不可能的，我让他三次说法不成，他怎么能帮我呢？”魔王波旬为难起来。

“不能这样说，正所谓佛法慈悲，只要你诚心皈依优波鞠多必然获得解脱。如果你不皈依也行，只恐怕要毁坏你天上之乐，坏了你的名声！”帝释天劝导说。

“既然这样，我就听大神劝告，回到优波鞠多面前。”魔王波旬说完下了三十三重天，来到优波鞠多面前，心想：“如来法力最强的弟子帝释天主都对优波鞠多如此恭敬，而优波鞠多相对于如来说，法力不及其二三。当初如来要惩治我易如反掌，但其心有慈悲并没有这样做，哎，如来才是大慈大悲获得真正解脱者。想当初我胡作非为阻挠他获得正觉，他都没有说我一句，现在想想我真的很惭愧！”想到这里，魔王波旬对如来的骄慢之心顿时熄灭，来到优波鞠多面前施行五体投地大礼，长跪在地合掌说：“尊者，你可知道从如来坐在菩提树下开始到他涅槃，我一直在捣乱，妄图使他产生烦恼！”

优波鞠多听了他的话，问说：“那么你当初都对世尊做了些什么呢？”于是，魔王波旬怀着惭愧心讲起了自己过去种种过格行为——

当初，佛陀来到婆罗门聚落乞食，魔王波旬利用魔法遮蔽众人施舍心，看到佛陀走到面前不进行施舍反而进行驱逐。如来入定知道是魔王波旬在使坏，于是对着虚空说：“快乐无常不能储存。知道这个就应该一切随缘，只有这样身心才不会疲惫。比如我到这里乞食，我并没有奢求乞食成功，只是随意而为，这样就不会产生贪恋，没有贪恋心就欢喜。这就像光音天中的众生一样，他们当初在人世的时候不刻意追求快乐铸下了无穷善因，结果升到光音天，每天吃的就是喜悦！”

但是，魔王波旬听了佛陀法语没有领悟，反而在耆阇立变化成牛将五百比丘的饭钵打碎，佛陀见状将饭钵投掷于空中久久不落。魔王波旬心生恼怒又化作大龙缠住佛陀。其实，佛陀拥有足够的神通将其挣脱，可是因为心有慈悲而作罢，在那里一直打坐参禅不动不摇七天七夜。魔王波旬最大的罪过就是，在佛陀临近涅槃的时候，变作五百车辆从河中驶过，搅起河底污泥使河水脏污，让佛陀不能饮水。当时佛陀跟尊者阿难要水喝，阿难见河水脏污而没给取水，犯了突吉罗罪。总而言之，魔王波旬在佛陀在世的所有时间里，都是想尽办法进行搅扰，但佛陀心怀慈悲对他没有一句恶言！

回忆到这里，魔王波旬对优波鞠多说：“而你这个阿罗汉不慈悲，竟然给我套上这三尸花串，让我在天人、阿修罗面前丢尽了脸面。换了是世尊，绝对不会这样做！”

“魔王波旬，”优波鞠多双掌合十表示对佛陀的尊敬，然后说，“你真是没有知识和见解，怎么能把我和世尊相比呢？他是须弥山重量无限，我是芥子一粒肉眼难见；他是挂空明月，我是飞火流萤；他是大海广阔无边，我是一滴水瞬间干涸！世尊大慈大悲，我们这些声闻都不能及。正因为这样，世尊才不惩治你，希望你能自动放下恶法，回归正法。而我们不同于世尊，所以他不能做的事情我们来做。这就是为什么我惩治你的原因！”

“不对，如果真像你说的那样，世尊在涅槃的时候应该留有遗言，让他的声闻弟子灭了我！”魔王波旬听了优波鞠多的解释心有不服，问道：“可我在世尊做仙人和获得正觉成佛之后都进行搅扰，他没有灭我，更没有在涅槃的时候留下任何和我有关的遗言，你凭什么这样对我？”优波鞠多听了魔的话，回答说：“不善因有不善果。当初你想方设法让世尊走火入魔，这一段时期之内的罪过加在一起非常深重，但是世尊并没有灭掉你，原因是他想让我来调伏你，使你对佛法产生真正的相信之心！”

“优波鞠多，”魔王波旬哈哈大笑说，“你怎么知道世尊是这样想的呢？”

“魔王波旬，”优波鞠多回答说，“世尊没有涅槃前，和我师祖尊者阿难来摩突罗国巡游，当时他有授记，说他百年后摩突罗国有优波鞠多弘扬佛法。我讲经说法，你来破坏，这都是业力的安排，今天我就要调伏你！”

“等等，”魔王波旬大声质问优波鞠多，“你调伏我，我有什么好结果呢？”

“你经过调伏之后，会对佛法产生敬信，使你远离地狱、恶鬼、畜生道。之前，世尊之所以没有调伏你，是因为你的业障没有消除，他希望你能明白他的苦心，通过自己的努力走上善法之路，最后得以涅槃！简而言之，你要是对佛法有一点信心的话，就积极行动洗除当初对世尊施行搅扰之罪！”优波鞠多说完双掌合十，对佛陀进行礼敬。

“善哉善哉。”魔王波旬听了优波鞠多的话之后，感觉身心踊跃欢欣鼓舞，乃至于全身须毛都立了起来，心说：“世尊大慈大悲，一直像疼爱孩子一样疼爱我，从没对我进行任何指责，只希望我能自己悔过。只恨我太过愚笨，竟然没有领会他的意思，要不是优波鞠多点醒，我不知道还要稀里糊涂多久！”想到这里，魔王波旬对佛法产生欢喜心，双掌合十说：“尊者，是你使我对佛法有了欢喜心，你对我的大恩大德实在难以回报。做好人做到底，请解下我的三尸花串！”

“解下花串倒是可以，”优波鞠多思考一下说，“不过之前你和我要约定一下，之后我才能给你解开三尸花串！”

魔王波旬听了立刻问说：“尊者可有什么约定？”

“之前，我数次大规模讲经说法都被你破坏。今天我就和你约定，从今以后直到佛法不在的时候，也不允许你恼乱比丘！”

“好，就如尊者所言，我从今以后不再打扰比丘修行就是！”

优波鞠多入定观察魔王波旬内心，发现其所说极为真诚，于是双掌合十说：“善哉善哉，除此之外，你还要为我做一件事情！”

魔王波旬问说：“尊者法力无边还有什么我可以帮上忙的呢？”

优波鞠多摆摆手说：“人外有人，天外有天，这世界上当然有我办不到的事情。比如，世尊涅槃百年，我身为阿罗汉只见他清净无瑕的法身，却没有缘分见到他的肉身。这样，你给我再现世尊肉身，使我生出更多的爱敬心。如果你做了这件事，你的功德是非常巨大的！”

魔王波旬听了优波鞠多这个请求沉吟了半天，最后说：“尊者，我可以答应你这个要求，但是当我变化成世尊的样子出现在你面前的时候，千万不要对我进行礼拜。我不是世尊，我只是一个魔王，被你礼拜之后就仿佛是一棵伊兰生树被大象踩死一样！”优波鞠多听了说：“没问题的，我不会礼拜你！”

魔王波旬听了这才放下了心，说：“尊者稍等，我先进入树林变化成世尊出来见你！”

优波鞠多说：“无妨，在这里就行！”

魔王波旬则说：“尊者，我之前曾经变化成世尊的样子，去欺骗首罗长者。今天，我在大德面前变化成世尊，那是对你和世尊的大不敬，因此我必须躲避进行变化！”

说完，将脖子一伸说：“请尊者摘下我的三尸花串！”优波鞠多轻轻取下三尸花串，魔王立刻钻入森林中。

优波鞠多站在林外不断设想佛陀肉身的样子，没有多久听到脚步声，循声望去只见森林中赫然走出“佛陀”，其相似度仿佛就是用那彩色笔在新的细白毛布上画的佛陀一样，怎么看都是那样的逼真威严。他的左边跟随着舍利弗，右边伴随着目犍连，后边跟着尊者阿难。由摩诃迦叶、菩提等一千二百五十大阿罗汉围绕着，一行人浩浩荡荡从森林中走出来，径直来到优波鞠多面前。优波鞠多看到“佛陀”肉身立刻高诵佛号，然后合掌细看，心说：“无常啊，你没有一点儿悲悯心啊，竟然忍心将这样美妙的肉身毁掉。哎，世尊真是远离各种欲望，舍弃这样美丽的肉身就像舍弃吐沫一样轻松。不过，世尊经过千万世修行获得佛身，最后还是没有常驻于世。像我这样的阿罗汉更应该精勤修行，争取像世尊那样早日脱离无常！”

想到这里，他由衷夸赞：“真是痛快啊，身口意清净三业，能成就这样好的果报，让世尊拥有如此好面相。面色犹如莲花粉中透白；双眼明净犹如明珠一样神光四射；脸庞圆满赛过日月。世尊肉身真的太美了。犹如那草木花园，透出无尽的平和气息，让人喜欢亲近。因为世尊拥有清净三业，使得他清澈得犹如大海，而静止的时候犹如须弥山，身上放射出的佛光超过太阳的光辉，慢慢走路的样子犹如雄狮，左右环顾的时候是那样的威严，浑身颜色犹如紫金一般。百千无量劫以来，世尊一直净修身口意三业，终于在最后世成就了这样美丽的肉身。心中有怨恨的人见了这样的肉身都会欢喜，我见了怎么能对佛法不产生敬信呢？”

说到这里的时候，优波鞠多已经忘记了和魔王波旬的约定，忽然投身于地施行五体投地大礼。

“尊者不要礼拜我！”魔王波旬大惊失色，立刻收回法力变回原形跪倒在地还礼，“你怎么忘记了和我的约定呢？”

优波鞠多听了魔王波旬的声音，再睁眼看到它的原形，才从恍惚中清醒过来，心说：“魔王波旬所变化世尊肉身已经具有这样的威力，要是真正的世尊肉身岂不威力更大？”而口上反问魔王波旬：“你和我有什么约定？”

“哎，尊者真是多忘事！”魔王波旬有些气恼地说：“刚才不是说好了么，我变化成世尊的样子出现你面前，你不要礼拜，你都答应了怎么出尔反尔呢？你这样做岂不是让我获得了恶业？”

优波鞠多听了，立刻说道："魔王波旬啊，你不要气恼，我知道无上世尊已经入了涅槃已久，我见你变化的世尊就如同见了真正的世尊一样，我这是礼拜世尊并不是礼拜你！"

"尊者此言差矣，"魔王听了优波鞠多的话仍然非常苦恼，大声问说，"我明明看到你为我行礼，怎么可以说没有礼拜我呢？这要是被诸天知道了岂不是要斥责我？"听了魔王波旬的话，优波鞠多心想："如今魔王波旬已经对佛法产生敬畏，害怕自己遭到恶业，这本是好事，但是为了消除它的恐惧，我还是需要举例子让它明白这并无大碍！"于是，指指远处一个寺庙问魔王波旬："魔王波旬啊，你可看到寺院之内的世尊泥像？"魔王望了过去说："自然见到了！"

"那好，我现在来问你一个问题，人们对世尊泥像进行礼拜，是礼拜泥像还是礼拜世尊？"

"当然是礼拜世尊而非礼拜泥像！"魔王波旬不假思索回答说，"可我并非泥像，我是能动的魔王！"

"不管是泥像，还是能动的魔王，都是外表相像，使得众生对世尊法身产生无限敬仰。这个你认同吗？"

"善哉善哉，"魔王波旬听了合掌说，"听了世尊这样的话，我消除了心中恐怖。我现在就回到天上去，自此以后不再打扰众僧修行！"得到优波鞠多允许后，魔王波旬说完使用神通回到天上。

之后，摩突罗国民众听说优波鞠多降服了魔王波旬，有个年老的长者利用自己的威望聚集了千万人，来到摩突罗城请求优波鞠多讲经说法。

"各位，我之前三次讲经说法，没有一人得道，你们为什么还要让我讲呢？"优波鞠多坐在法座上询问人们。

"之前因为魔王波旬从中作梗，使我们失去了得道机会。如今，魔王被尊者所调伏，我们不会再被其打扰，从而可以得道。请尊者讲经说法！"年老长者解释说。

"既然如此，四天后我对摩突罗国民众讲经说法，到时候你们尽管来！"

到了第四天，魔王波旬心想："如来能说大悲法，但是已经入了涅槃。如今，能利益我的只有优波鞠多。现在他亲自讲经说法利益大众，我应该下去倾听，破了我的贫穷欲和生天欲之后，能让我实现涅槃！"想到这里心生喜悦，急忙来到优波鞠多所在地方。只见四面八方都是民众，优波鞠多坐在高高的法座上，犹如群星环绕的明月。它向优波鞠多施行礼节后坐在民众之间准备听闻佛法。

"今天来听我讲经说法的人，比以往三次总数还多，我当以种种妙法利益众生！"想到这里，优波鞠多以慈悲音开始讲法，从《功德施论》到《戒论》《生天之论》，最后是《四圣谛》，一气呵成。千万民众因为没有魔王波旬搅扰，很快开悟得须陀洹果、斯陀含果。并使得很多人立刻出家修行。优波鞠多在优留曼荼山修建了一个宽有两丈，长有三丈六的石窟，之后双掌合十祈愿：“这么多人跟随我出家修行，如果我每度化一人成为阿罗汉，就往这里扔长四寸的竹板，等到塞满石窟的那一天，就是我涅槃之日！”后来，在他的度化之下，众修行者当中有一万零八人获得阿罗汉，那石窟当然被塞满了。于是优波鞠多声名远扬，人们纷纷说道：“在摩突罗国有个罗汉优波鞠多，度化了一万零八名罗汉，之前世尊就授记说他教授坐禅最为第一，现在看来世尊所言不差！”不过这都是后话，这里暂且不表。

且说尊者商那和修看优波鞠多讲经说法获得圆满成功，就将他叫到面前说：“徒弟啊，当初世尊涅槃前将佛法交付给尊者迦叶，尊者迦叶涅槃前又将佛法交付给我师尊尊者阿难。师尊涅槃前又将佛法交付给我。并对我说，‘你前往摩突罗国度化优波鞠多出家，让佛法在那里得到发扬。’如今，你获得阿罗汉并且使得那样多的众生得道，可以独当一面了，我应当将佛法交付给你，你可要继续护持佛法啊！”

“师尊，难道您也要进入涅槃？”优波鞠多有些伤感地问。

“还没到我涅槃之时。当初世尊曾经授记罽宾国没有鬼神骚扰，而且床敷卧具最为第一，能让人少得疾病，是坐禅的最佳去处。我只是想去那里修行坐禅。”商那和修说。

“既然如此，徒儿恭送师尊！”优波鞠多双掌合十说。

于是，商那和修将那罗拔利精舍交给优波鞠多飘然去了罽宾国，去和那里的摩田提相聚去了。到了罽宾国之后，商那和修进入禅定，心生欢喜愉乐，心说：“我穿着商那衣成就了五禅。现在我于山岩空谷间坐禅念定，观察这世间，人们都在忍受风寒之苦，唯有我不畏惧风寒，根本原因就是我心善得到了解脱，不受冷热影响。最主要的是，因为对佛法敬信我获得自在和智慧！”

故事说到这里，再说一下优波鞠多度化众罗汉的过程。不过，因为他度化罗汉多达一万零八名，实在太多，这里只挑几个典型的进行讲述。

优波鞠多在优留曼荼山那罗拔利精舍修行的时候，山林深处有一只老虎经常害人。某一次经过精舍的时候，听他讲经说法之后，其不再亲自猎杀生物，而是以腐肉剩骨为食。不久之后老虎怀孕了，因为营养不济体质变得非常差。虎仔降生之后，它还得拖着衰弱的身体寻找食物，久而久之终于卧地不起。两只小虎没有了母亲照顾，生活十分艰难，整日挨饿受冻非常可怜。有一天，一个比丘到山里打柴，看到了它们之后用自己随身食物进行布施，然后回到优波鞠多面前说：

“师尊，我今天打柴看到了一只死去的母虎，其旁边趴着两只虎仔，因为没有母亲喂养非常瘦弱，我担心不久它们就会死去！”

“放心吧，从今以后我来喂养它们！”优波鞠多说完带上食物，让比丘领路来到两只虎仔面前布施食物。“嗷嗷”，两只小虎仔饿久了，终于看到了食物，眼睛顿时冒出了凶光，一起扑向食物大力啃咬。看到这个场景优波鞠多心想：“它们两个因为业力投生为虎，又因为业力失去母亲挨饿受冻。我应该给它们讲经说法，让它们来世投生为人，再接受佛法修得正果，永远脱离各种苦！”想到这里，他趴在它们耳边说：“天下事无都是无常的，没有谁能长久留于此世，生了再死死了再生无穷尽，只有不断修行得涅槃才能脱离无常，获得大自在！”之后的日子里，优波鞠多总是这样跟它们说法。最开始，两只小虎仔并不能懂得优波鞠多的话，只顾争抢食物，后来逐渐了解佛法，拥有了慈悲心。但是，这两只小虎仔拥有恶业，几岁之后就死了。

同一时期，摩突罗城有一个婆罗门年过半百却没有子嗣。这一天，他的妻子梦到自己生了两个男孩，虎头虎脑非常招人喜爱。让人更加奇怪的是，这两个孩子从会说话起，就能分辨善恶。每当他的父亲从事不善的事情的时候，他们总是能及时制止。有比丘进摩突罗城化缘，有施主向他说起这件事，就问：“尊者，长者妻子每天都做这样的梦，到底有什么因由？”比丘尚未通晓较深的佛法，只好回来请教师尊。

“万事都有因果，答案我日后当然会告诉你，当务之急你聚集一百名比丘来我这里，然后随我去办一件事！”一百名比丘聚集之后，优波鞠多带着他们来到长者家中讲经说法。长者妻子原来深信外道，可不知什么原因，自打优波鞠多进院就没有了任何恶念，对比丘们非常尊重。当长者一家人听闻佛法表现出最高兴趣的时候，优波鞠多停了下来说：“今天不早了，明天我再来给你们说法！”长者当然欢迎，然后拿出来食物说：“这些是我供养众尊者的，请收下！”一个比丘收下供养，对长者说：“长者，你们对我师尊非常尊重，这样善待阿罗汉，可实现你们任何愿望！”

“尊者，我别无所求，只希望能赐我儿子，让我的家业有人继承！”长者急忙说。

“施主，有善因必有善果！你听我讲法百天，必然可以实现这个愿望！”优波鞠多说，“不过，咱们有个约定才好！”

“什么约定，尊者快说来！”长者一听说可以有孩子，高兴得不得了。

“你的孩子将来得跟我出家修行！”优波鞠多说，“否则，你的愿望不能实现！”

“好，就按照尊者所说，我让他拜你为师！”长者迟疑了半天，之后一咬牙决定说，“那我就好好听你讲经说法，好让我妻子生两个孩子的梦能得以实现，这样一个跟你出家，一个留下来陪我们，一举两得！”

第二天，优波鞠多如约而来，只不过这一次带来了99名比丘，仍然讲到精彩处停下来离去。就这样一天少一位比丘，最后只剩下优波鞠多自己来到长者家中。“奇哉怪也！”长者看只有他一人前来，问道：“尊者啊，以前你来的时候都是前呼后拥，今天怎么只有你一人啊？”

“施主，”优波鞠多合掌说：“我是出家人没有钱财，没有人愿意跟随我照顾我啊！”长者听了三个多月的佛法，已经具有了十足的慈悲心，听了他的话立刻说：“尊者，之前我不想让我未来的儿子出家修行。可是听了三个多月的佛经，我知道出家修行可以了断所有痛苦，因此，我愿意让他们跟着你，伺候在左右！”优波鞠多听了心生愉悦，对长者夫妇说：“这可太好了，贵妇人将在半月后有喜。我八年后再来，到时候你可要兑现承诺！”

八年时间一晃而过，优波鞠多再次来到长者家中，之间院子里有两个男孩在追打嬉闹，看到优波鞠多自然产生敬仰之情，向他施行礼节。优波鞠多接受完礼拜，问长者说：“施主，你还记得八年前的约定吗？”长者听了立刻合掌说：“当然记得，但是我和妻子都已经年老需要照顾。这样吧，我就让老二跟你出家修行！”说着，将老二带到优波鞠多面前。“父亲，当初说的可是我们两个都要跟尊者出家修行，你怎么可以毁约呢？如果真的只能去一个，就让我去吧，让弟弟在家照顾你们二老！”老二听了立刻大声反对：“不，我要跟尊者出家，哥哥在家照顾你们！”就这样，两个孩子吵了起来。“善哉善哉！”优波鞠多对长者说，“这两个孩子都应该出家修行，并且能获得正果！”

“尊者，你怎么知道呢？”长者反问。

“因为，他们前生曾和我有缘，听我讲经说法数年时间，这就是他们这一生会说话就能分辨是非的根本原因！”

“原来是这样，”长者听了立刻跪倒在地合掌说，“也就是说没有尊者的度化，他们就不会投生到我的家中。我对佛法感恩，对诸佛感恩，对你感恩，因此我答应他们都出家修行！”

两个孩子听了欢呼雀跃，简单收拾行李之后跟随优波鞠多来到那罗拔利精舍。两个孩子天生聪慧，在其指导下不久便获得了阿罗汉道，拥有了六种神通，远离了各种尘世的痛苦困扰。

这一天，那罗拔利精舍附近的树木盛开了无数花朵，优波鞠多对两个小罗汉说：“你们两个去给我采摘树上的花朵，不要攀爬不要用任何工具，能做到吗？”

听了师尊的话，两个小罗汉手搭凉棚观看半天，然后摇摇头说："师尊，那树太高了我们摘不到！"优波鞠多听了问道："你们身为阿罗汉岂能没有神足通？"

"师尊教训得是！"两个小罗汉立刻腾空而起飞往树上采来鲜花。"哎哟，你们快来看啊！"有未得道的弟子们大惊小怪起来："这两个小沙弥竟然可以腾空而起，难道是因为他们拥有高尚品德的缘故吗？"

"高尚品德只是其一，"优波鞠多听了众弟子的评说，解释说，"其实他们是当初山中老虎的两个孩子。"众弟子听了做出恍然大悟状，问说："我们记得两个虎仔一直是师尊喂养，只是不知道当初您都喂了什么呢？"优波鞠多回答说："每次喂其饮食，你们都曾经跟随看过，没有什么特别。只是不知道你们注意没有，每次我都要趴在它们耳边讲经说法。严格说来，他们总体接受我的指点时间不比你们少。由这个例子，就能证明前世因后世果的确存在，我们应该对因果敬信，对佛法敬信！"众弟子听了优波鞠多法语纷纷合掌说："师尊用这个活生生的例子为我们扫清思维上的障碍，为我们打开了方便之门，我们应该更加勤奋修行，争取早日获得正果！"

优波鞠多虽然精通佛法拥有神通，但是也一样有度化不了的人。下边就说说这个故事——在南天竺有个男子，他生性淫恶，喜欢强迫妇女与自己私通，被妇女们的丈夫知道之后殴打，经常遍体鳞伤，就算这样他还是改不了恶习，到远处作恶。他的母亲为人忠厚老实，见儿子做出这样伤风败俗的事情气病在床，等到他回来之后警告说："你要知道，在咱们这里与妇女私通是犯了恶法，要遭到严厉的惩罚。你不要贪图一时痛快，造下无尽恶业，将自己推向地狱！"

"你这个老太婆，竟敢管我的事情！"男子说着将母亲一把拽到地上用脚踩踏，"我一回来你就喋喋不休，实在烦人！"

"我是你的母亲，你不该这样对我！"老人剧烈咳嗽起来哑着嗓子说，"我将你生下来，一把屎一把尿将你养大，你就这样报答我？"

"你把我生下来承受这尘世的折磨，我凭什么要报答你？如果要报答你也可以，我现在就结束你的痛苦！"男子找到一把钝斧，将生身老母亲活活砍死，看着满地的血污，他没有一丝后悔，反而高兴地说："竟敢阻挡我私通妇女真是可恶，这一下可算没有人再管我了！"说完还对母亲尸体吐口吐沫，然后到外边寻花问柳去了。

知道男子回来了，附近所有的妇女都躲了起来，所以多天下来他都没有尝到一点"荤腥"。这个时候他因为业力的原因，忽然间对这种生活失去了兴趣，就自行落发为僧。不久之后成为一家寺院的住持，因为能受持诵读三藏经文远近闻名，很多人慕名来拜师。有一天，有比丘偶然结识了男子，向他说："优留蔓荼山有罗汉优波鞠多，你如果想继续获得成果，可拜其为师！”男子听了心生轻视：“这世间没有比我更聪明智慧的人。不过听了这个比丘的话，我倒要见见这个优波鞠多！”

于是，当弟子将男子带到面前时，优波鞠多已经看出他有轻视心，于是入定观察，发现其曾经弑母，心中说：“这个人犯了最重的罪过，不会获得正果，我不能收他为徒！”于是对男子说：“我没有什么更好更新的知识来教授你，你回到你的寺院吧！”

“哈哈，优波鞠多阿罗汉，你真是证得了阿罗汉吗？”男子晃着头一路大笑着离去。这一幕被优波鞠多的五百个俗家弟子看到，于是纷纷讨论起来。

“师尊是真的阿罗汉吗？”

“师尊真有六种神通吗？为什么我一直没有看过？”

“如果是阿罗汉，为什么不教授那个人佛法呢？”

弟子们的言语被优波鞠多听到，心说：“他们虽然学佛，但是仍然在家，对佛法仍然有偏见，而且没有收到成果，不能了解男子恶业有多深。为了让我这五百弟子产生敬信，必须让通晓经藏、律藏的摩诃罗比丘和他们住在一起，不断地熏染他们使他们产生正确见解！”可是结果让优波鞠多很是意外，五百俗家弟子与通晓经藏、律藏的摩诃罗比丘并没有共同话语，一天到晚根本说不了几句话，更别说听对方讲经说法。优波鞠多只好再次入定观察，心说：“这五百俗家弟子和我没有缘分，却和我师尊商那和修尊者有缘，希望我的师尊能来那罗拔利精舍度化他们！”

商那和修在罽宾国修习坐禅，突然间获知优波鞠多所想，心说：“我现在就赶往那罗拔利精舍，度化这五百俗家弟子！”于是，他利用神足通来到优波鞠多禅房当中，左右环顾不见优波鞠多，只有其弟子们席地而坐进行修禅。“比丘们，”商那和修高声问，“优波鞠多在哪里，让他来见我！”这些弟子听到声音睁开眼睛，见商那和修穿着粗布商那衣挽着长长的发鬓，纷纷低声讨论起来。这个说：“这摩诃罗比丘是什么人，怎么这样大的口气，竟然让我们的师尊出来相见？”那个说：“我们的师尊看来真的不行啊，怎么和这样的人交往呢？”而那些通晓三藏经文的摩诃罗比丘见了商那和修也没有说话，闭着眼睛继续坐禅。商那和修心说：“这五百俗家弟子怀疑优波鞠多的能力，因此对其不敬。这些通晓三藏经文的比丘本是优波鞠多刻意安排影响这五百俗家弟子的，结果反被其影响，不懂得尊重年老比丘！”想到这里，他径直来到优波鞠多禅坐上坐下。

“嗨，你这老比丘，怎么敢坐在我师尊禅坐上，快快给我下来！”

“你还是下来吧，不然我师尊回来了有你好看！”

“你是老糊涂了吗？你把自己当成师尊了吗？”

众比丘大声喝问商那和修，见他不加理睬仍然坐在那里，就一起扑了过来要强拉他起立。可是看其年老体衰，但一拉之下才知道重如须弥，根本拉动不了分毫。于是弟子们想用脏话谩骂，可是张开嘴舌头却不听使唤。于是，比丘们只好退出禅房来到优波鞠多面前将事情经过说了，最后说：“师尊，你快去看看吧，他现在还坐在你的禅坐上，你给他厉害尝尝！”“你们这些迂腐的比丘，”优波鞠多听了说道，“除了我的师尊之外，没有人能坐在我的座位上，还不随我前去拜见你们的师祖！”众弟子听了哄笑起来说：“我们的师祖竟然是这样一位不干净的比丘！”优波鞠多听了说：“人不可貌相，得道之人更是如此，你们现在随我去赔礼道歉！”说完，优波鞠多急忙来到禅房见到商那和修立刻行使礼足，然后坐于对面。

众比丘见师尊竟然这样礼拜商那和修都纷纷偷笑起来，心说：“我们的师尊虽然礼拜他的师尊，他也就是空有身份而已，神通肯定不如我们师尊！不过总体说起来，师尊和这个老比丘都不怎么样，要不然为什么我们学了这么长时间还没有得到成果呢？”商那和修洞悉众比丘心思，于是举手指着虚空顿时现出浓香乳汁，他问优波鞠多：“优波鞠多，你来看看我这是哪三昧相？”优波鞠多入定观察而不知事情原因，就问商那和修：“师尊，我看不出，请问这是哪三昧相？”尊者商那和修听了颔首说：“这是龙奋迅三昧！”

优波鞠多听了合掌说道：“我所会的神通和佛法都是从师尊您这里获得的，只是这所谓的龙奋迅三昧我并不了解！”

商那和修说道：“这并不是你的错，因为每个得道之人都有自己独特的三昧，其他人是不能知道的——所有的佛所入的三昧，其他一切辟支佛并不知道具体名字，更别说具体的含义；世尊获得正觉，他所入三昧一切声闻也是不知具体名字和具体含义；就连地位等同的也对彼此三昧不能了解，比如舍利弗、目犍连所入三昧，其余同修也是不了解；徒弟对师尊所入三昧也不能认识，我的师尊尊者阿难所入三昧我就不了解，我所入三昧你优波鞠多也不了解。当我入涅槃之后，我所入三昧便随我入灭。七万七千本生经也随我入灭，一万阿毗昙也随我入灭！”

到这个时候，众比丘才明白，原来自己师尊和师祖都是非常厉害的，都有自己独特的三昧相，如果自己努力修行的话，将来成为阿罗汉也会有属于自己独特的三昧相。这样一来，他们消灭了骄慢心。商那和修心想：“我已经完成师尊阿难交给我的任务，并且帮助优波鞠多度化这五百俗家弟子，今天就是我涅槃的日子。”

于是，对优波鞠多及众比丘说：“只要肯听法并付之行动，就会成为阿罗汉！

如来把佛法交付给尊者摩诃迦叶，摩诃迦叶又把佛法交付给我的师尊尊者阿难，师尊又把佛法交付给我。我现在决定将佛法交付给你！”

“师尊，我未来入灭之后，佛法交给谁呢？希望您指示！”事关佛法大事，优波鞠多不敢私自决断，只好让商那和修进行授记。

“优波鞠多，在这个摩突罗国有个善男子，名叫提地迦，你应当度他出家并将佛法交付给他！”说完这话，商那和修便飞入虚空进行十八种神变，利益大众后进入涅槃。五百俗家弟子见了真实的涅槃景象，对佛法生了敬信，毅然出家为僧，之后与优波鞠多和一万零八名罗汉供养商那和修舍利，为他建起宝塔供养。

十一　优波鞠多因缘

前文说过，阿育王曾经迎接过优波鞠多以及一万零八名罗汉。优波鞠多如何度化这么多阿罗汉的呢？下边挑几个典型的例子进行讲述。

优波鞠多度化阿罗汉之一

当时，北方有一个男子对世事厌烦决定出家，在其师尊的指点下主攻法藏、经藏和律藏这三藏经文，而且他的口才很棒，讲经说法由浅入深非常吸引人。后来他的师尊说："你要想累计功德获得正果，就要到外边巡游，为世人讲经说法。"于是，他穿僧衣托饭钵开始了游僧的生活。每到一个地方，首先要用抑扬顿挫的声音分三段念诵经文，然后开始为大众讲经说法。因为他讲解佛法非常通俗易懂，大受民众欢迎，所到之处被民众里外三层包围着，看着民众陶醉的样子，他非常有成就感。但是随着时间的推移，他发现这种简单重复的生活实在乏味，心想："像我这样念诵经文什么时候能获得正果呢？肯定不如坐禅来得实际！听说在摩突罗国有个优波鞠多，就连世尊都说他虽然没有三十二种相好，但是教授坐禅却是所有声闻中第一的，我为什么不去找他，让他教授我坐禅呢？"想到这里，他从北方徒步向摩突罗国而来。

他风餐露宿、日夜兼程终于来到了摩突罗国，向人打听了那罗拔利精舍方位之后，径直来到优波鞠多面前。看着眼前相貌殊特的阿罗汉，他升起了十二分的尊重立刻匍匐在地施行五体投地大礼，然后合掌说："尊者，我从遥远的北方来，就是因为听说您教授坐禅是世尊声闻弟子中第一，希望您教授我禅法！"

"善哉善哉！"优波鞠多说，"比丘，你的师尊当初让你饱读三藏经文，让你为大众讲经说法是对的，你为什么不能坚持？"

"尊者果然了得，竟然知道我师尊曾经的指导方案，"男子合掌说，"我虽然按照我师尊的指导到处讲经说法，但是至今没有一点成果。再说这样的生活实在乏味，我实在坚持不下去了。另外，我结识了很多须陀洹果位的修行者，他们说我的做法没有坐禅来得实际，所以才来到您这里学坐禅。"

优波鞠多听了入定观察男子，心道："这个人经过多世的修行，能在这一世断掉所有烦恼。但是我应该教授他什么法才能使他登上圣位呢？"再继续观察，发现男子如果坚持为他人说法能入圣位。优波鞠多睁开双眼对男子说："我刚才入定观察，找到了你获得正果的途径，但是你必须听我命令才行，否则不能得到正果！”

男子回答说道：“我愿意听您命令！”“既然如此，”优波鞠多对他说，“你在今夜为众生演说法教！”男子听了心说：“这是我之前从事的事情，没有什么难的”于是双掌合十说：“谨遵命令！”

当晚，男子为众生讲经说法，还是之前的流程，先用抑扬顿挫的声音分三段念诵经文，然后问优波鞠多：“尊者，我该为众施主说什么法呢？”优波鞠多回答说：“今天你为大家说说多闻有哪五种利益；五体因为什么而生；色、受、想、行、识之间有什么关系；眼、耳、鼻、舌、身、意有什么功能；如何通晓无明、行、识、名色、六处、触、受、爱、取、有、生、老死这十二因缘！”

“多谢尊者指点！”男子领悟优波鞠多意图，然后开始说法，深深吸引了大众，说法之后得阿罗汉。优波鞠多对他说：“把竹板投入房中，你是我所度罗汉之一！”

优波鞠多度化阿罗汉之二

当时，在宿罗城当中有个商主名叫天护，最开始对佛法并不敬信，在生意上总是进行欺诈行为，一来二去获得了不好的名声，没有人愿意和他交易。终于有一天，他对欺诈的生活产生厌倦决心弃恶从善，按照佛法关于施舍的内容对众生进行布施，逐渐获得了他人的好感，生意开始有了很大起色。有一天，他准备好一艘大船要入海打捞珍宝。出发前发愿：“如果我能得到珍宝安全归来，我当做五年一大会，因此守护佛法的神当拥护于我。”发完愿，他率领众随从开船进入大海，经过多天打捞终于获得珍宝安全回到家里。

当时，有个获得阿罗汉果的比丘尼，她入定观察发现了天护的心愿，并且知道其得到珍宝之后必然要办五年法会。“要办法会不能没有人作福田，没有人为上座，”阿罗汉比丘尼心想：“这次法会不同寻常，可以让天护对佛法产生敬信，我必须保证这次法会成功完成。我来观察一下谁能让大众获得福田，谁又是最上座！”于是入定观察，发现一万零八名阿罗汉以及学道的人和持净戒的人总共两万一十六人，这些人可以为大众作福田。另外，这最上座不是阿罗汉也不是获得须陀洹果的人，而是一个名叫阿沙罗的净持戒的人。她对这个人有所了解，知道其是某处寺院的住持，为人谦虚谨慎一心念佛，但是却没有获得须陀洹果，实在让人感到不解。“作为法会最上座竟然没有获得须陀洹果，”阿罗汉比丘尼心想，“我必须想办法让他成为阿罗汉才行！”

于是，阿罗汉比丘尼来到寺院中，对住持阿沙罗说：“上座，你为什么不对自己进行庄严呢？”上座阿沙罗听了以为对方说自己僧衣不干净、身体有污垢以及头发长了，于是洗澡、换衣、剃除须发后再次坐在坐垫上打禅。阿罗汉比丘尼见了知道他并没有真正理解自己的意思，只好转身离去。

又过了一天，阿罗汉比丘尼又来到寺院中，站在阿沙罗面前合掌说："上座，你为什么不对自己进行庄严呢？"

"这个比丘尼为什么总是说这句话呢？"上座阿沙罗心道："我已经剃掉须发，洗澡换了法衣，为何还是我不庄严？难道是衣色不正？"想到这里，他立刻离座吩咐弟子将自己的僧衣染色。之后穿上焕然一新的僧衣来到禅房当中。阿罗汉比丘尼见了心说："上座果然还没有明白我的意思啊。"

于是，她再来他的面前问说："上座为什么不对自己进行庄严呢？""哎呀，这个比丘尼真是怪了，为什么就是说我不庄严呢？"上座不禁有了怨气，问她："你这个比丘尼，我剃掉须发洗澡换了僧衣，之后又给僧衣重染颜色，怎么还说我不庄严呢？"

罗汉比丘尼听了双掌合十，用慈悲音回答说："上座，你所说的庄严不是佛法所指庄严。在佛法中，得须陀洹、斯陀含、阿罗汉，才是我所谓的庄严！"上座听了恍然大悟，立刻合掌问："比丘尼，你现在获得什么样的庄严呢？"阿罗汉比丘尼回答说："我已经获得阿罗汉果，远离尘世烦恼！"阿沙罗听了立即施行五体投地大礼，然后合掌说："请您指点我，让我获得庄严身！""我自会这样做，不过之前我问你一个问题，"罗汉比丘尼继续问道："你知不知道天护长者去大海之中打捞珍宝，并且他发愿如果打捞到珍宝安全回家，就要举办五年一大会？"上座阿沙罗听了点头说道："这件事我已经知道了！"

"那我再来问你，"阿罗汉比丘尼问说，"你知道如果天护开办法会，应该有多少人为众生作福田？"

"这个，我还不知道！"阿沙罗面露惭愧色。

"好，让我来告诉你，"比丘尼阿罗汉继续说，"为众生作福田有一万零八名罗汉，还有学道之人加上净持戒者一共两万一十六人。其中上座你为最上座。可是你至今没有获得佛法真谛，没有获得任何成果，凭什么接受天护的供养呢？"上座听完这话顿时双眼泛出泪花。阿罗汉比丘尼见了问他："上座为什么听我说了这话就要哭泣呢？"上座阿沙罗合掌回答："我现在已经年老了，走路都有些迟缓，思考问题都有些费劲，还有时间得尽诸漏、了断所有烦恼吗？"阿罗汉比丘尼听了摇摇头回答说："对于你这个问题，我只用四个字回答，那就是'尽心佛法'。只要尽心佛法，什么时候都可以得果，不在年龄大小！只要尽心佛法并付之行动就是大善，就应该获得众生赞美。只有尽心佛法潜心修行才是断掉所有烦恼获得尽漏的根本。上座，当今能让你尽心佛法的人，只有优波鞠多。现在你快去摩突罗国那罗拔利精舍，现在他就在那里，他可以教授你如何庄严之道。”

“摩突罗国的那罗拔利精舍我听说过，可是一直没有时间去拜访尊者优波鞠多，”上座阿沙罗听了激动万分，“既然如此，我现在就前往那里，赶在天护施主开办法会前获得阿罗汉果！”说完他就穿着崭新的僧衣托着自己的饭钵赶往摩突罗国那罗拔利精舍。走了多日之后终于来到这里，经过打听获得路径来到优波鞠多禅房之外。

优波鞠多入定早观察看到上座阿沙罗站在门外，对坐禅中的弟子们说：“诸弟子，门外来了一位年老比丘，你们随我前去迎接！”弟子们听了立刻环绕优波鞠多来到门外，果然看到一位年老比丘在来回徘徊。

“师尊，这年老比丘为什么在这里来回徘徊啊？”弟子们问优波鞠多。

“最开始他为了获得正果来这里，可是到了这里觉得自己年龄很大却没有获得成果，实在是件丢脸的事情，现在正为是去是留而纠结。”优波鞠多说完，亲自拿来清水来到上座阿沙罗面前，合掌说：“上座远道而来，请清洁双脚！”阿沙罗并不认识优波鞠多，只以为他是普通比丘，摆手说：“我见不到长老优波鞠多决不洗脚！”优波鞠多弟子听了，指着师尊对阿沙罗说道：“这位就是我们的师尊优波鞠多！”

尊者优波鞠多竟然如此年轻！上座阿沙罗心中这样想着，接过水盆细细洗脚，然后进入精舍，跪倒优波鞠多面前说：“尊者年龄比我小很多却获得阿罗汉果，可见我虽然敬信佛法，但是修行之道却不正确，希望您指点我，让我获得庄严！”

“好的，”优波鞠多合掌说，“既来之则安之，上座就在这里随我们生活一段时间。”然后告诉那罗拔利二兄弟：“二位施主，你们做好斋饭，然后烧一些热水。我让众僧吃饱之后进行洗浴，然后一起打坐参禅。”

等到众僧吃完斋饭洗完澡后，优波鞠多让纲领职事敲打铜钟高声喊：“坐禅时刻已到，众僧进入禅房！”众僧听到召唤纷纷进入禅房打坐参禅。阿沙罗年岁大了加上刚吃完斋饭，觉得双眼发涩不自觉睡了过去。

“诸弟子，我们之前立过规定，凡是打坐参禅睡着的，都要为其他同修掌灯进行供养，”优波鞠多坐在禅坐上说，“我刚才听到酣睡声，是谁睡着了呢？”众僧听了急忙循声看去，见是阿沙罗，纲领职事立刻来到近前进行三弹指，见他醒来后说了规定，问：“阿沙罗你能执灯供养众同修吗？”“打坐竟然酣睡，执灯供养罚得太轻了，我当然愿意！”阿沙罗说完立刻执灯进行供养。

就在这个时候，阿沙罗看到优波鞠多全身发亮，心说：“这就是传说的火光三昧吗？”正在思考间，整个禅房都变得通亮，他转身看去之间一万零八名阿罗汉都跟着进入了火光三昧，如此壮阔的场景让阿沙罗心生喜悦，但是想到自己刚才的表现顿时产生了惭愧心，合掌说：“这是多么圣洁的地方啊，一万余名阿罗汉纷纷跌趺迦坐就好像一个个神龙攀附在地，将一切欲望都放弃了，稳定心思进行坐禅，没有多久都进入了火光三昧，如此地整齐划一，让我感觉到了僧团的和谐。单个看来，每个阿罗汉就像一个灯架，一万多个灯架照耀得禅房亮如白昼，实在太壮观了！一样都是修行之人，为什么我却只能旁观呢？这就是因为我最初的修行方式不对啊！”

“善哉善哉！”优波鞠多发现阿沙罗的心已经被调顺，张口说：“阿沙罗，我现在就教授你庄严之法。”阿沙罗听了拜倒在地敬听内容，之后按照优波鞠多的指示进行修习，终于获得阿罗汉果。“阿沙罗，你是我度化阿罗汉之一，”优波鞠多交给他竹板，“你将这块竹板投入窟中，算我度化阿罗汉之一！”

阿沙罗听了说：“我早就听说尊者每度化一人成为阿罗汉，就让其往窟中投放竹板，今天看着房屋中已经要满了，尊者功德真的太大了！”说完便将竹板投放进房屋中，随后使用神足通回到宿罗城自己修行之处。

阿罗汉比丘尼入定观察，见阿沙罗获得阿罗汉果，急忙迎了出来合掌说：“恭喜上座得阿罗汉果！”上座阿沙罗立刻合掌说：“承蒙你的大恩，我今天已经成为阿罗汉，终于庄严了自己！”

“回来得正好，”阿罗汉比丘尼说，“天护长者已经准备开办法会，聚集了十六万八千罗汉，更有三十二万一千六百名学道之人和净持戒的人。现在就在等候你回来担当这次法会最上座！”

“怎么这么多人参加法会，”阿沙罗合掌说，“那天你说的一万零八名阿罗汉为众生种福田，意思就是通过他们进入火光三昧，让我诸根调顺获得阿罗汉果，然后由我讲经说法利益众生。这一万八千名阿罗汉只是间接的种福田的人，是这样吧？”

“上座，”阿罗汉比丘尼回答说，“你说得没错，现在请去法会现场为众生种福田！”

阿沙罗听了立刻赶到会场为天护念诵愿文：“希望天护长者施舍极少而获得大果报！”天护听了愿文，问说：“上座，世尊说法一般都要说九十天，作为世尊的施主都要进行大量供养才行。而刚才您说我只要施舍一点点就能获得大果报，这样相比来说不是很矛盾吗？”

阿沙罗听了他的话说：“这是因为你本来就有深厚的善根。你知道吗，在过去九十一劫毗婆尸佛的时候，我和你都是商主。一天，你我用香花庄严大船之后进入大海，携带大量珍宝来到沙坛，你我将珍宝聚在沙土上，为毗婆尸佛作塔。完毕之后，你我坐船离开，这个时候原本晴朗的天空顿时变得漆黑，有天神在云彩里大声说，‘七天之后，这里将有大海浪袭击，我来把这个塔放置在阎浮提接受我和万民供养！’话声未落，你我见那佛塔离地而起，飘飘忽忽向远处飞去。正因为你我当初给毗婆尸佛起塔，在之后的九十一劫你我不堕地狱道、饿鬼道、畜生道这三恶道和八难处，常常投生在天界或者人界，增加善业。所以今天我获得阿罗汉，而你天护长者遇到最胜福田得以供养十六万八千罗汉，这不是少施舍而得到大果报吗？”说到这里，便对天护的儿子说道：“生生死死无穷尽要遭受多少苦难，你为什么不及早皈依三宝出家修行？”天护长者的儿子听了便就此出家，后来证得阿罗汉果。

优波鞠多度化阿罗汉之三

尊者优波鞠多在那罗拔利精舍修行处的时候，摩突罗国有一个婆罗门深深执着于“我见”，什么是“我见”呢？就是因为第六识而产生的认知。即对为色、受、想、行、识五蕴假合的身心之中的“我”抱有执着。有我见就会产生自私、自大心理，对任何人的话都不会听从和思考。正因为这样，婆罗门没有几个朋友，家人也不喜欢和他交流，这样一来就使得他性格更加孤僻，坚持我见。他非常痛恨人否定他的观点，痛恨人说他自私。有一次，一个出家人告诉他“我见”的危害的时候，他心里在冷笑，说：“没有我的话，现在和我说话的又是谁呢？”出家人见难以说服他只好合掌离去，他以为出家人辩论败了才离去，开始四处宣扬：“你看我多厉害啊，出家人和我辩论都输了，这就证明世界上有‘我’！”

这一天，有个优婆塞在路上遇到了这个婆罗门，心想：“这个坚持我见的人，是多么的可怜呢，我必须点醒他。”于是快步上前问：“婆罗门，你总是强调自我如何如何，那么我问你哪里有我？”婆罗门听了反问：“如果你认为世界上没有我，那么谁说无我之法呢？你告诉我具体地址，让我听听也好。”优婆塞说道：“尊者优波鞠多可以说无我之法，而且所说纯真可信！”这个婆罗门听了问：“优波鞠多的辩论才能怎么样，不要让我空跑才好！”优婆塞回答说：“优波鞠多的智慧不是我能用语言可以形容的，我劝你还是亲自去一趟看看！”

婆罗门听从了优婆塞的劝告，来到了那罗拔利精舍，大声问比丘们：“嗨，听说这里有个优波鞠多可以讲解无我之法，他在哪里？”比丘们听了指指远处的禅房说：“尊者就在那里讲经说法，你过去听吧！”婆罗门径直走了过去，看到优波鞠多被千万信者围绕正在讲经说法。“竟然有这么多人听信他的话？”婆罗门抱着胳膊站在那里心中思维：“可是我并不是那么好说服的，我看你能有什么把戏！”

优波鞠多见到婆罗门已经知道他心中所想，心说：“这个人非常执着，对自我任何的想法都非常看重，容不得被人说出不同意见，因此，我不能直接给他说法，我只能说给大众听，让他自己领悟。”于是，优波鞠多问信众：“你们知道‘有我’和‘无我’的区别吗？”信众都是接触佛法不久的人，还没有见到佛法真谛，听了他的问话后纷纷摇头。优波鞠多提高声音说：“这个世界上一切生物之间都有一定的依赖依存关系，没有单独存在的个体。更没有谁可以长久驻留这个世界，这就是无常。以我们人为例，色、受、想、行、识控制着我们的心智，让我们认为这肉体的我真实存在着，这种错误的想法就是‘有我’。对‘有我’迷信得越深，你的痛苦越大，各种苦不断折磨着你的肉体和精神。这些苦都有啥呢？主要是生、老、病、死四苦，然后是其他的一切诸苦。所以，我们出家人管世俗生活叫做苦海。只有达到‘无我’境界，才能脱离色、受、想、行、识的牵绊，而脱离苦海获得自在！”

“哎，我听了优波鞠多的话，才明白为什么我总是觉得不顺心，原来都是因为我坚持‘我见’，心中总是有我！“婆罗门听完优波鞠多的话，立刻断了“我见”证得须陀洹，然后出家修行证得阿罗汉果。优波鞠多也让他将竹板扔进房屋之中。

优波鞠多度化阿罗汉之四

在优波鞠多度化的阿罗汉当中，有很多是释迦族的人。下边咱们就开始讲讲优波鞠多是如何度化释迦族男子的。优波鞠多在那罗拔利精舍修行的时候，曾经有一个释迦族的男子因为长期心灵暗昧而产生昏昏欲睡的感觉，他寻找过很多医生吃了很多药都没有办法康复。后来有人跟他说：“那罗拔利精舍的尊者优波鞠多有六种神通，不如让他看看！”

万般无奈之下，他只好来到优波鞠多面前，双掌合十说：“尊者，一直以来我总是昏昏欲睡，我想问问你具体缘由”

优波鞠多当然知道他的病根，但是为了方便治病，他并没有直接点明，而是指着远处的一棵树问男子：“你看到那棵树没有？”男子看了过去，见是一棵庵罗果树，回答说：“尊者我看到了，那是一棵庵罗果树。”优波鞠多用非常柔和的声音说：“你现在是不是很困呢，那你就到那棵树下睡觉去吧！”男子听了只觉得头很重眼睛发涩，不由自主地走过去倚着树睡了过去。

“这个男子的疾病必须利用恐吓的形式才能治好！”优波鞠多想到这里，利用神通在其四周挖了深度有一由旬的坑，然后让男子进入梦境。“嗯，我刚才明明睡在树下，怎么会突然间站在了半山腰呢？”男子想到这里向上看去，见那山尖插在了云彩中。他感觉那里有什么东西在召唤自己，于是历经千辛万苦终于到了山顶。“啊，我来到了忉利天吗？”他远望四周，心中开阔，就在他抒发情感的这一瞬，大地忽然震动起来，他尖叫着从山顶滚落，巨烈的恐怖像一张网将他紧紧包裹，他的心脏几乎把所有的血液都挤到了大脑中。“啊！”男子一声尖叫醒了过来，发现自己衣衫都已经湿透。“我在哪里？”他惊魂稍定查看四周，发现了四周那深不见底的大坑，“尊者救我！”他看到对面站立的优波鞠多，仿佛看到了救命稻草一样。

“施主，你可以当那深坑不存在，跳过来就行！”优波鞠多轻描淡写地说。

“不能的，它明明就在我的眼前，怎么可以当作不存在呢？”男子带着哭腔说。

“那你闭着眼睛走过来，我保证你不会跌落下去！”优波鞠多鼓励男子。

“它在我的脑子里浮现，我没办法像你说的那样去做！”男子哭泣说。

“那好吧！”优波鞠多说着给他变化出一条小路，“你顺着这条路走出来吧！”

“尊者，它是真的路吗？走到一半消失的话，我就活不成了！”男子说着蹲下，用手探试小路。

“如果你不相信我，那么我走了！”优波鞠多说着就要离去。

“尊者，我听你的话，我这就走！”男子说着顺着小路走了出来，同时身后的深坑消失不见。他跟随优波鞠多来到修行处，跪倒于地上问说：“尊者，我走出深渊之后，觉得头脑清醒浑身轻松，我的病看来没有大碍了！”优波鞠多点头称是，然后说：“既然这样，你就离去吧！”男子行礼告辞，走到那棵树下的时候忽然升起了极大欢喜，心说：“尊者优波鞠多使我脱离了深坑之难，治好了我的病，我真的太幸运了！”优波鞠多探知他的想法，以神通出现在他的面前，合掌说：“施主，你觉得这深坑很深很可怕吗？”男子听了点头称是，优波鞠多说道：“这个坑并不深，你要知道还有比它更深更可怕的坑！”男子听了非常惊诧地说：“是什么坑呢？”优波鞠多继续说：“地狱道、饿鬼道、畜生道，堕入之后很难脱离，就好比你面前的深坑一样；比这还深的坑，那就是生、老、病、死，这种坑比你面前这坑深了不知多少倍！你要是不见圣谛，就像刚才那样没有出路，永远处在恐怖当中！”男子听了不再浑浑噩噩，立刻跪倒在地说：“原来让我浑浑噩噩的是这俗世的生活啊，我请求出家并拜您为师！”优波鞠多听了颔首说：“既然你已经看透了尘世，那么我准许你出家。”然后领着他来到禅房，出家之后指导他修行使其获得阿罗汉果。优波鞠多也让他将竹板扔进房屋中，算作他度化成罗汉中的一名。

优波鞠多度化阿罗汉之五

这一则还是与释迦族有关的人，如何在优波鞠多指导下获得阿罗汉的故事。优波鞠多在那罗拔利精舍修行的时候，东国有个和如来同族的男子，在家的时候喜欢管理各种事物，是治家和生意上的好手。后来，男子对俗世产生厌倦，交代好一切之后出家修行。修行之后，他仍然喜欢管理寺院事物，于是住持就让他负责管理一切僧事，比如负责和各位施主联系等等。后来，住持又推荐他到更大的寺院担当同样的职务，干了一段时间之后，那里的住持觉得他实在是个人才，推荐他去了别国更大的寺院。就这样，他在很多寺院担当同样的职务，所到之处受到比丘们的赞美，都这样说："长老，除了你没有别人可以担任这个职位啊，你可以让各位施主得生善根，又能让我们这些僧众获得供养！你实在是管理僧事的不二人选啊！"

在别人的夸赞下，他从事这个职务长达二十多年，后来终于产生了厌倦，对所在寺院的住持说："住持，我现在已经厌倦了管理僧事的工作。这些年来同修们纷纷获得各种成果，唯有我没有成果，所以我要学习坐禅。我听说在摩突罗国有个尊者叫优波鞠多，他教授坐禅是世尊所有声闻中第一的，我想拜他为师。从今以后，你自己管理僧事，我这里是所有的僧事记载，我交给你之后马上离去！"住持见留不住他只好接过记载，送他离开寺院。

男子徒步行走来到优波鞠多面前，仔细观察发现其果然面貌殊胜，立刻施行大礼，合掌说："请尊者指导我，让我获得成果，脱离苦海！"优波鞠多让他站起来，然后入定观察，心想：这个比丘经过多世修行，这一世将获得正果。只可惜还没有得到福慧，所以不能成正果。于是，优波鞠多问："比丘，你可愿意听我的指点？如果愿意，我才能教授你禅法！"男子听了双掌合十说："我当然愿意受教，请尊者多多指点！"

"既然你肯听我的，"优波鞠多说，"我就告诉你，能让你得到正果的没有别的途径，只能继续你之前的工作，为众僧劝化众生，让他们弃恶从善，从而让众僧得到供养。这样做你相当于做了两件功德。"

"尊者，我之前做这个工作长达20年，并没有得到任何成果啊！"男子问优波鞠多。

"比丘，既然你怀疑我，那么你请回吧！"优波鞠多说完走进禅房不再说话。

"尊者优波鞠多是阿罗汉，"男子心想，"那么他的话一定有道理，我不该怀疑！"于是，他走进禅房跪倒在地说："尊者，那么在这摩突罗国，谁对佛法有敬信？"优波鞠多回答说："你不要管这些，只管进摩突罗城去度化，肯定有对佛法有敬信的人，如果你让他主动布施的话，你就可以成为阿罗汉！”比丘听了这话心生愉悦，立刻穿着僧衣拿着饭钵进入摩突罗城寻找这个施主。可是他走了很长时间对众人不断进行劝化，结果并没有人愿意进行布施。男子心说：“一直以来，尊者优波鞠多都在度化摩突罗城，众生不会都没有善心，我要坚持下去！”于是继续往前行走在闹市中和一个长者贴身而过。就在这一刹那，长者心想：“这个比丘已经达到无我境界。他来到城中必然是度化世人，我怎么可以错过这样的机会呢？”于是，他高声说：“尊者留步！”待男子停下后，急忙来到近前施行大礼，然后合掌问说：“尊者，你这么早来到摩突罗城，需要什么东西吗？”

男子合掌回答说：“施主，我受尊者优波鞠多指派来这里化缘，但我不知城中人民谁对佛法敬信，谁对佛法不敬信，所以不知道该找谁乞得我想获得的东西！”

长者听了问男子：“尊者，你想得到什么呢？”

“施主，我想得到的并不多，”男子说道，“我只需要诸种饮食和治病医药就行！”

长者听了笑说：“尊者，我有良田千顷，有吃不尽的粮食；我有花不完的钱财，可以去购买所需药物。所以你不要忧愁，这件事我给你办了！”

男子听了说：“那么施主将会得到大福田，明天能否进行布施呢？”

长者说：“我之前就想到那罗拔利精舍对众僧进行布施，只是那里已经有了那罗、拔利二兄弟做大施主，我不方便出面。但是好在今天遇到了尊者，我的心愿终于可以达成了！”于是第二天，长者悉数带来各种物事对众僧进行供养。

“师尊，我已经完成了您说的任务！”男子跪倒在优波鞠多面前复命。“善哉善哉！”优波鞠多让他起立，然后对纲领职事说：“敲打铜钟，让众僧到这里集合。”众僧集合完毕，优波鞠多让纲领职事为长者念诵愿文，念完之后男子获得阿罗汉果。优波鞠多递给他一个竹板，说：“我每度化一个阿罗汉，就让他将竹板投入这个洞窟中，如今你已经得阿罗汉果，也要这样做才对！”男子听了接过竹板扔进房屋中，然后去普度众生去了。

优波鞠多度化阿罗汉之六

优波鞠多度化的阿罗汉中，有相当一部分是释迦族男子。下边要讲述的就是其中一个释迦族男子成为阿罗汉的故事。

优波鞠多在那罗拔利精舍修行的时候，有一个天竺释迦族男子非常喜欢建筑，特别在建造佛塔方面是个专家。他建造的佛塔坚固而且造型美观，加上特殊的镶嵌琉璃工艺，使得佛塔经晶莹剔透，在阳光下熠熠生辉，在月光下清净如洗。因此，经常有人请他建造僧房、佛塔甚至寺院。

由于男子长期和僧人交往，后来对俗世生活产生厌倦，跟随一个比丘出家修行。在寺院中，他继续从事建筑，为寺院添置各种佛塔和僧房。期间，其他寺院也经常请他过去帮忙建筑，僧人们都这样赞扬他："这世界上只有你能建造这样雄伟、壮丽的塔寺，只有你能建造这样好的僧房！"在别人的夸赞中他从事建造塔寺和僧房工作多年，而且还教授出了几个弟子。后来，他突然对这种工作生了厌烦，心说："我眼看着跟我同时出家的人都获得了阿那含等成果，而我却连最初的须陀洹都没有证得，真让我汗颜啊！"想到这里，他来到住持面前说："住持，我这些年来一直从事建筑，忽略了修行。我听说摩突罗国有尊者优波鞠多，非常擅长讲经说法，教授坐禅更是第一，我想到那里学习坐禅，从今以后，建筑的事情你找我的弟子就行！"

于是，男子连夜赶路，来到了优波鞠多面前，抬头仔细观看其面貌，心说："优波鞠多果然好相。当初世尊说优波鞠多没有三十二种相好，可是在我看来仍然萌生了无限敬意。"想到这里施行五体投大大礼，起来后双掌合十说："我久闻尊者大名，今天才有时间前来拜望，请尊者怜悯我，教授我禅定之法！"

"比丘，你出家多少年了？"优波鞠多问男子。

"已经十年了！"

"你觉得十年时间应该获得什么样的成果？"

"尊者，和我同时出家的同修现如今最低的都获得了须陀洹，而我则没有任何成果。之前一直忙于建造塔庙，耽误了修行！"

听了男子的话，优波鞠多入定观察，心说："这个比丘在之前人世对三宝尊敬，喜欢布施，获得了须陀洹果在天人界往返七次投生，这是他最后投生人界，在本生就能断掉所有烦恼获得阿罗汉果，从此脱离人天界获得大自在！只是现在福慧没有修得圆满，正果来得稍晚。从他的话中我听得出，他一直以为自己修建塔庙耽误了修行，实则上正是修建塔庙让他累积了无限功德，我需要让他继续这个工作，让他功德圆满！"想到这里，优波鞠多说道："比丘，你可愿意接受我的指点？接受我就立刻教授你禅法，否则不能教授！"

"我当然愿意接受尊者指点，"男子合掌说，"现在您有什么要求尽管说来！"

"我没什么很高的要求，"优波鞠多说道，"首先，你要在摩突罗国之内寻找一位施主，其次，让施主出资由你来完成两个工程，之一是要在摩突罗城内适合修建塔寺的地方修建塔寺，之二就是在适合修建僧房的地方修建僧房。你能做到吗？"

"尊者，这是我之前做的工作，没有什么难度。能不能给我难度大一些的工作呢？"

"比丘，这工作听起来简单，实际上非常难。首先，有这样雄厚财力的人并不好找；其次，两个工程加在一起，不知道需要多少年月。听我这么一说，你还有信心吗？"

"只要利于修行的事情我都能坚持。"说到这里，男子话锋一转说："尊者，我只是不知道摩突罗城中谁最有财力且对佛法最为敬信。"优波鞠多听了说："寻找施主，这也是你的工作之一，我不能提供线索，你只要信心足只管劝化，自然会有人做你的施主！"

于是，男子在第二天早晨穿着僧衣持着饭钵来到摩突罗城化缘。从早上到晚上没遇到一个合适的施主，就在他准备回精舍的时候，有一个长者对比丘施行礼足，然后问道："我看尊者这次进城并非一般的化缘。我有微薄财力，尊者有什么要求尽管和我说！"男子回答："我受尊者优波鞠多指派来城中寻找一位大施主，想在这城中修建塔寺和僧房，这需要大笔的资金，所以到现在我还没遇到合适的施主！"

长者听了说："尊者不要担心，您所需物品我都足量供给。咱们先去丈量一下佛地！"男子听了就和长者拿着绳索前去丈量佛地，绳子还没有打开他已经获得阿罗汉果。优波鞠多让他将竹板投入房屋之中。

"师尊，我虽获得阿罗汉，但是当初的承诺必须兑现，我想将塔寺、僧房修建完毕！"男子合掌说。优波鞠多听了颔首允许。男子经过两年时间使得摩突罗城处处有塔寺、僧房。看到长者获得功德，其他有财力的人纷纷出资当施主，由男子负责建筑，在整个摩突罗国范围内修建塔寺、僧房。这样一来，摩突罗国成为了佛教圣地之一。

优波鞠多度化阿罗汉之七

下边说的还是优波鞠多度化释迦族男子为阿罗汉的故事，还是发生在优波鞠多在那罗拔利精舍修行的时期之内。

话说，有个和如来同一种族的男子厌倦了尘世生活，来到优波鞠多这里请求出家。

"你为什么出家呢？"优波鞠多问男子。

"尊者，我向来喜欢美食，吃遍了天下美味，现在我为寻找不到更美味的食物而烦恼，所以想出家，请您怜悯收我为徒！"

"这个男子在往世礼敬诸佛，种下了强壮的善根，只是这一世因为贪食没有出家修行，我一定要度化他，使他获得阿罗汉果！"优波鞠多想到这里点头说："我可以收你为徒，但不知道你能否忍受得了出家人的饮食！"

“尊者，该吃过的我都吃过了，我不再贪恋美食，您尽管放心！”

“既然这样，之后你就是出家人了！”说完，优波鞠多领着他来到众僧当中询问：“他想出家，各位有反对的吗？”如此三次之后没有反对，就给其剃度更换僧衣。

男子出家之后一直精勤修行，但师兄弟都获得了不同的成果，唯有他没有得到任何果报。一天，他来到优波鞠多面前问说：“师尊，和我同一时期拜您为师的师兄弟都有了不同成果，为什么我还是老样子呢？”

“比丘，没有成果自然有原因，”优波鞠多说到这里指指外边的太阳说，“今天已经很晚了，明天你来我这里吃斋饭，我再告诉你具体缘由。”男子听了心说：“师尊是这里最上座，吃的东西一定很好吃。”于是，他欣然离去，第二天早早来到优波鞠多禅房等待吃斋。

“这是我昨夜精心熬制的酥油粥，味道怎么样？”优波鞠多捧着饭钵来到禅房，一股清香味道顿时四处飘散，男子闻到了口水差点流了出来，听到师尊发问立刻回答说：“师尊手艺真好，我还没吃就知道味道很好！”

“嗯，你这话说得非常真诚！”优波鞠多说着将饭钵递了过去，“粥太热要等凉了才能吃！”

“谢谢师尊！”男子接了过来，立刻用嘴吹气，想尽快吃到嘴里。优波鞠多坐在一旁闭目禅修。过了好一会儿，男子说：“师尊，粥已经凉了，可以吃了吧！”

优波鞠多睁开眼睛回答：“比丘，你忘记了当初的承诺了吗？”

男子反问：“我当初有什么承诺呢？”

优波鞠多摇摇头说：“你当初说不再贪恋美食，可是现在粥虽然凉了，但是你心中贪食之火已经熊熊燃烧，你需要用不净观将其熄灭！”说完，优波鞠多拿来两个空的陶器放在男子面前，“现在你喝一口粥不要咀嚼更不要咽下去，而是吐到这瓶子里！”男子立刻照做，见他完成之后，优波鞠多又盛一碗粥说：“你这次喝一口进行咀嚼，然后再吐到这个陶器里”男子照做，在咀嚼的时候感觉满口生香不肯吐出来。优波鞠多见了把第一个陶器推到他的跟前说：“既然你觉得美味，就将它喝了吧！”

男子听了急忙说：“什么，这粥食都已经有了我的吐沫，怎么可以吃呢？”

优波鞠多回答说：“这是你刚才吐的，吐沫也是你自己的，有什么不能吃呢？”说到这里话锋一转说：“你之所以不能得到成果，就是因为你的贪食之心并没有彻底死去！你应该像刚才一样，用不净观来约束自己，不久就会获得成果的！”男子听了这话立刻不再贪食，而且对其他贪欲困苦都看透，证得阿罗汉果位。

优波鞠多让其把竹板投入房屋之中，算作他度化阿罗汉中的一员。

优波鞠多度化阿罗汉之八

话说在南天竺有个释迦族的男子，天生少贪欲，什么东西只要得到一点就感觉满足。可能正是少贪欲的缘故吧，他对衣服和卫生没有太高要求，以至于衣衫破烂、周身恶臭，更别提用酥油涂身了。而且他对美食非常憎恶，从来不吃酥油乳酪。当别人问他为什么这样对待自己的时候，他说："我对这个肉身非常厌恶，所以不想让它干净，不想让它舒服，不想让它肥壮！"就这样，他越来越瘦乃至于走一段路就要歇歇，结果还是没有得到成果。他心想："我断绝这些欲望就是在修行，为什么反而得不到正果呢？谁能来告诉我答案呢？"

有一天，他通过同修知道了优波鞠多的美名，心想：世上竟然有这样的佛门大德，我应该请教一下。于是，他来到了优波鞠多面前问说："尊者，我一直信奉少欲就是修行，可我至今没有得到任何成果，难道少欲是错的吗？请您告诉我答案，如果能怜悯我收我为徒更好！"

这个年轻人应该在这一世就能断掉所有烦恼获得尽漏。但是因为他的身体太过瘦弱不能得道。这个情况世尊也曾经有过，好在他及时反省，最后终于获得了正觉！优波鞠多想到这里对他说："身体发肤源自父母，你怎么可以这样对待自己的身体呢，岂不是对父母的不敬？"然后命人烧了一锅开水，并准备各种浴具，对他说："比丘，你只有听从我的指导，我才能让你获知得道方法！"

"尊者是佛门大德，是尊贵的阿罗汉，我当然愿意受教！"

"既然这样，你先进浴室洗浴身体涂抹酥油，之后再吃一些食物。"

男子照办之后，觉得神清气爽且身心柔软，优波鞠多见了立刻为他讲解得道法门，男子听了顿悟，获得尽漏得阿罗汉身。优波鞠多交给他竹板，说道："我每度化一个阿罗汉，就要让其投放竹板于此房屋！"男子接过竹板照办，至此，优波鞠多功德又增加一分。

优波鞠多度化阿罗汉之九

在摩突罗国有个释迦族男子，自小身体孱弱受尽病痛折磨，长大后对生活又没有信心。有一天，他终于产生厌烦，来到父母面前说："我不适合尘世生活。我听说出家之后身体就会获得自在，我应该出家修行。"父母见阻拦不住只好同意。他来到优波鞠多面前申请出家，优波鞠多问："你的确做好了出家的打算，保证不会还俗吗？"得到男子的肯定答复后，优波鞠多收他为徒。

出家之后，男子才发现身体并不能获得自在。首先，那粗糙的饭食难以下咽；其次，那每天的坐禅让他倍感疲累。"谁说出家就能让身体获得自在呢？"男子非常懊恼，恨恨地想：我被出家人骗了，被佛法骗了！

于是他来到优波鞠多面前说："师尊，我不适合出家人的生活，我想还俗！"

"比丘，你之前是怎么承诺的呢？"

优波鞠多问他，"怎么这么快就反悔了呢？"

男子说了原因，优波鞠多心说："比丘因为贪恋身体的缘故决定还俗，我要开启方便之门，让他知道这样是错的！"想到这里对他说："你可以还俗，但是今天已晚，明天一早再走不迟！"

男子心说："唉，出了家才知道在家的好！师尊啊，就算你让我再呆半个月我也是要还俗的！"

当夜无话，第二天一大早男子就来到优波鞠多面前施行礼足，起来合掌说违心的话："尊者，虽然我还俗了，可是内心还是向着佛法的！"优波鞠多听了颔首说："你家离这里路途遥远，你还是早些上路吧。"男子听了这话满心欢喜立刻转身离去。

最初他归心似箭大步赶路，后来越走越慢，心说："我要是回家的话，父母也许会让我成亲，这样的日子也不是我想要的！"忽然间他觉得自己非常孤独，天下这么大竟然没有容身之所。他情绪糟透了一路上走走停停，后悔还俗的想法越来越强。到了太阳落山的时候，他走到了一座天寺下边，心中盘算："不如先住在这个天寺里，天亮以后再回到师尊面前申请出家。"想到这里他又变得开心起来，立刻来到天寺里寻找一处干燥的地方就地而眠。

半夜时分，他听到了一阵脚步声，趁着月光看去是一个挑着死人的夜叉向寺里走来。"哎呀，我竟然遇到了这么凶恶的东西，我该如何是好啊！"男子蜷缩在角落里大气不敢出。

"嗯，今天我就在这里吃了这个尸体！"夜叉说着环视四周之后撂下扁担，拽过尸体就要享用。就在这个时候，一声怪叫传来，一个黑影快速地扑了上来，接着就是嗷嗷怪叫和扑打声音。男子看过去差点吓死，原来又来了一个大个夜叉，他心说："一个已经吓我半死，又来一个岂不是要我小命！"就在他思维的时候，大个夜叉说话了："嗨，你这小个夜叉为什么抢我的食物？""呸，风大闪了舌头，这死人是我担到这里来的，你凭什么说是你的？"小个夜叉反唇相讥。哈哈哈，大个夜叉狂声大笑，反问："你又凭什么证明这死人是你担到这里的？"问完不由分说上来就抢。"住手，我有证人！"小个夜叉说着，用如精钢铁钩的长爪指指男子藏身的地方。"哎呀妈呀，我不逃就死定了！"男子立刻爬起来就跑，可是大个夜叉速度更快，追过去像拎小鸡一样将他提溜到小个夜叉面前问："你说的就是这个家伙？"小个夜叉点头称是，大个夜叉掐腰问男子："它说的是这样的吗？”

男子心想：把我弄死了，两个夜叉一人一个尸体也不用争了。既然要死，那就说实话，省得下地狱！想到这里指着小个夜叉说：“的确是它担着尸体先来的！”

“好你这个不知死活的人类，我今天就吃了你！”大个夜叉听了男子的话顿时暴跳如雷，大吼一声拔了男子一个肩膀扔在地上。

“不要伤害我的证人！”小个夜叉大喊一声，咔嚓一声掰下来死尸肩膀给男子补好。

“竟敢和我作对，看我的厉害！”大个夜叉说着咔嚓一声又将男子的胳膊拽掉扔在地上。

“有什么了不起，看我的！”小个夜叉眼疾手快，立刻又将死尸的胳膊接给了男子。

大个夜叉越来越火，不由分说将男子双脚拔掉，小个夜叉游戏一样又将死人双脚补上。就这样，一个拔一个补，很快男子身体和死尸对调。

“住手，”小个夜叉看着一地新肉说，“你我刚才为了抢死尸打斗，不如现在停手分享这些新肉怎么样？”

“好！”大个夜叉弯腰捡起一条胳膊就嘎吱嘎吱嚼了起来。小个夜叉随之捡起一条大腿撕扯起来，血顺着嘴角汩汩流下，场面极其恐怖。男子见了这个场面，再看看自己灰暗布满尸斑的身体顿时呕吐起来，心说：“唉，我还爱惜这个身体做什么呢？”想到这里连夜回到优波鞠多面前申请出家。

“你为什么又来出家呢？你这样三心二意的人我不能收！”优波鞠多摆摆手说。男子急忙将自己遭遇说了。优波鞠多说：“我来告诉你真相，那小个夜叉就是我变的，大个夜叉只是你的幻觉。你的身体还是你的身体，你回去吧！”

“师尊苦心教导，我现在明白之前贪爱身体是错的，请师尊怜悯再收我为徒！”

“你已经叫我师尊，我怎么能够不收你呢？”优波鞠多说完，开始给男子讲经说法，使其获得了阿罗汉身，然后递给其竹板投入石窟中，算作他度化的阿罗汉之一。

优波鞠多度化阿罗汉之十

下边和第八个故事相反，是一个非常爱惜身体的人，如何在优波鞠多点化下获得阿罗汉的故事。

话说在南天竺有个释迦族男子自小就非常爱惜自己的身体，每天都要洗一次澡，然后涂抹香油，不这么做就浑身不舒服睡不好觉。随着他年龄的增大，这种习惯越来越顽固，不但每天要洗三遍澡、涂抹三遍香油，而且之后还要吃很多美食，不然就像要死了一样浑身没劲。后来，他对世事看透出家修行。出家的生活对他来说非常简单，每一天都要洗澡涂油吃美食，使得他养了一身肥肉。不过，他的修行还是非常刻苦的，但是让人感到不解的是，无论他如何刻苦，就是不能获得果报，连最起码的须陀洹都没证得。而和他同时出家的同修都获得了不同成果，这让男子非常郁闷。

有一天，他和一个长老聊天的时候，对方告诉他说："你的苦恼我也没有办法解决，不过在摩突罗国有个阿罗汉名叫优波鞠多，他是世尊授记把佛教发扬光大的人，你可以去找他问问具体因由！"男子听了心花怒放，第二天就徒步启程，经过一个月的行走终于到了优波鞠多面前。他抬头观看优波鞠多，心说："尊者的确好相，让我看了不由得心生敬仰！"于是立刻进行礼足，然后合掌说："尊者，我按佛法要求每日精勤修行，可是到如今，我的同修都获得了果报，而我连须陀洹都没证得，我想问问您这是因为什么呢？"

嗯，这个比丘经过近百世的修行，已经铸造了稳定的善根，这一世就能获得尽漏断掉所有痛苦。只可惜他太贪恋自己的身体，所以不能得道！优波鞠多入定观察心想，我必须想办法让他舍弃这个缺点，从而获得阿罗汉身！想到这里问道："比丘，你如果能接受我的指点的话，我就告诉你因由，让你断尽烦恼成就阿罗汉身！"

这样的好事儿我必须答应！比丘想。于是又拜倒在地说："我愿意接受您的指点！"

"好，"优波鞠多颔首指着远处一株大树说，"你看到那棵树没有啊？"得到男子肯定答复后，优波鞠多继续说："你爬到树尖上去吧！"男子对优波鞠多非常认可，于是按照他的指示爬了上去。优波鞠多看他紧闭双眼，知道他恐高，于是大声说："比丘，你不要紧闭双眼，要勇于面对现实，现在睁开眼睛看看四周。"男子慢慢睁开眼睛立刻惊叫起来，原来他看到树的周围凭空出现了深不见底的深渊，自己蹲在树上就好比蹲在万丈悬崖之上。"尊者，救救我！"他大惊失色手脚并用紧紧抱住树身不敢动弹一分一毫。

"好，我来救你，"优波鞠多说，"你按照我说的来做，可保证你没有危险！"他看男子注意倾听，顿了一下说："现在放开你的右手！"男子没有丝毫怀疑，听了立刻放了右手，然后优波鞠多又说："放了你的左脚！"男子听了立刻放松左脚。"好，做得非常到位。"优波鞠多对男子进行夸赞，然后说："现在放了你的右脚。"男子听了思虑片刻慢慢地放开了右脚，这个时候他就像一只猿猴，仅凭左手吊着全身，优波鞠多手搭凉棚看到他的样子不但不担心，反而大声说：

“现在放了你的左手吧！”

“哎呀，”男子大惊失色地喊，“那怎么可以呢，我放开了就会掉下去，摔成一堆肉泥！”

优波鞠多说道：“你现在因为心中有我，对身体过度贪爱才怕死怕痛！你修行这么长时间应该知道世事无常，只有心中无我才能脱离无常！别管它，放开你的左手！”男子听了优波鞠多的话，经过好一会儿心理挣扎才放开左手任由身体快速坠下，他看到地面扑面而来立刻闭上双眼，等待头颅和地面相撞，血溅当场。片刻之后耳边风声顿止，他睁开眼睛发现自己好端端站在地上，而脚下还是之前一样的平地。“这是怎么一回事儿呢？”他不解地看着优波鞠多，“坑哪里去了？”

“比丘，深坑是你贪恋身体而表现出的恐惧，现在你不贪恋身体了，恐惧自然也就消失了，坑也就不见了！”优波鞠多一指对面说，“你坐在这里听我给你讲经说法！”男子立刻坐好洗耳恭听，听完获得阿罗汉果。优波鞠多让他将竹板扔进石窟，算作自己度化的阿罗汉之一。

优波鞠多度化阿罗汉之十一

下边说的故事是优波鞠多度化一个吝啬的人成为阿罗汉的故事。

话说摩突罗国有个贫穷的释迦族男子，辛辛苦苦活了几十岁终于看透了人生，来到优波鞠多面前申请出家。

“你为什么要出家呢？”优波鞠多问男子。

“出家人有人供养，不用为生活操心！”男子回答说。

“没想到你说话倒是真诚。好吧，我收你为徒，让你看看真正的出家人的生活！”优波鞠多说完领着他来到僧众当中为其剃度。这个人一直生活在贫穷当中，自然对一切有利于自己的东西都看得非常重。有一天，他跟着同修们出去化缘，路上遇到一个饥饿濒死的人。同修们纷纷将化来的食物进行施舍，男子心说：“都是别人供养比丘，哪有比丘施舍别人的道理呢？”于是，他紧紧护着饭钵没有进行施舍。

优波鞠多知道这件事之后，将男子找来对他说：“你现在应当修习布施积累善业！”男子听了问说：“师尊啊。我都没有怎么布施呢？”

优波鞠多回答说：“契合佛法所得的饮食和衣钵，你自己用不了的都可以布施给上下座。”

男子听了心说：“我自己辛辛苦苦乞食来的，凭什么给别人。”于是冷漠对待上下座不肯布施。

第二天，优波鞠多对两个弟子说：“他因为吝啬而不肯布施，你们需要让他对你们产生敬仰，从而施行布施。”两位弟子听了合掌领命，然后来到男子两边坐下来，片刻之后两位弟子耳中放射出金光来。男子见了心想：“这两位比丘肯定获得了神通,我需要表示敬意！”于是,将自己饭钵中的食物施舍多半给了他们。

隔了一天，有施主给那罗拔利精舍送来很多食物，点名要布施给男子。优波鞠多说：“行善善加倍，行恶恶加倍。这就是你昨天布施给同修的果报！”男子听了心生愉悦说：“哎呀，师尊啊，昨日布施那么少就能获得这么多，那我今天就多多布施上下座！”说到这里便将所得食物尽皆布施给同修们。这样一来，他固有的吝啬心一下子被毁灭，远离了贪嗔痴。优波鞠多感觉时候已到，指指对面座位说：“你坐在这里听我讲经说法！”男子恭恭敬敬听优波鞠多法语，之后获得阿罗汉道。同样，优波鞠多递给他竹板，让其投放进石窟中，算作自己度化的一员。

优波鞠多度化阿罗汉之十二

在摩突罗国还有一个释迦族男子，之前家中颇有家财，后来因为好吃懒做花光了积蓄。没有了金钱他觉得生活实在没有趣味，于是来到优波鞠多面前请求出家。优波鞠多入定观察知道他品性不坏，只是个人生活上懒散惯了，加以指点的话肯定能获得成果，于是让他出家为僧。为了便于指导，优波鞠多让他特别住在自己禅房附近。

男子好吃懒做惯了，没事儿的时候就睡觉，出家之后还是这样，不管是坐禅还是吃斋想睡就睡，所以不能得道。有一天，优波鞠多让他到一棵树下坐禅，没想到他一下子睡过去了。优波鞠多看到他酣睡不止，心说：“比丘是被魔困扰，头脑不清嗜睡成瘾，必须用恐吓的方式让他清醒，从而对睡眠产生恐惧，只有这样才能让他获得成果！”想到这里，他使用神通变化出一个七头毗舍阇倒悬空中，七头毗舍阇属于一种恶鬼，专门吃人肉或者吸食人的精神，可以造成睡眠障碍，比如鬼压床就是这种生物导致的。闲话少说，且说男子听到细碎的声音张开眼睛，看到七头毗舍阇就在自己头顶，吓得魂魄四散，立刻尖叫着跑进优波鞠多禅房。

“你不好好地坐禅怪叫什么？”优波鞠多问说。

“师尊，我看到了恶鬼，就，就在我的头顶！”男子比比划划说。

“只要你专心坐禅鬼怪不能近身，你还是去原地坐禅，不要害怕！”

“师尊啊，不行啊。我太害怕了，我不敢去！”

“这世界上还有比恶鬼更可怕的东西，”优波鞠多站起身来说，“你要是知道了，你就不会恐惧恶鬼！”

“什么，还有比恶鬼更可怕的东西，”男子因为恐惧面色苍白，“师尊快告诉我，否则下一次遇上我就没命了！”

“这个可怕的东西，你天天都能遇上！”听了这话，男子更加紧张，优波鞠多则轻松地说：“那就是酣睡啊。刚才恶鬼阻挡你睡眠了，你对它非常恐惧和憎恨。但是你知道吗，如果你持续这样睡下去，就不会获得正果。你获得不了正果，怎么度化众生呢？可以说恶鬼惊吓了你一个人，但是睡眠却耽误了多少众生获得利益？另外，只要你精勤修行，就算有鬼也阻挡不了你得道升天，而睡眠则不同了，它让你深陷其中不能获得阿罗汉身，让你这一生之后的生生世世受尽痛苦。你说是恶鬼可怕还是睡眠可怕呢？”

“那还用说，当然是睡眠可怕！”男子双掌合十羞愧地说，“多谢师尊指导，自此以后我不再在贪恋睡眠，加倍努力修行！”之后，他果然不再酣睡，在优波鞠多指导下获得阿罗汉果。同样，优波鞠多也让他将竹板投入石窟当中，算作自己度化的阿罗汉之一。

优波鞠多度化阿罗汉之十三

优波鞠多所度化的阿罗汉当中，有几个曾经修行获得须陀洹之后就不再修行的人，后来经过优波鞠多指导之后，认识到了自己的错误继续精勤修行获得阿罗汉果，彻底脱离了各种痛苦。下边一一讲来。

话说当初有一个释迦族的男子，因为看透人世来到优波鞠多面前申请出家。

“你为什么要出家呢？”优波鞠多问说。

“世间太苦，我不想被诸苦折磨所以出家！”男子回答。

“既然这样，我就度你脱离苦海！”优波鞠多说完，带着他来到众僧当中，问说：“这个人要出家为僧，你们有没有反对的呢？”连问三遍没有反对，就给他更换僧衣使其出家。有一天，男子问优波鞠多：“师尊，修行可以获得哪些果报呢？”

“只要精勤修行，你可以获得四种果报，最初是须陀洹果，渐渐修行至二果斯陀含、三果阿那含，七次往返后证四果阿罗汉，这才能获得尽漏了断各种烦恼获得大自在。”

“那么须陀洹果有什么好处呢？”男子又问。

“这个果报是初入佛门所得道证，可以不堕入恶鬼、畜生、地狱三恶道，在人间和天上往返投生。”

男子听了心说：“我只要获得须陀洹果，不堕落三恶道就行了，没必要获得阿罗汉道！”于是，他按照优波鞠多指点修行，不久获得须陀洹果。

“这个比丘认为获得须陀洹果就万事大吉，我必须点醒他。”优波鞠多看到男子不再修行立刻入定观察，心说：“我必须用活生生的例子，让他看到只修行道须陀洹果还是要承受诸多苦痛的！”想到这里叫他过来说：“比丘，你要知道生死之法不论多少，都是非常恶贱的。你不要满足于须陀洹果，应该继续修行才对！”男子听了心说：“我已经获得了须陀洹果，脱离了三恶道，为啥还要往返七次投生于人天界而获得阿罗汉呢？”于是，他虽然听了优波鞠多警告却仍然没有上进心。这一天，优波鞠多对他说：“你和我去摩突罗城乞食！”

男子听了穿僧衣托饭钵跟着师尊来到城里。两个人次第化缘来到真陀罗村见到一个满身生疮的小孩，其不断搔抓皮肤，原来那疮洞里有小虫子不断爬进爬出。

“唉，比丘，你看到那个可怜的小孩子了吗？”优波鞠多指着小孩问男子，“你可知道他为什么会投生真陀罗家庭，并且得满身恶疮？”男子摇头表示不知，优波鞠多继续说：“那好，我就给你细细说来！”男子立刻坐好，听师尊讲解其中缘由——“世尊在世的时候，有一个禅房中的纲领职事脾气不好，总喜欢挤对人。有一天，他看到一个罗汉比丘抓挠身体，同时闭着眼睛一副享受的样子就想挤对这个比丘一下，于是走到人家面前大声质问；‘你这个比丘啊，多少天没洗澡了啊？还是因为你身上生了疮洞，有虫子爬进爬出？’罗汉比丘不理睬他，起身去别的地方坐着。‘喂，我说你呢，你没听到吗？你这样的只能在真陀罗村那样低贱地方修行！’纲领职事不依不饶。‘好，那我就去真陀罗村’罗汉比丘起身向真陀罗村走去，嘴里犹自说着‘纲领职事啊，你要知道种恶因得恶果，你未来会投生真陀罗村并且得上疮洞，想要避免除非和我一样修得阿罗汉身！’纲领职事这才知道自己冒犯了罗汉，但是想道歉已经来不及了，只好精进修行想要获得阿罗汉道，不久修成了须陀洹果。这个时候他听世尊说获得须陀洹果就可以不堕入三恶道，就不再精进修行放逸了自己行为。之后，他六次往返在天人界投生。这一生是他最后一次投生人世，不过因为他之前辱骂罗汉，果真投生在了真陀罗村，并生了疮洞，虫子在洞中爬进爬出受尽了煎熬！”说到这里，优波鞠多指指真陀罗孩子说：“他的前生就是那个纲领职事！比丘，你是否还认为修成须陀洹果就万事大吉了呢？”

“师尊，我再也不敢放逸自己了，我现在就精勤修行，不修成罗汉不罢休！”释迦族男子跪倒在地，“请师尊指点，让我早日脱离人天界超脱轮回之苦！”

“好，你起来听我讲经说法！”优波鞠多说到这里，招手呼唤真陀罗小孩：“小施主你过来也一起听！”于是，释迦族男子和真陀罗小孩并排坐在地上听优波鞠多讲经说法。

就这样，释迦族男子通过修行获得阿罗汉道，优波鞠多让他将竹板扔进石窟当中，算作自己度化的阿罗汉之一。而那个真陀罗小孩因为听了优波鞠多讲经说法，对佛法产生敬信证得了阿那含道，这一生死去之后投生净居天。

优波鞠多度化阿罗汉之十四

摩突罗国有一个释迦族男子，亲人都去世之后对尘世不再留恋，来到优波鞠多面前申请出家，经过四羯摩之后成为僧人，尊者优波鞠多教授他不净观。所谓的不净观就是通过观想自身和他人身体的种种污秽不净现象，消除自身对欲望的贪恋，是对治贪欲的关键方法，佛教禅观修持的重要法门。比如对心有色欲的僧人，要教授他女人表象美丽娇柔，实则却是筋、骨、皮、肉、经、脉组成的东西，其内部是脏水四溢的内脏发着阵阵臭气，从而消除对女性的色欲心理，这就是不净观的一种。

且说释迦族男子在优波鞠多指导下勤修不净观，自以为达到了诸使不现的标准。看到这里你要问了，什么是诸使呢？诸使就是十使：第一是身见，也就是认为五蕴假合的身体的确存在，从而产生我见；第二是边见，就是认为“我”永远存在或者认为人死了之后一了百了，这都是极端看法，是不对的；第三是见取，对正见不采纳，独到专行喜欢邪见恶法；第四是戒取，比如说见牛狗死后升天，就学牛狗吃草吃屎，希望得以升天，也就是邪见恶行的一种；第五是邪见，顾名思义无须解释；第六是贪，贪心、贪色、贪食；第七是嗔，心生怨恨；第八是痴，愚昧无知，明知不得正道非要坚持修行；第九是慢，就是骄慢，对任何人都不礼敬，自以为是；第十是疑，对正法抱怀疑态度，犹豫不决乱拿主意，从而不利于修行。

十使不现可使人超脱三界，但并非得到圣道。但释迦族男子并不知道这个道理，只以为自己已经断了诸苦证得阿罗汉道。优波鞠多见他放弃修行就提醒说：“比丘，不要停止修行，不然不能入圣道！”释迦族男子听了说：“师尊啊，我觉得自己已经获得阿罗汉果，不用继续修行了！”优波鞠多知道强说没有结果，就打算用善巧之门让他清醒，于是说：“你虽然精修不净观，但并没有达到十使不现的标准，不然为什么没有获得阿罗汉而非说自己获得阿罗汉果呢？”释迦族男子听了不言语，优波鞠多知道他心有不服，又说：“这样吧，你去一趟乾陀越国去见迦罗和女，那个时候就会有答案了！”“好，真金不怕火炼，”释迦族男子说，“我就去乾陀越国，我倒要看看这个迦罗和女有什么能耐，可以验证我不是阿罗汉！”说完换一身僧衣托着饭钵向乾陀越国而去。

经过跋山涉水之后，一天晚上他终于来到了乾陀越国首都得叉尸罗城外，当时城门已关闭，他看着落日余晖心说：“明天到城里次第化缘一定要找到迦罗和女，让她看看我是不是阿罗汉！”当夜无话，第二天一早进入城中化缘，来到一户人家敲打房门讨要食物，不久一个美女端着食物出来，看到他之后紧闭嘴唇做羞涩之态。

“啊，这么漂亮的女人！”释迦族男子立刻萌生色欲心，用暧昧的眼神瞅着美女，说话都结结巴巴了，递过饭钵说：“女施主，你布施我饭食，就，就是为自己种，种福田！”美女听了心说：“这个比丘被我的美色迷惑，没有碰触到我的手，不听我说话声音，只是远远地看到我就有了欲望！”想到这里很为自己的美丽兴奋，不由得扑哧一声笑了出来，露出了森白的牙齿。释迦族男子久习不净观，看到那牙齿立刻心生恐惧，心说：“这哪里是女人啊，这分明是一副白骨披着人皮而已！”这个想法一起，他立刻获得阿罗汉果。这个时候他入定观察，知道面前女子就是迦罗和女，这才明白优波鞠多一片苦心，心说：“之前我的想法实在可笑，十使没有了断就自以为获得阿罗汉果。要真是阿罗汉的话，我怎么会被美女色相迷惑呢？我受益于师尊所教的不净观，使我见牙齿而想到人的本质，从而没有危害我的修行，反而获得阿罗汉果。我现在应该回去向师尊复命！”想到这里合掌说：“迦罗和女，因为见你我得阿罗汉，你功德无量！”说完步行出城，见左右没人施展神足通回到那罗拔利精舍。

“你见到了迦罗和女？”释迦族男子刚从空中落下，优波鞠多立刻问：“她是否证明你是阿罗汉呢？”

“师尊苦心，徒儿终于明白！”释迦族男子跪倒在地施行礼足，然后合掌说：“如今我真正获得阿罗汉果，请师尊验证！”优波鞠多听了睁开眼睛问说：“证得阿罗汉拥有六种神通，你现在可有这六种神通？”

“师尊，我刚才从空中落下，这是神足通；另外，我已经证得天眼通和天耳通，现在我还知道您心里所想，这就是他心通；我对自己前生过往都能一一了解，因此具有了宿命通；我现在没有任何烦恼已经证得漏尽通。阿罗汉所具有的六种神通我都具有，因此我说我证得阿罗汉果，不知道正确与否，请师尊指教！”

优波鞠多听释迦族男子回答后入定观察，发现其的确是阿罗汉，于是递给他一个竹板说：“善哉，你终于悟得正道获得阿罗汉果。你把这个竹板扔进石窟当中”释迦族男子照办，这样一来优波鞠多所度化的阿罗汉又增加了一位。

优波鞠多度化阿罗汉之十五

在摩突罗国还有个长者从小就吝啬，任何于自己有利的物都不施舍给人，凡是涉及钱的事情必须弄得一清二楚，自己稍微占一点便宜就高兴万分，稍微吃点亏就怒不可遏。不过，他虽然生长在有钱人家，但是自己并不是经商的料，没有三五年时间就将老祖宗留下来的财产给败光了。为了温饱他只能将家中的家具变卖了，结果坐吃山空最后只剩下五百个旧金钱。

终于有一天，他受够了这样的清贫的生活，心说：“与其这样憋屈活着，不如出家修行落得自在，这五百个旧金钱就当我以后治病的钱！”于是，揣着金钱来到优波鞠多面前申请出家。

“你真的对尘世已经看透，出家之后不再反悔吗？”优波鞠多问长者。

“尊者，世间太苦，我要过那种自在的生活，请收我为徒！”长者回答。

“不过在我看来，你还没有彻底放下尘世，你先住在这里，等你想明白了我再让你出家！”优波鞠多说。

于是，长者住在了那罗拔利精舍。他不舍得花自己的五百金钱，一有什么事情就从其他比丘那里借钱，而且从来不主动还钱，催得急了就说：“你们是出家人，不该对金钱这样执着！”再后来没有比丘借给他钱，他就到优波鞠多面前说众比丘的坏话。优波鞠多听了说：“长者，你现在贪恋金钱吝啬到了极致，就算你披上了僧袍托着饭钵，心还是没有出家。等到哪一天你能知我无我，我就收你为徒。”

“尊者啊，那得到什么时候啊，请现在就收我为徒！”长者跪倒在地央求。

“你要是能答应我的一个条件，我就收你。”

“尊者请快快说出来。”

“我知道你怀里有五百旧金钱，现在将它们施舍给其他同修吧！”

“尊者，你可要知道我这些钱是留着将来治病的！”

“长者，只要你精勤修行，总有一天会证得正果，到那时候还惧怕生病吗？”

“万一证得正果之前得病呢？所以我不是不想施舍，而是我为了保证得到正果，必须要留下这五百金钱。”长者狡辩说。

“既然这样，”优波鞠多变化出一千金钱递了过去，“这是一千新的金币，作为你的治病钱，这回你可以将五百金钱施舍同修们了吗？”

到了这个地步，长者终于有了羞耻心，推辞说：“我怎么可以要尊者的钱呢？”“不要推辞，有舍必有得，我施舍给你一千金币，我却可以建造更大善业！”长者只好拿了一千金币，然后把五百金币施舍给同修们，这个时候他体验到了施舍的快乐，心说：“原来施舍并不是痛苦的而是这样快乐的事情”想法一起立刻证得阿罗汉果。优波鞠多对他说：“我度化一个阿罗汉，就让他把这竹板扔进那个房屋中，如今你已经获得阿罗汉果，也按例执行吧！”于是，长者将竹板扔进石窟中。因为他没有了贪恋，把优波鞠多给他的一千金钱也扔进了石窟当中。

优波鞠多度化阿罗汉之十六

在优波鞠多于那罗拔利精舍修行的时候，有一个摩突罗国的释迦族男子前来请求出家。优波鞠多收他为徒后进行讲经说法，说：“世尊与你同族，你应该以世尊为榜样，精勤修行获得阿罗汉果才对。”男子听了心生坚定信念。之后在师尊优波鞠多的指导下，他精勤修行很长时间终于获得须陀洹果。

这个时候，他问优波鞠多：“师尊啊，须陀洹果有什么好处呢？”

优波鞠多告诉他说：“须陀洹果是脱离生死解脱之道的最初果，不过已经脱离了地狱道、饿鬼道、畜生道，可以在人界天界往返投生！”

听了这话，男子心想：“获得须陀洹果就这样费劲，按这个进度计算，我老死也不能获得阿罗汉果，我还修行什么呢？况且须陀洹果已经脱离三恶道，这对我来说已经足够了！”

于是，他就懒散下来。优波鞠多见他不再念经坐禅，更不出去乞食，就问他原因。男子如实说了心中想法，优波鞠多听了心想：“比丘心中对果报不敬信，这才疏于修行，我要用恐吓的方式让他醒悟。”于是对他说：“你懒散这么长时间了，今天你和我进城次第化缘松一下筋骨！”

男子随同优波鞠多次第化缘，遇到一个真陀罗族长满脓疮的孩子。“哎呀，怎么这么恶心呢？”男子捂上眼睛躲到了一旁。优波鞠多看去，只见孩子父母用铁铧为其削平疮痍，鲜血沾染了铁铧和患处，真是触目惊心。这个时候孩子又疼又痒哇哇大声哭叫起来，他的母亲听了心都碎了，流着泪说：“哎，你上辈子做了什么孽，竟然得了这样的病呢？”然后敷上昂贵的药物，说：“给你看病家里已经没有钱了，接下来可怎么办呢？”

看到优波鞠多之后，立刻上前行礼，合掌说：“尊者，我是真陀罗族，地位虽然下贱，但是仍然要礼拜您，希望这样累积善德，让我的孩子早些好起来！”

“既然这样，你们一家过来听我讲经说法！”优波鞠多说完，领着这一家子来到男子面前，说：“比丘，这孩子在过去世曾经获得须陀洹果，只可惜没有坚持修行，否则不会落得这样的下场。”

男子听了急忙询问具体因由，优波鞠多让他坐在对面，用慈悲音说起了真陀罗孩子的前世：“世尊在世的时候，禅坊有个纲领职事，为人刁钻刻薄，喜欢用话揶揄人。有一天，从别处来了一个年老的比丘，世尊观察其已经获得阿罗汉果，可是因为业力还是得了一身脓疮。这一天，罗汉在禅房中抓挠身体发出刺耳的声音，纲领职事没获果报，不能察知人家是罗汉，就大声呵斥，‘你这脏比丘，想用手挠来缓解瘙痒太愚蠢了，我告诉你一个好办法，那就是用铁铧削平，这样不

仅止痒而且治病！’说完这话还不算，竟然指着罗汉说，‘你这样的人也只配到真陀罗村修行，不要沾染了这里！’

“年老罗汉听了他的话站起身来说：‘比丘，你因为这张嘴已经造下了太多的罪业，这一次更为深重，你需要忏悔才是！’说完真的去了真陀罗村。

“后来世尊知道了这件事，就对纲领职事说：‘那年老比丘是阿罗汉，你因为污蔑了阿罗汉，未来生要遭受疮痍之苦，并且要投生真陀罗村。’

“纲领职事听了非常害怕就问世尊有什么办法可以避免，世尊告诉他说只有修成阿罗汉才能避免。于是，纲领职事精勤修行，没有多久就获得了须陀洹果。这个时候他非常兴奋，就问世尊须陀洹果有什么善果，世尊说须陀洹果远离了三恶道，可以在人间和天上反复投生。他听了立刻放弃了修行，之后在人天界反复投生。纲领职事就是这个孩子的前生，这是他最后投生为人，果真验证了世尊的授记，不仅投生了真陀罗村而且还患了疮痍，因为当初言语歹毒而承受铁铧削平疮痍之苦。这就是因果！听了这些，你还不精勤修行吗？”

男子立刻跪倒在地哭泣说：“今天听了师尊一席话，我茅塞顿开，之后一定精勤修行争取早日脱离苦海！”

于是，他和真陀罗孩子同时实行拜师礼，合掌说：“之前我没有领略佛法真谛不算出家，现在这一刻才是真的出家，所以对您实行礼节！”

不久男子获得阿罗汉果，优波鞠多让他把竹板投入石窟中。而那个真陀罗的孩子因为听了优波鞠多讲经说法之后，在须陀洹基础上精进修行获得阿那含道，命终后生在净居天。

优波鞠多度化阿罗汉之十七

下边说的是优波鞠多度化的阿罗汉比较特别的一位,具体过程下边细细讲来。

话说摩陀罗国有一家老人去世了，家中聚集了好多人操办丧事。当时优波鞠多次第化缘，来到这家的门口，利用天眼通看到了老人魂魄从棺材出来，面无表情地向地狱走去，心说：“这个老人未来需要投生七次才能健康活下来，到时候我要度化他成为阿罗汉，远离轮回之苦！”果然，在业力作用下老人再次投生为人，可是还没到一岁的时候，就得了一种不能吃饭的怪病，结果活活饿死了。之后，阎王观察其善业有余，就让他再次投生为人，结果还是没到一岁就死掉了。就这样，反复投生到第六户长者家里都是在一岁之前暴毙。

“这一次是第七世投生，如果再死的话，你就没有机会托生为人了！”阎王警告老人说，然后让他第七次投生另外一户长者家中，上天可怜，终于让他成功活过了一岁。不过，在他七岁的时候跑出城外去玩，被一个强盗给拐跑了。

优波鞠多入定观察，心说：“现在是我度化这孩子的时候了，可是他却被强盗拐走，我需要将他解救出来。”于是托钵进城乞食，径直来到一对“父子”跟前说：“施主，这孩子非常可怜，六次投生都在一岁前就死掉了，这一次好容易活过一岁，却被你拐走。我看他和佛法有缘，不如施舍给我，怎么样呢？”

孩子非常机灵，立刻大喊：“尊者救我！”强盗见状立刻捂着孩子的嘴飞奔而逃。可是他怎么可以和拥有六种神通的优波鞠多比呢，只见其使用神通变出车、马、象、步四军紧追不舍。

“我的天啊，什么时候来这么多官军？”强盗蜷缩在巢穴里向外观看，“这该如何是好？”这个时候，只听一阵鼓声过后有人喊：“强盗你已经被包围了，快快出来投降，不然大军攻入定斩不饶！”

强盗听了心生恐惧，急忙从巢穴中出来跪倒在地，对优波鞠多说：“尊者，国王军队信奉佛法，请您说服他们饶我性命！”

“放下屠刀立地得道，”优波鞠多听了颔首说，“我自会让官军放了你，现在听我讲经说法！”强盗立刻牵着孩子的小手，坐在对面听尊者优波鞠多讲经说法，之后诚心悔过获得须陀洹果。“尊者，你让我获得须陀洹果，之后永不堕入三恶道。您的大恩我没有办法报答。现在就如您在城中所说，我将这小孩送给您！”强盗说着放开小孩的手，让其坐到优波鞠多身旁，之后再度跪倒在地说：“我知道阿罗汉可以远离尘世痛苦，请尊者度我成为阿罗汉！”优波鞠多合掌说：“善哉善哉，只要你精勤修行自然可以成为阿罗汉。”然后又对小孩说：“你知不知道自己的前生往事呢？”小孩摇摇头，优波鞠多继续说：“你曾经是摩突罗城中的一位老人，去世之后投生在一个长者家中，不过没满一岁就得怪病活活饿死，之后五世都是这样死去，直到这一生你才活了下来。你我既然相遇就是有缘，那么我要度你超脱轮回之苦，你愿意吗？”小孩听了虽然懵懂，但是已经了解大概，跪倒在地说：“如今我也找不到父母，尊者就是我的父亲，请度我成为阿罗汉！”

于是，优波鞠多收回神通，那些官军瞬间消失，强盗看了更加坚定了修成阿罗汉的决心。回到那罗拔利精舍之后，优波鞠多系统地指导两个徒弟修行，不久小孩获得了阿罗汉道。强盗心想：“我身为大人，怎么可以落后于小孩呢？”于是日夜修行终于也获得阿罗汉果。优波鞠多也让他们二人将竹板扔进了石窟当中。然后，优波鞠多对小孩说：“你现在成为阿罗汉，应当度化七世父母。”

“师尊说得太对了，”小孩心生愉悦合掌说，“我没活过一岁，那是我的业力所限与父母无关。他们既然生我养我就是天作大恩，我应当回报。”说完入定观察，只见七对父母都因为失去儿子而十分哀愁，心说：“我的父母们为尘世的情所困走不出来，我现在就去为他们讲经说法。”于是，他辞别优波鞠多来到第一世父母家中。看到站在院中的小比丘和夭折的儿子十分相似，两位老人抱头痛哭。小孩说道：“两位施主不要伤心，我就是你们夭折的孩子，经过之后六世投生成为阿罗汉，现在度你们脱离苦海！”两位老人听了不敢相信，反问说：“你有什么凭证呢？”小孩拥有宿命通便将过去的事情一一说来，老人们听了再次落泪，听从小孩劝告坐地听法，很快获得了须陀洹果。

之后，小孩带着第一世父母来到第二世父母家中。当他们听说面前小罗汉就是夭折的儿子的时候，立刻化悲痛为喜悦，申请说：“小尊者，希望你度化我们，也让我们获得须陀洹果！”于是，小孩让两世父母坐地听法，之后二世父母获得须陀洹果。以此类推，直到七世父母家中，小孩一共度化了一十四人获得须陀洹果，成就了雄厚的善业。

优波鞠多度化阿罗汉之十八

在摩突罗国还有一个释迦族男子，他因为生活遭遇太多挫折之后心灰意冷，来到优波鞠多面前申请出家。优波鞠多入定观察之后发现男子心如暗海波涛汹涌，心说：“他将太多苦闷深埋在心里，导致思绪不稳心海躁动，我必须教授他坐禅，让他获得寂定！”于是指着对面说：“你现在什么也不用做，就坐在我对面闭目冥思！”男子按照优波鞠多所教授的方式进行坐禅，最开始不能定心，不是感觉这里痒痒就是那里不舒服，慢慢地进入了境界，得到了世俗定，接着是离开淫欲而得到清净完成初禅；接着定心细微，进入二禅，就这样一直到四禅。但是因为他对修行不是很了解，以为初禅就是须陀洹果，二禅就是斯陀含果，三禅是阿那含果，四禅是阿罗汉果。于是，四禅之后不再修行放逸自己。优波鞠多见了就进行劝说：“比丘啊，你为什么要放逸自己呢，为什么不继续修行呢？”

“师尊啊，我已经获得了阿罗汉果。阿罗汉道是佛弟子修行最高境界，为什么还要修行呢？”听了他的话，优波鞠多心说：“原计划，我让他获得寂定之后再给他系统指导，让他获得须陀洹果，依次到达阿罗汉果。可他对佛法不了解，从而产生认识上的误差，将自己看成了阿罗汉。我必须用善巧方法，让他知道自己的错误！”

于是，对他说：“比丘，既然你已经获得了阿罗汉果，就应该去村落中巡游教化众生，让他们受到佛法的最大利益！”男子听了立刻合掌领命，穿上僧衣托着饭钵向村中走来，心中升起了一份救世主的感慨，心说：“我获得阿罗汉果，自此以后不再有苦恼和恐惧。想当初我的生活就好像黑夜一样，见不到一点光亮。如今我却可以为别人点燃希望，是多么庄严的一件事啊！”

就在这个时候，前边传来喝骂声，中间还有兵器碰撞的声音，男子听了心说：

“光天化日之下竟然有盗贼抢劫路人，我身为阿罗汉当前去拯救众生！”于是，大咧咧向前走去，路过一片森林之后才看到是五百个贼人在追击一个商客。“抓住他，不要让他跑了！”盗贼们手捉大刀在后边急急追赶，商客手捂胸口亡命奔逃，鲜血滴滴答答洒了一路，看来伤得不轻。“哈哈，我抓住他了。”一个盗贼一个前捉住了商客的脚腕，使其狠狠摔倒在地。

“你这混蛋，把钱都交出来！”商客觉得眼前一花，十多把钢刀已经逼在了脖子上，当中一个头领一脚踩在他的胸口上大声喝骂：“不然我们捉住你的女儿，嘿嘿，后果你可知道？”

“你们这帮天杀的，我是不会将钱给你们的，我的女儿逃走了，你们追不到的！”商客话还没说完，寒光一闪，他的头颅已经飞了出去。盗贼们一下子红了眼，扑了上去将商客乱刀分尸。

男子看到这个血腥场景心生恐惧转身就逃，不过因为两腿发软扑倒在地。这个时候他反省过来，心说：“看来我不是阿罗汉，不然不会产生恐惧！”转念一想又乐了，说：“虽然不是阿罗汉，可我还是阿那含啊。”于是爬起来快速奔逃。唰啦啦，树丛中传来一阵脚步声，然后钻出了一个美丽的女人。

“尊者，”女人轻启朱唇说，“我的父亲被盗贼杀死了，这些人肯定要捉我啊，请带我逃走吧！”

男子听到这话立刻摆手说：“不行的，我是出家人，怎么可以和女人一起走路呢？”

女人听了流着泪水可怜兮兮地说：“尊者，我不求和你并排而行，我只求远远地跟在你的身后就行，请您大发慈悲就答应我吧！”

男子听了心说：“哎，好端端的父亲被杀，她一个女人家举目无亲被恐惧所围绕，我怎么可以见死不救呢，这不是违反了佛家慈悲的戒条吗？”想到这里说：“女施主，你远远地跟在后边，千万不要走到我身边来！”

“多谢尊者！”女人破涕为笑远远地跟在后边行走。二人走了一由旬路程之后，听见了潺潺流水声，出家人立刻奔过去清洗脸和手，然后提着僧衣下摆就要过河。

“尊者，河水太急，我恐怕过不去，您可以帮我吗？”女人大声问。

“我是出家人，不能碰触女人身体，你自己想办法吧！”男子说完步入大河当中，走到一半的时候，听得上游传来呼救声，循声望去竟然是女人滚落河水当中顺流而下。男子看了心生恐惧，不过好在女子扳住了一块石头，从河里冒出头来，张口呼叫：“尊者拉我一把！”话声未落呛了一口水松开手来，迷迷瞪瞪向男子漂来。当其将到面前时，男子心说：“女子也是人，救人一命犹如造七级浮屠！”于是急忙捉住她的手臂将其从水中拉起。就在这一刻，他感觉浑身一热，女人细嫩皮肤竟然撩拨起了他的欲望。他顿时愣住了，心说：“难道我不是阿那舍，否则怎么会有淫欲？”

思考间，两人已经过了河，女人娇羞地抽回自己的手，甩甩头上的水说：“尊者，您救了我命，我该怎么感谢您呢？您看我身无分文，不如就让我做你的奴仆吧！”男子感觉手中细滑的感觉还在，内心升起了欲望，凑到女子跟前一把将其搂住，说：“女施主，既然你做我奴仆，那么请满足我的欲望。”说着拽着女人就向一处隐蔽处奔去。就在他宽衣解带的时候，耳边传来一声佛号，循声望去女人已经变成了优波鞠多。

“嗯，女子哪里去了？”男子左右寻找不见女子，就问优波鞠多：“师尊怎么凭空出现了呢？”

优波鞠多回答：“不要寻找了，商客以及五百盗贼是我幻化出来的，女人是我变化的！”说到这里话锋一转，问他：“你既然是阿罗汉，为什么做出这样行径呢？”

“我，我……”男子无言以对，羞得面目通红。

“好在你还有羞耻心，这就是好的，现在跟我回精舍修行，以后不要再妄自评断自己所获得的果报！”优波鞠多说完先头走了，男子不敢怠慢急忙随后行走回到精舍。优波鞠多让他坐在僧房中面壁悔过，之后为其说法使其获得阿罗汉果，也让他将竹板扔进石窟之中。

优波鞠多度化阿罗汉之十九

在摩突罗国有一个长者，他的儿子不务正业到处赌博，为了拴住他的心神，长者决定让其成家。经过仔细物色之后，终于选中了一个美丽女子，之后择日成亲。长者儿子被女色所迷，果真不再赌博而是天天陪伴在妻子身旁。不过时间长了，他还是产生了倦意，加之有了孩子之后，家中总是处在嘈杂当中，让他没有清净的时候。他心说：“都说出家人修行处最清净，我实在受够了这样的日子，我要去找尊者优波鞠多申请出家！”于是，他背着家人来到那罗拔利精舍，向优波鞠多诉说自己的忧愁，然后申请出家。

“你新婚不久，能舍得娇妻爱子吗？你还是回去吧！”优波鞠多拒绝了男子的请求。

“尊者，您放心吧，我绝对不会反悔！”男子拍胸脯说。

“既然这样，你先住在精舍当中，等到你真的放下了我自然收你为徒！”

于是，男子留在了精舍。因为其世俗心太重，所以优波鞠多先教他坐禅。过程当中，男子思绪飘飞，想到了娇妻，心说：“我妻子是不是在到处找我呢？她是不是非常忧愁呢？”思想未必，听到身前传来衣襟摆动的声音急忙睁开眼来，娇妻竟然就在面前。她看着男子说：“夫君，你刚才是不是呼唤我了？”

男子喜不自胜，不过面子上装作非常严肃的样子说：“我什么时候呼唤你了，你是怎么来到这里的呢？是不是家中有什么事情了？”

妻子听了这话说：“家中没事儿，你不用担心，我只是忽然听到你的呼唤声，就来这里见你来了！”

男子听了心说：“奇哉怪也，家里离这里虽然不远，也不能说到就到，这里面肯定有缘由！”于是大声辩白：“你是不是跟踪我来到这里的？不然怎么这么快就出现在我的面前呢？”

妻子听了立刻说：“你后边这句话就证明你的确在思念我。你为什么不说出来呢，难道是怕尊者优波鞠多查知，从而心生惭愧，是这样的吧？”

说到这里妻子已经变回优波鞠多，问男子说：“你口中说什么话是因为你想过了，而心中想什么却不是口舌决定的。如果你没有想你的妻子，怎么会心神错乱被我查知呢？”男子听了心生惭愧，暗想：“据说阿罗汉具有他心通，果然是这样，我的想法被尊者知道得一清二楚！”

优波鞠多见他面露愧色，就说：“现在开始，你要舍弃欲念。你想想啊，你已经打算出家，如果再思念妻子，那么和将吐出来的东西再吃掉有什么区别呢？”

“尊者一席话惊醒梦中人！”男子双掌合十，“我当立刻断掉一切欲望，皈依佛法僧三宝！”说到做到立刻获得阿罗汉果。优波鞠多让他把竹板扔进石窟中，算作他度化的一员阿罗汉。

优波鞠多度化阿罗汉之二十

俗话说苍天不负有心人，可世界上有心人的确太少了，所以成功的人不多。修佛也是一样，并不在乎你的出身和种姓，只要心诚，持之以恒修行就会获得正果。优波鞠多就曾经度化五百个放牛人成为阿罗汉，这就是有力的证明。想看他怎么度化这五百放牛人的吗，那么请你耐心看下去——

优波鞠多在那罗拔利精舍修行的时候，有一天他对弟子们说：“虽然我教授坐禅第一，大家都奔着坐禅来的，但是化缘也是不能少的，它也是出家人必做的功课。今天，我们各自去化缘，希望大家回来之后都有收获！”说完，他第一个穿僧衣托饭钵走出精舍。弟子们见了心想：“城中施主众多，我们可以去那里乞食，同时给众生讲经说法。”而优波鞠多入定观察，发现荒野中有五百放牛人将成为阿罗汉，于是决定到那里度化他们。

五百放牛人在荒野当中守护牛群，远远地看到天边走来一个出家人，就彼此传告说：“一直以来咱们都在放牧，很难遇到出家人。这次竟然幸运遇到了，咱们应该进行供养！”传话完毕，优波鞠多已经来到了近前。

“尊者，你从哪里来要到哪里去？”有放牛人问。

“我从那罗拔利精舍来，专门来这里度化各位！”优波鞠多说。

“哦，您来自那罗拔利精舍，那么可认识尊者优波鞠多？”另外一个放牛人问。

“我就是优波鞠多！”

五百放牛人听了立刻聚拢过来，对优波鞠多施行五体投地大礼，然后用不同的干粮进行供养。供养完毕纷纷端坐在一旁，听优波鞠多讲经说法。

“生、老、病、死等各种苦横行世间，形成波涛汹涌的苦海，而众生就好像其中的小船，颠沛流离不知所归，时刻有葬身大海的危险。你们听了会问我，苦从哪里来呢？我来告诉各位，苦来自于你的心里，因为你有贪欲，太过执着，对人或者物有嗔恨，诸如此类的各种情绪滋养了心魔，蒙蔽了你们心眼，所以你们看不到正法，接触不到正法，当然会被各种痛苦折磨。想超脱痛苦就必须消灭各种欲望，各种愤恨，各种妄想，最终成就不死之身！”

五百放牛人听了优波鞠多的法语之后，顿时明白了自己为什么处处不如意，纷纷获得须陀洹果。有人建议说：“贪恋人世，贪恋口腹之欲，贪恋世俗各种情爱，所以我们痛苦。如今，我们都获得了须陀洹果，不能半途而废，我们要把牛还给主人，跟着尊者到那罗拔利精舍修行，希望尊者批准！”其他人听了纷纷赞成，于是将牛还给主人后，跟随优波鞠多修行，先后获得了阿罗汉果。优波鞠多同样让他们将五百竹板投入石窟当中。同时度化五百人成为阿罗汉，这足以说明优波鞠多功德至深。

优波鞠多度化阿罗汉之二十一

在摩突罗国有一个释迦族男子，他原本从事自家生意，后来逐渐对生活失去兴趣，来到优波鞠多面前申请出家。优波鞠多入定观察，发现男子世俗心很重，于是决定教授他坐禅之法。

男子悟性很强，没有多久就获得了世俗定和四禅。不过，因为他对佛法缺少了解，在获得初禅的时候以为自己获得了须陀洹果，获得二禅的时候以为自己获得了斯陀含果，获得三禅的时候以为自己获得了阿那含果，获得四禅的时候以为自己获得了阿罗汉果。心说：“我如今是阿罗汉，是佛弟子当中修行最高境界，不用继续修行了！”于是开始放逸自己。优波鞠多见了，就劝说他：“比丘，你不要停止修行啊，不然获得不了更大的善果！”

男子自信心十足，听了这话回答说：“师尊啊，你身为阿罗汉怎么能不知道我获得了阿罗汉果呢？”

优波鞠多听了这话，心想：“比丘现在只是获得四禅，就自认为获得阿罗汉，我不能实话告诉他否则他肯定失去信心，我应该利用善巧让他自悟！”想到这里对他说：“这一段时间有很多人来这里请教佛法，既然你已经获得阿罗汉果，那么就住在精舍回答各位居士的疑问吧！”

男子当然非常高兴地接受了邀请，独自居住一个禅房，等待居士前来提问。优波鞠多稍后派遣一个讨教佛法的居士来到他的面前，问说：“尊者，我对佛法有不懂的地方，你能教授我吗？”

男子听了说道：“当然可以，居士请问！”

“尊者，光音天众生有什么特点呢？”居士问。

“光音天里的众生以快乐为食，终生不受各种痛苦困扰！”男子回答。

“修得须陀洹果，众生可以获得什么果报？”居士问。

“须陀洹果，可以不堕入三恶道，往返投生于人天界！”男子回答。

接下来居士又问了几个问题，男子都按照佛经进行回答。之后，居士突然问说：“这里有一部分尊者并非在这里出家，尊者你是否在这里出家呢？师尊又是哪位尊者呢？”

男子回答说：“我就是在这个精舍出家的，我的师尊是尊者优波鞠多。”

听了这个回答，居士立刻对男子非常尊重，合掌说：“尊者优波鞠多是无相好佛，他能做你的师尊，这可是你前世修来的大福德啊！”

说到这里他又问男子说：“尊者，优波鞠多为你的师尊，让你念诵的经文有什么不同呢？”

男子回答说：“我诵修多罗毗尼阿毗昙。”

“哦，果然不同啊！”居士非常高兴，继而又问说：“尊者，你获得什么果呢？”男子听了产生了骄慢心，回答说：“我最初获得须陀洹果，现在是阿罗汉！”居士听了更加来了兴趣，继续问：“尊者，你通过什么道获得这四个成果呢？”男子听了不假思索地说：“我通过世俗道获得这四个果！”听了这话居士顿时大摇其头，说：“尊者，据我所知，如果以世俗道的话，你并没有得到成果，还是凡夫俗子！”

“不可能的，我就是阿罗汉啊！”男子坚持自己的看法。

“那么，你现在能知道我的想法吗，能看到千里之外的东西吗，能听到远处落叶的声音吗？”居士连珠炮似地发问。男子听了不断摇头。居士说：“这些都没有，说明你不是阿罗汉！”

这个时候，男子才彻底相信自己并非阿罗汉，心说："哎，我没有得道，还装作得道的样子教育人家，真是丢脸啊！放眼天地之间，像我这样痴傻的众生实在太多了，我应该精进修行超脱这三界才是！"

于是，他来到优波鞠多面前，跪倒在地说："师尊，我并没有得到正果，希望您能教授我更多禅法，让我得到正果！"

优波鞠多听了，知道他对三界产生了厌恶心，于是让他坐在自己面前开始讲经说法。男子终于真正了解佛法，在优波鞠多指导下精进修行最终获得阿罗汉果。当然，他也按照规矩，将竹板投入石窟，至此，优波鞠多度化的阿罗汉又多了一位。

优波鞠多度化阿罗汉之二十二

在摩突罗国有个男子从小对佛法就非常向往，不过他家里就他这么一个儿子，父母当然不会让其出家修行。当男子长到20岁的时候，出家的想法日益强烈，老人没有办法就给他找了个漂亮的妻子。新婚燕尔，男子和妻子双宿双飞，老人看了非常高兴，私下说："这下好了，咱们就等着抱孙子吧！"可他们不知道这只是假像，男子一直在寻找适当机会说服妻子同意他出家。这一天，男子故意和妻子争吵，然后在"气头上"说："这样日子我过够了，我要出家！"妻子听了二话不说就把他的衣物往他身前一扔说："那你现在就走吧，我不留你！"男子心中暗喜，简单打一个包袱之后来到父母面前辞行。

"咱们家颇有家资，你怎么可以有出家的想法呢？"老人听说儿子要出家，惊讶之下问说："是你的妻子对你不好吗？"

"不是妻子对我不好，是我真的想出家，你们也知道从小我就有这个愿望，希望你们成全我！"男子说。他的妻子听了更加生气了，说："敢情你刚才为了出家和我吵架，你这个人怎么这样啊，你以为我不支持你吗？"说到这里话里多了揶揄的成分，"出家多好啊，吃喝不愁，每天只管念经，我要是男人我也去出家！"

"够了，不要说那些没用的话了！"父亲打断儿媳妇的话，对儿子说："我只有你这么一个儿子，你出家了，我和你母亲老了怎么办？这么多家财我留给谁？你不能出家！"

"对，"母亲附和说，"除非你让儿媳妇怀了孕，否则坚决不行！"

"我铁了心要出家，怎么可以产生淫欲呢？"男子哭泣着说："你们不让我出家我就死给你们看！"

"我跟你说吧，就算你死了，我都不让你出家，更何况你没有死！"父亲真的动了肝火。

"你们顽固不化，如果不同意的话，我就不吃饭，直到饿死！"男子说到做到，真的接连六天没有吃饭，这一下吓坏了父母，他们商量说：“这样下去孩子真的就死了，不如同意吧，他出家了咱们想他了还能去看看，要死了的话想看也看不到啊！”于是，他们来到儿子面前流着泪说：“你吃一点吧，我们答应你还不行吗？”

年轻人一听这话非常高兴，从床上爬起来拜倒在地说：“你们不要伤心啊，我出家修行也是为了你们二老积德行善啊！”

父母流着泪说：“不用解释了，我们这些都明白。话说回来，我们虽然同意你出家，但是希望你经常回来看看！”

年轻人回答说：“如果我的师尊让我回来，我自然会回来见你们！”

父母、妻子送他到城口才依依不舍回了家。一进家门，妻子就号啕大哭，说后悔没有拦着自己丈夫。母亲劝她：“你要是真想让他回来啊，就等到他再回来的时候说服他还俗就行了。”妻子听了这话才停止哭泣。

且说男子来到了那罗拔利精舍见到了尊者优波鞠多，见其面目和善立刻心生敬仰，合掌说：“尊者，我从小就想皈依佛法，请度我出家！”

优波鞠多入定观察，发现男子尘缘未了，于是合掌说：“施主，你尘缘未了，我不能度你出家，你请回吧！”

男子一听激动地说：“我已经离开家到了这里，我怎么能回去呢？”

优波鞠多听了就让他暂住在精舍，打算其尘缘了了之后度他出家。男子每天没有事儿做，就跟着优波鞠多学习禅法，还别说，他很快获得了世俗定和四禅。这一天他想：“父母现在一定很想我，我应该回家看看去。”于是向优波鞠多申请回家，优波鞠多知道他这次回家肯定会有波折，可是业力所限，他虽为阿罗汉也没有办法使其化解。

男子归心似箭，刚到家门口就大声呼喊：“父亲母亲，我回来了！”

二老听到儿子声音泪如泉涌，互相搀扶着从屋里走了出来，打量儿子半天齐声说：“孩子瘦了！”说完，一家人搂在一起放声大哭。这个时候，男子心说：“这才几天啊，父母就苍老成这样，唉，我太不孝顺了！”当天晚上，他坐禅修行，妻子在一旁辗转反侧，幽怨地说：“我是你的妻子，你这样做把我当成了什么呢？”

男子听了反问：“谁让你当初不阻拦我，还积极为我准备出家的东西呢？”

妻子回答：“当时不是和你置气吗，现在人家后悔了。你回来吧，如果不回来我就死给你看！”说着抽噎起来。男子最怕妻子哭泣，顿时后悔出家，搂着妻子说：“你不用以死相逼，我明天就回去和尊者说不出家就是了！”妻子听了这才破涕为笑。

第二天，男子行走半天回到优波鞠多面前说：“尊者，我后悔出家决定，现在我要收拾一下东西准备回家！”

这早在优波鞠多意料之内，心说：“男子贪恋家中生活，贪恋娇妻要还俗，不过他的妻子即将死去他还不知，我要让他明白个中缘由，断了还俗的想法！”于是，很平淡地说：“施主，你根本就没有出家，哪里来的还俗呢？不过今天天色很晚了，不如明天再走不迟！”

第二天，男子辞别优波鞠多回到家中，一进院子就看到了一口漆黑的棺材，顿时两腿发软，大声喊叫起来：“有人吗？这是谁，去，去世了？”二老听到声音从屋子里奔出来哭喊着说：“我的儿子啊，你回来晚了，儿媳妇她自杀了啊！”听到这个噩耗，男子觉得眼前一黑，稳定情绪后打开棺材盖，妻子的面容出现在视线里：“爱妻啊，你为什么不等我回来啊！”他终于忍受不住悲痛号啕大哭。半天之后，父亲劝说：“唉，人已经不在了，你就算哭死有什么用呢？还是送她到坟场吧！”

于是，三人合力将棺椁送往坟场。走到半路的时候，发现从棺椁缝隙中爬出好多蛆虫。到了坟场还没落地，棺椁咔咔几声之后散开，一团团的蛆虫从里面淌了出来……

啊，男子大喊一声醒了过来才意识到是一场梦，只是这梦太真实，以至于他因为恐惧出了一身汗。天亮以后，他来到优波鞠多面前说：“尊者，我梦到妻子死掉化成蛆虫！”优波鞠多回答说：“这梦并非子虚乌有，你回家看看就明白了！”

男子急忙回到家中见院落空空，呼喊几声也没人回答，心想：“莫非梦是真的？”想到这里急忙奔到坟场，见到父母正在挖掘坑穴，旁边停放着一口漆黑棺椁。男子强忍泪水来到近前询问父母说：“我的妻子怎么死的？”

二老听了将事情经过讲了。原来，妻子在他走后，心想：不出家就不出家，为什么还要回去禀告尊者呢，这里肯定有诈，夫君这是骗我啊，从此以后不会回来了！想到这里，寻找一根绳子就上吊了，等到老人发现的时候已经断气了。

男子听了心如刀绞，立刻扑到棺椁上痛哭起来。就在这个时候，从棺椁缝隙爬出好多蛆虫，片刻之后棺椁咔嚓一声裂开，蛆虫团团而出，整个过程和梦中一样。

“人间无常啊，死了之后竟然被蛆虫啃咬，最后连一丁点儿骨头渣子都没留下！”男子对俗世生活产生了厌恶，辞别双亲重新回到优波鞠多面前。

“你可看到你的妻子？”优波鞠多问。

“看见了，最终只不过是一堆烂肉和团团蛆虫！三界无常，只有出家修行才是脱离痛苦的最根本办法！”男子说完，优波鞠多入定观察其已经证得阿罗汉果，于是说道：“你虽然没有正式出家，却已经获得阿罗汉果。我每度化一人成为阿罗汉，便让他将这竹板扔进那个石窟中，你也照例投放！”男子接过竹板将其扔进石窟，然后度化世人去了。

优波鞠多度化阿罗汉之二十三

还有一个释迦族男子，对生活失去兴趣后，来到优波鞠多面前要求出家修行。优波鞠多收他为徒，观察发现男子抱有我见，心想：“我让他学会坐禅，然后慢慢消除我见！”于是，教授男子禅法，使其获得四禅。

男子对佛法不是非常了解，加之有严重我见，所以自以为初禅就是须陀洹，二禅就是斯陀含，三禅是阿那含，四禅是阿罗汉。心说：“我如今是阿罗汉身，没必要再修行了！”优波鞠多知道他并没得到这四个果，就开方便之门让他醒悟，开口说：“你既然成为阿罗汉，就要利益众生利益同修。现在你去寻找优婆塞（居士）化缘，乞来饮食医药等物品，六日供养众僧！”

男子心说：“师尊这是不信我获得阿罗汉身，在考验我呢，看我让他开开眼！”于是合掌领命，来到城里之后进行化缘。

优婆塞听说有那罗拔利精舍比丘来城中乞食，就纷纷来到男子面前，对其进行礼拜之后，问说：“尊者，你今天来城中要得到什么呢？”男子说道：“各位优婆塞，尊者优波鞠多让我寻找你们乞得饮食医药，对众僧进行六日供养！”众居士听了急忙说：“原来是这样啊，这可是利益我们的好事儿啊，尊者你别着急，这事儿我们给您办了！”

男子听了这话乐了，心说：“师尊啊，你这考验也太简单了，我一进城就把事儿办妥了！”这个时候，天空有声音说：“获得阿罗汉者没有骄慢心！”男子听了立刻明白自己并非阿罗汉身，急忙来到优波鞠多面前施行五体投地大礼，然后合掌说：“师尊，因为我之前对佛法不了解，以为获得禅定就是获得了果报。我已经知道并非这样，请您教授我禅法，让我早日证得成果！”

“你之后还会起骄慢心吗？”优波鞠多问男子，男子合掌表示不起，优波鞠多继续说：“好，既然你已经保证不起骄慢心，现在我就教授你禅法！”男子听了立刻坐在对面听法，听法完毕获得阿罗汉果。优波鞠多也让他将竹板投入石窟之中，算作自己度化的阿罗汉之一。

优波鞠多度化阿罗汉之二十四

下边说的故事非常有趣，是优波鞠多度化阿罗汉中，经历最为复杂的一个。

话说优波鞠多在那罗拔利精舍修行的时候，在罽宾国有一个名叫善见的比丘，他经过艰苦修行获得了四禅并得到了五种神通，即天眼通、天耳通、他心通、宿命通、身如意通，和阿罗汉就差一步之遥，是凡间大圣。他经常利用神通帮助别人，逐渐建立了很好的名声。有几次遇到干旱，他应百姓请求让天降甘露，于是乎名声更盛。这一天，罽宾国国王听说了他的名声后，亲自来到其修行处进行礼敬。国王拜见那还了得，善见自然升起了骄慢心，后来竟然产生了上慢。啥叫上慢呢？就是没进入圣道非得说自己获得了圣道，没有得到阿罗汉果，非得说自己得到了阿罗汉果。老百姓的话叫做抬高身价自吹牛皮。

善见出名了，自然来见他的人更加多了，有的人就会问他："尊者，你获得什么成果了？"

善见就会自吹自擂说："施主啊，我已经成就了阿罗汉果，自此以后不再受任何苦痛折磨！"人们听了对他更加敬重，乃至于言听计从。后来，善见的名声传到了那罗拔利精舍，优波鞠多入定观察发现善见并非阿罗汉，心说："善见比丘根据业力应该成为阿罗汉，只可惜现在心生上慢，使得他不能及时获得正果，让我来度化他！"赶巧，摩突罗国众生普遍抱有邪见，帝释天为了惩罚众生，让这里接连干旱 12 年，众生惶惶不可终日，试验各种恶法不能见效，最后聚到一处商量对策。

"这天气怎么了，干旱了这些年，我们该怎么办啊？"

"所有办法都用过了也不见效啊，唯独没有去那罗拔利精舍请求尊者们。"

"对啊，听说罗汉都有神通，我们去求尊者优波鞠多吧！"

于是，人们来到优波鞠多面前请求降雨。"各位施主，"优波鞠多回应道，"并不是我不肯降雨，而是我没有这样的神通啊。不过你们可以去找另外一个人试试看"

人们听了纷纷问："到底是谁还能比尊者厉害呢？"

"那就是罽宾国善见比丘"优波鞠多合掌说："你们快去求他来摩突罗国，到时候定会天降甘霖，万物复苏！"

众百姓听了立刻推选一位代表，让他到罽宾国去求见善见比丘。

善见比丘接见代表，看其一身尘土，让其洗浴之后问说："施主，你从摩突罗国来这里，有什么事情吗？"

"尊者，如今摩突罗国遭遇十二年干旱，我们听闻你的大名，想请求您为我们降雨！"代表跪倒在地施行礼足，然后合掌说："摩突罗国所有众生都在翘首等待您呢！"

"奇哉怪也！"善见比丘合掌说，"摩突罗国不是有尊者优波鞠多吗，他是世尊授记弘扬佛法的人，并且他身为阿罗汉，怎么不给你们降雨呢？"

"尊者，可别提优波鞠多了，他虽然是阿罗汉但是却没有降雨神通。对了，还是他让我们来找您降雨的，"代表合掌说，"看在我风尘仆仆的份上，请尊者跟我去一趟吧！"

“这个好说，我这就前去摩突罗国，你先走吧，我随后就到！”善见比丘说着送走代表，之后使用神通向摩突罗国飞去，在城门外遇到代表心想：刚才这位施主对我不全相信，我就给他看看我的神足通！想到这里从天空降落于代表面前说道：“施主步行实在太慢，请随我一起走吧”说着拉起代表的手踊入空中向摩突罗国而来。

“尊者好神通！”代表飞行空中，大风迎面而来，听着衣服发出的咧咧声响，顿时觉得自己成了仙一样。

“我身为阿罗汉，神足通只是我其中一种神通！”善见比丘炫耀地说。话声未落已经来到了摩突罗国上空，当他看到大地干旱，溪河断流的时候感慨地说：“优波鞠多竟然庇佑不了这里的百姓，空有一个阿罗汉身！”

“嘿，你们快看，那不是咱们的人吗，”有眼尖的人看到了空中善见比丘立刻大声叫嚷起来：“怎么和一个出家人在天上飞啊？”

“那还用说，肯定是善见比丘来了，大家快点集合进行礼拜啊！”有人大声建议说，于是人们纷纷跪倒在地进行礼拜。

善见比丘落地之后见民众各个面有忧愁，就大声说：“各位施主不要苦恼，降雨这件小事儿包在我身上了，你们就等着开荒种地吧！”民众听了齐声说：“尊者从天而降真乃神人，我们先供养您再进行降雨！”

“不用了，”善见比丘大咧咧一摆手说，“等我降雨之后再接受供养不迟！”说完就摆设法坛登在其上进行请雨。最开始烈日当空，慢慢地刮起了大风，再后来天边出现乌云，隐隐传来雷声。这个时候，善见比丘扬臂欢唱咒语，只见乌云如羊群一般聚集在摩突罗国天空之上，而且随着咒语越压越低。善见比丘念咒完毕，一声响雷之后摩突罗国浸在了雨幕当中。

“下雨啦，下雨啦，感谢尊者！”民众纷纷跪倒在地施行五体投地大礼，然后站起身来在雨中奔跑跳跃。

“走啊，回家取上好的饮食供养尊者啊！”有人大声说，百姓们听了纷纷跑回家去，拿来最美味的食物。善见比丘见面前无数条手臂托着美食，心想：优波鞠多算什么，我得到的供养远远超过他！这个想法一起，善见比丘心中嘎噔一下，暗想：看来我并不是阿罗汉，不然怎么会有这样的骄慢心？想到这里穿过人群，径直来到那罗拔利精舍找到优波鞠多，合掌说：“尊者，到现在我才知道自己不是阿罗汉，希望您教授我禅法，让我得到正果！”

“比丘，”优波鞠多摆摆手说，“我也没有办法教授你禅法啊，因为你根本就不坚持佛法！”

“尊者，我向来精勤修行，不敢做有违于佛法的事情，您为什么说这样的话呢？”

“那么我来问你，”优波鞠多合掌说，“世尊在世的时候不让比丘求雨，这个你知道吗？”善见比丘听了点头表示知道，优波鞠多继续说：“你不但求雨，而且心生上慢说自己是阿罗汉欺骗众生。”

善见比丘听了，心说：“罽宾国距离这里非常遥远，尊者却已经全部获悉我的心思，我以后再不敢生骄慢心！”于是立刻施行五体投地大礼，起来流泪合掌说：“尊者，我知道错了，请您教授我禅法，让我远离虚妄！”

优波鞠多看其心意真诚就教授其禅法。善见已经获得五种神通，离阿罗汉只差一步，因此听法之后立刻获得阿罗汉道。优波鞠多让他也将竹板投放于石窟中。

优波鞠多度化一万零八名罗汉，这里实在难以一一说明，仅举24例进行说明。接下来，咱们再说说优波鞠多进入涅槃前后的事情。

度完一万零七名阿罗汉之后，优波鞠多心想：“我的师尊商那和修曾经告诉我说，将来我可以把佛法交付给阿罗汉提多迦。那么现在他来到这个人世没有？”随之入定观察，发现提多迦并没有出生于这个人世。同时，他还发现提多迦父母对佛法没有敬信，心说：“我必须给他们讲经说法，让他们心生敬信，才能让未来的提多迦跟我出家！”

于是，优波鞠多便带着众比丘来到摩突罗城中次第化缘，来到了一家长者门外敲打门环。长者夫妻见来这么多比丘，心说：“这得多少饮食才能供养啊。”优波鞠多获知他们所想，合掌说：“我今天来不为乞食，而是专门为二位施主讲经说法的。”长者夫妻听了心花怒放，立刻让众比丘进入院落，然后坐在优波鞠多对面听法，讲到精彩处优波鞠多说：“今天不早了，明天我再来！”说完带着众比丘离去。

第二天，长者夫妻准时等待门口，见到众比丘来了，急忙拿出一些食物进行供养。之后，优波鞠多再为他们讲经说法，到了关键处又说：“今日不早了，我明天再来！”

就这样，优波鞠多带来的比丘越来越少，而长者夫妻供养之心越来越诚。最后一天，只有优波鞠多一个人来到长者家里，长者夫妻见了问说：“尊者今天为什么一个人来？”优波鞠多回答：“因为没有弟子，所以才一个人来！不过，你要想以身供养佛法，那倒不错！”长者听了这话，摆手说：“尊者我现在在家生活很愉快，不能随您出家修行。等到日后我有了孩子，我让他跟随您出家，您看怎么样？”优波鞠多听了双掌合十说：“这样太好了，你可要记住你的承诺！”

后来，长者的妻子经过十月怀胎之后生了一个男孩，不过出生没多久就莫名死了。过了一年又生了一个男孩，没多久也死了。这让长者夫妻非常伤心，来到那罗拔利精舍找到优波鞠多说：“尊者，我们连失去两个孩子，这是什么缘由呢？”

优波鞠多入定观察，然后告诉了他们具体缘由，然后说：“根据业力，你们还会有一个孩子，你们保养好身体，等待他的降生吧！”长者夫妇听了非常高兴，按照优波鞠多所说的方法保养身体，不久之后果然生了一个胖小子，并取名为提多迦。

提多迦从小对佛法就非常感兴趣，长大后已经精通很多经文，长者心想：“既然他与佛法这样有缘，我就兑现当初的承诺，让他跟着尊者优波鞠多出家吧。”于是，亲自将提多迦送到那罗拔利精舍，对优波鞠多说：“尊者，我今天来是为了兑现当初对您的承诺，希望您能度化我的儿子获得正果，从而脱离苦海！”

“施主，你尽管放心，他是我师尊尊者商那和修授记的佛法接班人，一定会获得正果。”优波鞠多说到这里，问提多迦：“提多迦，你今年已经二十岁，心智已经成熟，所有佛戒能持否？”

“尊者，我对佛法非常向往，已经了解背诵了很多经文，您所说的佛戒我都已经知晓，所以我能持全部佛戒！”提多迦合掌说。

“今天你和老施主先住在精舍，我来给你们讲经说法。”优波鞠多说着指指对面的坐垫，提多迦和父亲立刻坐好听法，听法完毕纷纷证得须陀洹果。第二天，长者叮嘱提多迦一些话语之后，辞别优波鞠多回家去了。

“你的父亲已经走了，从此以后佛陀就是你的父亲，你要皈依，”优波鞠多说，“你随我来，到禅房当中授完具足戒，之后你就是出家人了！”说着，优波鞠多前边引路，提多迦随后而行来到禅房当中。

“众僧，施主提多迦申请出家，可有反对的？”羯摩师如此连问三遍，第一遍，提多迦获得斯陀含果；第二遍获得阿那含果；第三遍获得阿罗汉果。众僧见了无不惊诧，心说：“提多迦真是奇人，别人需要几年甚至终生修行才能获得的果报，他在不到一刻钟的时间里就全部获得了！”

之后，优波鞠多前往花氏城会见阿育王。回来后心想：想当初我建造石窟，并发愿说“我优波鞠多每度化一个阿罗汉，就让其投放竹板，石窟充满之日就是我涅槃之时！”如今，算上提多迦，我总共度化阿罗汉一万零八名，石窟已经装满了竹板。我在人世的化缘已经圆满完成，以法供养佛已经实现，我应该让阎浮提之上的所有同修获得利益，让所有施主获得大利益。我的涅槃可以让众生明白，只要皈依三宝精勤修行都可以证入极乐境界，如此可让正法延续下去永不消灭！想到这里，他召唤来提多迦，对他说：“当初世尊将佛法交付给尊者迦叶，尊者迦叶涅槃前又将佛法交付给尊者阿难，尊者阿难涅槃前又将佛法交付给我的师尊尊者商那和修。如今，我即将涅槃，决定将佛法交付给你，你要好好守护佛法。

另外，虽然你已经获得阿罗汉果，但是不要放逸，要继续普度众生，让佛法延续下去利益无量众生。”

“师尊，我知道涅槃意味着肉身变为法身，进入不生不死状态，永远脱离生老病死等苦，这本是让人愉悦的事情，”提多迦合掌说，“只是我还没有充分领悟师尊所教佛法的精髓，您就离我而去，想想实在不舍！”

“提多迦你已经见得佛法真谛，该知道情是百苦之根。更应该知道未来某一天你也会证入涅槃的。”优波鞠多说。

“徒儿谨遵师尊教诲。”提多迦对师尊施行最后大礼，然后合掌说：“请师尊放心，我定当守护佛法，就如您守护佛法一样！”

“提多迦，你说的我都听到了，你下去吧，”接着说道，“接下来我要告诉诸天大众，优波鞠多七日后入涅槃。”说完，利用神通将自己将入涅槃的消息传达给诸天以及整个人世间。

“尊者优波鞠多即将入涅槃，我们应当去那罗拔利精舍见他最后一面！”得知信息之后，所有罗汉、学佛法、净持戒者、婆罗门等俗家人士有无量千万计，从四面八方赶往摩突罗国。摩突罗国国王作为大施主，召开特大法会。

看到众生以及诸天人、阿罗汉聚齐，优波鞠多念诵佛号之后飞腾空中跌跌迦坐，进行最后的讲经说法，说法完毕做十八种神变，使得比丘、比丘尼以及男女居士心生欢喜。尊者优波鞠多入无余涅槃之后，有人将他的肉身投放于石窟当中，以竹板为柴薪进行火化。诸天人为其起塔接受众生供养。

“世尊所授记佛门大德入了涅槃，涅槃之前又将佛法交付给提多迦，我们这些阿罗汉心无挂碍应该随尊者涅槃！”一万罗汉为优波鞠多弟子，因为对其敬仰而随之进入涅槃。诸天对这些罗汉进行种种供养之后，纷纷起塔接受天人供养。

说完优波鞠多涅槃的事情，咱们再说说为什么佛法不能长久住世。话说如来涅槃之前，虽然将佛法交付给尊者迦叶，实际上最后受益的、让佛法继续流传下去的却是人类。也就是说只要有人佛法就能得到保护和延续，但事实上人类贪恋各种欲望，总是逆天行事，结果得不到诸天拥护，最终佛法必定失传。说到这里，有人会问，如来将佛法交给诸天就行了呗，但是那样一来，佛法还是不能久住诸天，为什么呢？因为诸天也没有脱离无常，也没有获得最上果报，还是会放逸的，佛法在天界也会失传。

当然，佛法在人天界都得不到久住，如来是早就知道的。因为他说过：“众法无常，不管是善法还是恶法，都有消失的一天。”不过，为了尽量让佛法消失得晚一些，他对诸天说：“你们一定要听我的话，想办法让佛法在世间停留久一点，否则那些妖魔鬼怪就会出来害众生！”诸天还没有大彻大悟脱离无常，如来不放心啊，只好对他们进行工作安排，相当于一位老人安排身后事。首先，如来入世俗定，心想：“我要涅槃了，四天王应该来我这里接受工作安排！”四大天王感受到如来召唤，立刻使用神通出现在他面前，右绕如来三圈之后礼足，然后坐在一边聆听教诲。

“你们四个听好了，”如来合掌说，“你们四天王天离凡世间最近，所以，我涅槃之后你们任务很重啊，首先要努力保护佛法，提高注意力防患恶法害人；其次，要给那些一心向佛的人创造方便，让佛法长久住世。”说完开始安排工作，对持国天王提多罗咤说：“提头罗咤，你去东方守护佛法，让东方众生接受佛法利益。”持国天王听了合掌说道：“领命！”如来又对增长天王毗楼勒说道：“毗楼勒，你要守护南方佛法，让那里众生得到利益。”增长天王听了双掌合十说道：“领命！”如来又对广目天王毗楼博叉说道：“毗楼博叉，你要拥护西方佛法，让那里众生获得利益！”广目天王听了也是双掌合十说道：“领命！”如来最后对多闻天王毗沙门说道：“毗沙门，你要护持北方佛法，让那里众生获得利益！”多闻天王听了双掌合十说道：“领命！”之后，如来说：“万法无常，佛法未来也要入灭，在入灭之前你们要尽心竭力不要放逸！”

四大天王听了合掌问如来：“佛法什么时候入灭呢？”

如来回答说：“我入灭的一千年之后佛法入灭！”然后以无量慈悲音为他们讲解佛法入灭的因由：“千年之后，佛法即将入灭。到了那个时候，非法众生非常多，他们多崇尚恶法，在阎浮提之内破坏十善。你们知道十善就是一不杀生、二不偷盗、三不邪淫、四不妄言、五不绮语、六不两舌、七不恶口、八不悭贪、九不嗔恚、十不邪见。以往众生都清楚明白坚持十善可以获得巨大善业，可是佛法将灭，众生已经不分是非对错，逐一破坏十善使得十恶横行，地狱道、饿鬼道、畜生道真是人满为患。人作恶诸天不佑，各种反常天象接二连三，比如起超大恶风，天不下雨，冰霜早至、冰雹砸落、溪河断流，这种种变化使得所有庄稼都死了，稻米价格立刻上涨，吃不起粮食的就想吃果子充饥，可是树只开花不结果，最终很多人都被饿死了，有德行的人当然也就更少了。”

“你们以为这已经非常悲惨了对吗？”讲到这里，如来询问四大天王，得到肯定回答后，他继续说：“可是你们错了，等到时机成熟了更会出现三个恶王，他们一个叫释拘，是南天竺的王；一个叫阎无那，是北天竺的王；一个叫钵罗，是西天竺的王。这三个人大兴土木扰害百姓，真是极尽恶法之能事。最主要的是，他们不信奉佛法，而且在自己的国土范围之内破坏塔寺杀害僧侣，给众生带来了无尽的恐惧。这个时候，诸魔开始扰乱人心，从事打劫、偷盗、诈骗的人越来越多。你们知道，我的三十二相当中有个肉髻，那是我修持善法使得顶骨自然隆起形成的。这三个恶王以为将肉髻粉碎，就可以彻底灭了佛法。于是殚心竭虑到处寻找肉髻，那时有人会将肉髻、我的牙齿送往东天竺接受天人供养。三个恶王知道以后，不约而同向东天竺杀去，想要彻底灭了佛法！”

“这三个恶王实在可恶，就没有人能治得了他们吗？”四大天王听了怒发皆张，多闻天王合掌问如来，“请世尊提前告知，我们到时候也好有个心理准备！”

如来颔首说：“你们不要心急，听我慢慢讲来。那时东方拘舍弥国有个国王叫作大军，他和三恶王一样也统率着十万大军。这一天，国王大军听说三恶王向东天竺杀来，就带领着大将们到前线视察。不想他的妻子临产了，因为非常疼痛大声尖叫，半天之后接生婆抱着一个怪胎走了出来，为什么说是怪胎呢？因为这个婴孩儿出生就穿着一身铠甲，肌肉骨骼和大力士一模一样！国王大军回宫看到婴孩大吃一惊，可惊魂未定就有大臣来报，说国内五百个长者的妻子同时分娩，生出的婴儿都身穿铠甲。事情实在蹊跷，所以国王大军立刻找来相师，对他说，‘你来占卜一下，为什么王子和五百婴孩都身着铠甲降世？’相师占卜之后跪倒在地说，‘国王陛下，王子和五百婴孩可拯救拘舍弥国，他后来可统一天下，只可惜杀孽较重！’国王大军听了非常高兴，说‘为王者双手都沾满了鲜血，这无可厚非，只要可确保拘舍弥国安全就行！’说完让人赏了相师，他认为王子的降世是自己敬信佛法的原因，于是对三宝进行大供养。这样一来，王子小小年纪就有了很大威德，就好比太阳一样，让人不敢直视。所以，国王大军给他起名叫难可看视！”

“看来，这难可看视王子就是拯救佛法的人啊！”四大天王赞叹说。

“并不尽然，你们继续听我讲就知道下结论太早了！”如来继续说，“等到王子难可看视二十岁的时候，三个恶王基本上已经把东天竺的佛法破坏得差不多了。其中之一说，‘现在只剩下拘舍弥国还有佛法，我们应当一起杀向那里。’其他两个恶王听了拍手赞同，就这样三十万大军奔向拘舍弥国。这个时候，国王大军的身体已经不行了，他心说这三个家伙烧杀抢掠无恶不作，所到之处遍地死尸。哎，一个恶王就够自己受的，这三个都来了可怎么办呢？就在他六神无主的时候，有天神对他说，‘国王大军不要慌张，你可以让位给难可看视，他联合五百勇士可确保国家平安！’听了这话，国王大军想起当初相师的授记，两下验证不容他怀疑，于是乎急忙招难可看视进宫，把自己的王冠戴在他的头上说，‘你自出生就穿铠甲，是应天命保护拘舍弥国的勇士，如今我让位给你，你从今天开始就更名为难看王。’难可看视听了不明所以，问父亲说，‘那么我该怎样打败三恶王呢？’国王大军回答说，‘刚才有天神告诉我说，只要你联络和你一样出生的五百勇士就可以战胜三恶王，并且统一阎浮提！’

“于是，难看王颁布诏书，让五百勇士进入王宫，给他们置办各种武器，之后说：‘诸位，咱们都是穿着铠甲从母亲胎中出来的，是应天命保护拘舍弥国的勇士。现在，三个恶王气势汹汹杀向这里，我们能坐以待毙吗？’五百勇士听了热血沸腾一起高喊：‘我们誓死追随国王陛下，不杀死三恶王绝不回兵！’难看王要的就是大家的这句话，于是立刻带领五百勇士直迎三恶王大军。三恶王只见一帮年轻人杀了过来，讽刺说：‘拘舍弥国没有人了吗，让这些胡子没长全的孩子出来迎战。’话声没落看前方尘土飞扬，五百零一位勇士所到之处鲜血飞溅，好像割麦子一样将自己的士兵放倒，他们大惊失色急忙率领大军迎敌，只可惜没有半个时辰所有兵士都已经成了刀下鬼！”如来讲到这里，四大天王被难看王的英勇折服，纷纷合掌表示赞叹。

“难看王来到三恶王面前大声说：‘现在就剩你们三个了，还不束手就擒？’三个人凶恶惯了，听了仰天大笑抡起大刀冲了上来，五百勇士瞅准时机纷纷掷出武器，顿时将他们三个剁成了肉酱。之后，难看王率领五百勇士回国，南、西、北天竺群龙无首只能归附东天竺，这样一来难看王就统一了阎浮提！”讲到这里，如来停顿一下说：“也许你们觉得这和佛法破灭无关，实则上这是佛法破灭的开始。”四大天王听了合掌请如来继续讲下去。

“难看王统一阎浮提之后，在花氏城中有个婆罗门名叫大与，这个人博学多才，精通古今典籍，辩论上没有人可以胜得过他。他曾经发誓说：‘我大与一定要寻找一个和自己一样，拥有上族种姓的女子为妻。’不久果然遇到一位这样的女子，于是登门求亲，得到对方父母同意后将女子娶到家里。过了一年妻子怀孕，大与高兴之下说：‘从今天起，我要邀请所有口才好的人到家里做客，我要和他们针对我未来的孩子进行议论！’消息发出之后，花氏城沸腾了，自认为口才好的人都来了，大家你一言我一语聊得不亦乐乎。这个时候，有个精通占相的人说话了：‘大与啊，你的这个孩子了不得啊，在他一生当中没有人可以驳倒他！’大与听了这话高兴劲更足了，让家人用好吃好喝招待众人。过了几个月之后，孩子足月出生，相貌非常端正十分受人喜爱。长大以后更是饱读古今典籍，出口成章，成为花氏城有名的辩士。后来有五百婆罗门知道他最精通的是经论咒术，就一起来拜师学艺。这样一来，他就有了个绰号叫多弟子。又过了几年，多弟子看破红尘辞别父母出家修禅，专门研究三藏经文！”说到这里，如来提醒四大天王说：“这个人是最后的佛门大德之一，只可惜后来被人砍了脑袋！”四大天王听了无不惋惜，并请求如来继续讲。

“在花氏城还有一个长者，名叫须达那，他娶了一个和他自己门当户对的女子为妻，不久也怀孕了。这女子性格娴静，心中常怀善念，并且喜欢修习忍辱之道。有个相师偶遇这个女子，对她说：‘你肚子里的孩子可了不得，将来是阿罗汉！’因为这个原因，孩子一出生就取名叫须达，这须达聪明万分自小就喜欢佛经，长大以后辞别父母出家修行，真的获得了阿罗汉身少欲知足，改名为修陀罗就居住在香山里。”

“花氏城一下子出了两个佛门大德，这是多么荣耀的事情啊！”四大天王听了合掌赞叹。

“可是到这里佛法已经危险了，你们细细听我讲！”如来继续说，“某一年，拘舍弥国老国王大军去世了，难看王心痛极了，跪倒在地敲打地面说：‘父亲啊，没有你就没有我今天阎浮提第一王。如今你去世了，我再也不能聆听你的教诲了！’为了表达对父亲的哀思，他用各种珍宝对父亲亡灵进行供养，之后还专门起塔接受国人礼拜。这一天，多弟子率领所有弟子来到了拘舍弥国。难看王听说佛门大德来到自己国家非常高兴,专门登门进行礼拜,然后说心里的苦恼:‘尊者，我的父亲英明神武，从我小的时候就教授我治国之道，后来让位给我使我建立了山一样的功勋。在你到来之前，我的父亲去世了，我一直沉浸在悲痛中无法自拔，尊者有什么办法让我消除悲痛？’多弟子听了心说：‘难看王被世俗的情爱左右而产生痛苦，我需要度化他。’于是让难看王坐在自己对面开始讲经说法：‘国王陛下，世间的一切情爱都是痛苦的根源，就好像抹了蜜糖的苦果，甜味过了就是无尽的苦涩。要想摆脱痛苦，只有清除心中的情爱。另外，世事无常，没有永远驻留的个体，老国王的去世是必然的，你没必要这样心痛！’经过多弟子的劝解之后，难看王摆脱了痛苦，并对佛法产生了敬信。他感念诸佛功德，于是想进行种种惠民政策，使得众生从恐惧中解脱出来。想法一起急忙来到多弟子面前询问：‘尊者，三恶王在多长时间毁灭佛法？’多弟子回答说‘他们在十二年之内毁灭佛法，给众生带来无穷痛苦！’难看王听了气愤填膺，拍着桌子说：‘既然这样，我就从今天起十二年内开办大法会，不限贤圣道俗、贵贱上下，平等行财、行法，让天下百姓受到大利益！’多弟子听了点头说：‘国王陛下心怀天下众生，这实在是大善！’时光飞逝，很快到了开法会的日期，难看王在拘舍弥广约众僧以及学佛之人、净持戒者，更有世俗之人不计其数。在法会第一天，整个阎浮提就普降甘霖，一切庄稼和树木、野草开花结果成熟！”听到这里，四大天王面露喜色，心说：“这样的景象说明恶法已经消除了，佛法又将护佑众生了！”

如来洞悉他们的想法却没有否定，继续开示道：“当时，整个阎浮提的百姓看佛法没有断绝，重新让阎浮提充满生机，心生愉悦纷纷拿着各种供养之物来到拘舍弥国，对众僧进行供养。供物种类繁多，有各种美食，有治病医药，有精美袈裟等等不一而足。不想众僧接受这些供养没有一丝惭愧心，而且在衣食不缺的生活中逐渐懒惰下来，不再出去化缘为众生讲经说法，甚至连念诵经文都免了。

就算有的还出去化缘乞食，也不是次第化缘，而是专门挑拣有钱的人进行化缘乞食，使得佛法利益不了劳苦大众。另外，这些僧人白天各个满嘴俗语晚上更是酣睡不止。根本不像现在的僧侣，恐惧睡眠日夜兼修，而且彼此交流的都是关于佛法的事情。更过分的是，他们贪财贪利，用好的衣裳来庄严自己。当初留下来的穿粪扫衣的传统早就被他们丢之脑后。到了那个时候，没有僧人可以断除诸欲恶、不善法，更别说证初静虑离生喜乐；没有僧人能达到不说话保持内心高度寂静的快乐，也就是所谓的寂静乐；没有僧人能达到禅定乐境界；没有僧人能达到智慧乐境界。他们各个浑身上下装饰宝物冒着阵阵铜臭，却以为自己是佛法最坚实的拥护者。因为他们种种恶劣的行为，使得拘舍弥国众生远离佛法心生怨恨，从而促使非法大规模兴起，佛法就像一棵腐朽的大树摇摇欲坠，不能扫除众生内心的贪嗔痴，使得人们的骄慢之心大肆升起。这个时候邪法大规模兴起，他们四处拉拢信徒，灭掉众生慧根，打断僧人众生修戒，大大危害了佛法！”

“那可怎么办啊，绝对不能让佛法断灭！”四大天王听了如来讲述纷纷捏了把汗。如来却非常平静，用无量慈悲音继续说：“届时，天龙夜叉乾闼婆对众僧行为产生讥讽嫌恶，怒喝道，‘这些僧人不修善业，长久下去必将破坏灭掉佛法，使得恶法横行，人人都成为恶魔。’他为什么这么说呢？第一，众僧常常修习恶事建造恶业必将获得恶报；第二，众僧对佛法没有信心，必将被邪门歪道影响叛离佛法，结果信奉佛法的人越来越少，最终佛法断绝；第三，众僧心怀边见，认为五蕴假合躯体永世存在，或者干脆破罐子破摔，对灾祸没有畏惧从而失去了原有的慈悲心，和佛法真谛渐行渐远；第四，众僧对于我曾经的劝诫不加理会更不信任，多做恶业，破坏律藏危害出家人；第五，众僧心生骄慢，虚伪狡诈偷劫法库！这些因果被天龙夜叉乾闼婆用法眼观察得知，心痛地说，‘现在佛法将灭的所有相都出来了，这都是那些学恶法没有智慧的人导致的。因此诸天不喜，对这些人不会护佑。看样子，佛法将于七天后毁灭！’果然，诸天因为众僧表现而产生极大懊恼，聚到一起讨论说，‘众僧身在佛法中而不知护持佛法，做尽了各种恶事，我们不能再继续护佑他们。’于是利用神通发出大声音‘未来七天将发生比丘斗争，届时如来正法将毁灭。’”

“哎，世事无常，正法也有破灭之日！”四大天王听到这里纷纷合掌。如来颔首赞同，然后继续说：“诸天声音犹如洪钟更似狮子吼，使得众生心神一震。当时，拘舍弥国有五百优婆塞，对佛法还算敬信，听到这个声音之后聚到一起讨论，五百优婆塞首领说，‘世尊曾经说过没有永久住世的法，如今他的话果然应验了。为了让佛法延长住世时间，我们只能寄托于师子王身上，让他显诸佛菩萨之功德。不过就算佛菩萨之金刚身心都有破败之日，更何况众生身心危脆，岂能不被恶法破坏？原本，世尊将佛法交付众僧，希望他们护持佛法利益众生，可是如今他们不再吃斋念佛、次第化缘，而是喜好安逸比穿比吃，使得各种邪法恶念不断生出。那些有智慧的罗汉比丘都已经涅槃，之后出现了三恶王将佛法毁坏殆尽，如今又有这些进入恶道的众僧，佛法不灭是不可能的了！诸位啊，这个世间将要迎来最黑暗的时刻。清净法犹如下落的太阳，它一旦堕入地平线之下，各种苦将充斥天地之间。佛法破灭之后，善恶没有了标准，谁还能辨认得出什么是善什么是恶？如果不知道诸善，那么我们如何得知解脱的正确道路，如何脱离天地人三道获得大自在？如果不知道诸恶，如何让自己远离诸恶。只有佛法才是一盏明灯，照亮我们修行之路从而修行诸善远离诸恶。佛法如果还在这个世间，福田是非常殊胜的，如果佛法毁灭，福田就算有也是非常少的。我愿意以自己财产做布施等善行，以此唤醒众僧善念，使得佛法不入毁灭。否则佛法从今天开始，就要以飞快的速度入灭！你们还有谁愿意和我一样,利用自己的财产来感化众僧？’五百优婆塞听了纷纷将财产拿出来进行布施，最后统一意见说，‘我们不能让佛法毁灭，我们要劝谏众僧不要发生斗争！’”

“哎，众僧竟然不如五百优婆塞的悟性，悲哉悲哉！”四大天王听了无不叹息，这个时候，他们的心情已经降到了冰点，对众僧行为算是失望至极。而如来仍然平静如水继续说：“五百优婆塞以为布施了所有财产，可以让众僧心生善念，可是却事与愿违。且说在拘舍弥国有个寺院，里面住着五百僧人。这五百僧人和众僧一样，没有一点儿慈悲心，好吃懒做互相攀比。有一天，寺院进行布萨，这五百优婆塞本来要参加的，可是临时有事儿就都没来。居住在香山的罗汉修陀罗入定观察，发现阎浮提众僧在寺院进行布萨，只要是修佛的人无论是否敬信都能参加。于是心想，我是最后罗汉应当参加这次布萨，趁机宣扬佛法，让佛法继续利益众生。然后利用神足通来到拘舍弥国寺院。来到这里，他看到无量修佛的人，不过在他看来并没有多少人对佛法敬信，禁不住心生担忧。”

“真是悲惨啊，那个时候在无量修佛人当中，只有修陀罗是罗汉！”四大天王在心中不约而同感到悲哀。

“看到众僧集合完毕，纲领职事说：‘现在十方僧人全到这里进行布萨！谁为最上座呢？’他扫视人海，这个时候多弟子的徒弟们高声说：‘我们师尊精通三藏经文而且弟子众多，这里没有人比得上，上座非我们师尊不可！’说完强推着多弟子来到最上座坐下。多弟子声名远播，其他人就算不同意也没有胆量出来质问。多弟子坐在最上座说：‘今天是十五日，阎浮提中所有沙门世尊的弟子都已经聚齐。这是众僧最后集结之日，因为各位心怀佛戒而使得这里异常和谐。我虽然有幸成为最上座，不过，我已经到了多闻彼岸还不能具持佛戒。现在众僧当中有谁具持佛戒，特别是能持师子戒的人，如果有的话可以为大家说戒。”这样问了几遍，没有人回应。多弟子心想：看来，我对佛戒的了解还是最多的。刚要亲自讲解师子戒，就听有人说：‘上座，世尊在世的时候舍利弗和目犍连所持的戒我都能持。我愿意为众生说戒！’众人循声看来，只见说话的人拥有好相，不觉地心生敬仰。而多弟子的徒弟们听了这话不干了，因为他们心目中多弟子拥有无比权威，哪里轮得上别人抢了师尊的风头呢？于是恶声质问：‘你是什么人，修得什么果？’说话的人正是修陀罗，回答说：‘我是香山修陀罗，获得阿罗汉果！’多弟子有个弟子名叫噫伽度，这个人本来就性格凶恶没有慈悲心，他听了修陀罗的话后哈哈大笑说：‘放眼天下哪里还有罗汉？如果你是罗汉就不会恐惧死亡，来来，我这就试试你的胆量！’说着操起一把钢刀窜到修陀罗面前将其胸膛砍开。修陀罗没有半点疼痛，静静地坐在地上死去。‘该死的凶恶比丘，整个阎浮提只有这么一个罗汉，你竟然将其杀死，使得佛法不能利益众生，你真是罪大恶极！’这一声暴喝震得所有人双耳鸣叫，循声看去只见夜叉乐面站立当场，众人身高只不过刚到他的膝盖，他拿着金刚杵顿地叫骂，越说越气抡起金刚杵将噫伽度的脑袋打碎成七块，然后用大脚将其尸身踩成肉饼。”

“杀得好，这样的凶恶之人就该获得这样的恶果。因果报应真是不爽啊！”四大天王听到这里齐声合掌赞叹。

“但是仇恨已经点燃了修陀罗弟子的心，他们纷纷冲了过去质问多弟子：‘你的弟子没有教养，凭什么杀了我们师尊？’多弟子心有惭愧闭目不语，修陀罗弟子们以为他不认账，于是抓住他的僧衣进行殴打。多弟子的弟子们一看这还了得，一起冲了上来进行搏斗，这一下场面乱套了，原本好好的布萨竟然成了恶战场地。修多罗弟子最后占了上风，他们抓住多弟子二话不说抡起大刀就将他的脑袋砍掉。到了这个时候，可以传承佛法的两个重要人物都死去了，佛法自然寻灭。当时大地发生了震动，启明星崩落，所有地方起了无名火，四方真是狼烟滚滚。诸天人感知急忙击磬，但是却发不出声音来，十万诸天人在空中哭泣说：‘佛在世的时候，一切都是那样的和谐美满，哪像现在这样到处都是恶法邪行。僧人之间发生斗争，使得两位佛门大德死去，从此佛法消失不见了！’夜叉们也是哭倒在地说：‘从今以后，再也不能听闻佛法了，通往成佛的道路已经坍塌。得不到佛圣地毗尼的任何消息，我们就不能听闻佛戒按律修行，众生也失去了最大利益；佛法原来犹如滔滔江水，现在却已经干涸露出了开裂的河床；住有四天王和帝释天王的须弥山已经崩倒，四方佛法失去了护持，从此以后在人间消失；世间没有一座寺院，人们行凶作恶，没有人再继续相信佛法，宣扬佛法；三藏经文已经损坏，因此，佛法再也不能像甘露一样滋润众生。而这一切都是因为修佛之人没有慈悲心，最终让精通三藏经文、教人坐禅的佛门大德先后死去。世尊啊，您说万法无常，难道就是在授记今天吗？’当时，无量恶法蠢蠢欲动，使得天地之间一片黑暗。”

四大天王听了几乎流下泪水，合掌说："无常力量太强大了，我们虽是精通善法的四大天王也不能阻挡它分毫，佛法最后还是灭掉了！"

如来听了点头称是，用慈悲音说："不仅你们悲哀，我的母亲摩诃摩耶更加悲哀。她从忉利天来到人间，看到世间的一片狼藉，大声哭了起来说，'奇哉怪也，我的儿子释迦牟尼利用三劫时间所集结的佛法今天全部毁掉了！'说到这里，她问天地，'我儿子的徒众之中精通狮子吼的人在什么地方？曾经英勇雄健威猛无常的打败魔君的人现在是否安好，在哪里容身？佛法没有了，寺院没有了，那么进入佛法之门而仍然活命的佛信徒将来到哪里容身？能秉持佛法的人又往哪里去呢？纳衣空闲的人现在在哪里呢？如今所有的善法都已经远离众生，阎浮提不再像以前那样庄严而是一片狼藉，好比月食之日陷入一片黑暗之中。用佛法施给大众无畏、财、信、信戒与忍辱的人没有了，诸胜施已经不再重现世间！'佛母就这样悲啼了好多天然后回到忉利天。"

四大天王听到这里再也忍不住，痛哭起来，合掌说："佛母所言极是，到时候这世间真的没有地方容纳学佛的人，我们该往哪里去呢？"而如来仍然平静，继续说："再说那五百优婆塞听说众僧发生斗争，使得多弟子和修陀罗惨死，佛法在世间没人加以护持已经毁灭，就从拘舍弥城中走出来来到五百僧所住的地方，只见僧房倒、塌座椅颠倒，一切混乱不堪，于是高举双手捶胸顿足大声哭喊说，'这是多么奇怪的事情啊，这是多么让人痛苦的事情啊！诸位阿罗汉都已经涅槃，就剩下精通三藏经文的多弟子和教人坐禅的修陀罗阿罗汉，可惜因为弟子心怀凶恶而导致斗争，结果他们都死于非命。多弟子死了，我们再也听不到他循循善诱的声音。修陀罗阿罗汉死了，谁可以传授我戒律，我们又到哪里去听法呢？现在的世界充满了愚痴，到处都是恶法横行，犹如太阳的佛法已经熄灭，世间迎来了从来没有过的黑暗。人们开始舍弃善法而追随恶法不加约束地增加自己的恶业。众生都如那鹿奔腾跳跃，对这个世界拥有无限欲望，而不产生任何厌离。当初世尊所说的法语都已经在他们心中消失，清净业被他们所抛弃。如此下去，等到众生死了之后都会堕入恶道，而没有人再投生为人。没有人投生，这个世界就是虚置，好比有花而无蜜蜂，有森林而没有拘枳罗鸟，是那样的死气沉沉！呜呜，佛法没有了，我们这些众生以后还能依靠什么呢？'同一时间，难看王听说了精通三藏经文的多弟子和修陀罗阿罗汉都死了，心中产生了极大的懊恼和怨恨，说'都是这些凶恶的修行人，因为他们心无善念，才导致仅剩的两位大德枉死，我一定要将他们杀尽。'于是下令车马象步四军全面诛杀所有修佛的人并破坏所有塔寺。至此，佛法真正消灭！"

"没想到当初挽救佛法的人最后催灭了佛法，这都是因果吗？"四大天王无奈地摇头。如来听了他们的话说："虽然到时候佛法必定要灭，但是你们仍然要坚持到最后！”四大天王听了如来的话，合掌说：“世尊放心，我们遵您的法旨！”说完便回到须弥山四天王天坚持守护佛法。

十二　现报因缘第四

俗话说“行善积德、行凶作恶都有报应”，下边讲的一系列故事就是讲的现报因缘。

现世报因缘之一　阿育王如意宝珠布施佛塔　小夫人受持八戒深得王心

阿育王在花氏城统治阎浮提的时候，和师子国国王向来交好。有一年，师子国国王得到五枚如意宝珠，就对大臣们说：“诸位，这如意宝珠价值连城，但我不想留下自己把玩，不如送给阿育王，这样咱们这个小国还能多受他的恩德！”大臣们听了纷纷赞同，于是师子国国王派使者前往花氏城贡献这五枚如意宝珠。

使者来到花氏城见大街上车水马龙，叫卖声不断，心说：“一直听说阿育王仁爱治国，今天看了果然名不虚传。”不由得对阿育王产生了敬仰之情。得到召见之后，急忙将装有五枚宝珠的宝箧拿出来说：“国王陛下，我是师子国使者。我们国王得到如意宝珠五枚，知道您向来敬信佛法，于是派我来将其贡献给您！”说到这里将宝箧盖子打开，顿时珠光四射，在场的人都啧啧称奇。

“果然是价值连城的宝珠！”阿育王见了五枚宝珠之后心生愉悦，对使者说：“多谢贵国国王厚意。正所谓来而不往非礼也，我这里也有宝物回赠，烦请尊使带回去！”说着一摆手，有官人立刻将阿育王视如珍宝的几个宝物端出来。“来，来！”阿育王走下王座，召唤使者近前，指着其中之一宝物说：“这个金佛具有神力，你带回去让贵国国王供养，可让师子国国泰民安！”然后又指另外一个宝物说：“这座玉象含义为厚德载物，希望贵国国王能喜欢！”就这样一一介绍完所有宝物之后，又让官人准备宴席，着实让使者体验到了阿育王福德犹如大地一样深厚。

送走使者之后，大臣们聚集在朝堂上一起恭贺阿育王获得五枚如意宝珠。“诸位，”阿育王端坐于宝座上说，“我想将其中四枚宝珠施舍于佛法。世尊诞生于世之后，行走七步说：‘这是我最后投生，天下唯我独尊。’佛生处塔实在具有非凡意义，那么这第一枚就施舍给佛生处塔；菩提树塔是世尊获得正觉地方，是我最喜欢的塔，那么这第二枚就施舍给菩提树塔；世尊获得正觉之后，最先为五个仙人说法转法轮，这对佛法的宣扬起了重要作用，那么这第三枚宝珠就施舍给转法轮塔；世尊在拘尸那城入灭，从此肉身变法身，使得天下修佛人得到利益，那么这第四宝珠就施舍给佛涅槃塔！”大臣们听了纷纷跪倒施行大礼，对阿育王进行赞颂。之后，阿育王心想：“这最后的一枚宝珠我该如何处理呢？”思来想去，决定将其赏给诸位夫人中的一位，但是他又怕引起她们之间争斗，于是他想到一个好主意，派一个宫人到后宫对夫人们说：“国王陛下得到五枚宝珠，四枚施舍给佛塔，还剩一枚赏给你们之中服装配饰最为第一的人！”

夫人们听了这话之后都回到自己房间，将自己认为最好看的衣服穿上，将最好的最贵重的配饰戴上，这样一来后宫仿佛进行服装模特比赛一样，让人看得眼花缭乱。不过只有一个叫做须阇哆的小夫人崇信佛法，对如来的法语一直谨记于心，心想：“信持佛法的人不应该穿豪华衣衫，不应该戴一切装饰品。”于是从自己做起，要求宫人们受持八戒穿白衣衫。宫人们跟随她多年，当然愿意听从她的命令。于是出出进进都是素衣素服，和其他宫人形成强烈反差。

这一天，阿育王处理完朝政，心想：“夫人们为了得到珠子肯定都穿上了绝美的服饰，但是这并不是我想要的，如果要是有一位夫人穿着素衣素服受持八戒的话，我就将珠子赏给她！”想到这里独自来到后宫，对夫人们进行观察。

“国王陛下驾临，我这厢有礼了！”长夫人帝斯罗叉穿着阿育王赐给的最好衣衫，戴着金光四射的珠宝跪倒在地，面上露出娇怯的笑容。在她看来，这珠子非她莫属。

“很好，很漂亮！”阿育王这样赞叹，话没说完几个女乐师抱着琵琶走了出来，围绕四周弹奏动听的乐曲。

阿育王在帝斯罗叉这里听了一会儿音乐，然后次第去了第二夫人、第三夫人等住处，见她们各个身穿华丽服装戴着名贵的配饰，心中越来越不是滋味，心说：“她们都知道我阿育王敬信佛法，结果各个都穿成这样，对佛法何谈相信二字呢？我要求天下百姓敬佛礼佛，可身边的夫人们却不敬佛法，这是多么矛盾的事情啊！”阿育王心怀郁闷刚要回宫，一抬头发现头上匾额是最小夫人须阇哆的寝宫，听得院落中没有嘈杂的音乐，于是推门进来，只见宫人们各个身着素服不由得暗中一喜，急忙来到堂屋当中看到穿一身纯白衣服的须阇哆正在阅读佛经。

“须阇哆，”阿育王走进小夫人身边，故作不明地问她，“其他夫人寝宫都是载歌载舞，各种豪华服饰穿在身上，唯独你这里清静得很，而且所有人都素衣素服，这是怎么回事儿呢？”

“不知国王陛下驾临，这厢有礼！”小夫人须阇哆跪地行礼，然后回答说：“世尊曾说，这样素白衣衫的惭愧衣对出家人来说是最上等的服装；大小戒律则是出家人、修佛人最好的配饰，甚至比珠宝还要名贵千万倍；法音则是出家人、修佛人所拥有的最美的绝世音乐！我们这些人都敬信佛法，所以都按照世尊的话来要求自己，内心怡然自乐！”阿育王听了频频点头，小夫人须阇哆说到这里，指指法座又说：“我们之间不存在主子和奴婢，都互为上座为彼此说法，这样的生活真的非常美好！”“哈哈，”阿育王仰天大笑拍着巴掌说，“没想到在我万千夫人当中，真的有和我想法一致的人，这枚宝珠非你莫属！”说着将须阇哆扶上法座施行礼敬，然后从怀中取出宝珠双手进行供养。

“国王陛下，作为受持八戒的人来说，要这样名贵的宝珠没有用处，不如将它供养佛塔！”须阇哆说着从法座站起来又将宝珠塞给阿育王。

“好，”阿育王眉开眼笑，站起身搂着须阇哆纤细的腰肢慢慢踱步，“就按你说的来，我将它供养佛塔，祈求你为我生个王子！”须阇哆听了这话羞涩地一笑。

后来，其他夫人听说须阇哆获得了宝珠，纷纷打探具体缘由，明白之后纷纷效仿其受持八戒。

现世报因缘之二　阿育王设宴款待优钵罗　奇异口香皆因对佛礼赞

阿育王对佛法的深信程度没人可比。在他立八万四千座佛塔之后，对佛法的敬信更是无以复加。无论在哪里遇到僧人都要进行礼拜，而且他经常请僧人到自己王宫用膳，以各种美味来供养僧侣，获得善阿育美名。

曾经有一个优钵罗的僧人来到花氏城次第化缘，阿育王出宫巡视巧遇了他，看其相貌殊胜身体健壮，精通典籍谈吐不俗，于是施行大礼邀请其入宫接受供养。

“尊者，”在饭菜没有上来之前，阿育王问尊者优钵罗：“优钵罗是莲花的一种，气味非常清香，难道是尊者身上有清香的缘故所以名叫优钵罗？”

尊者优钵罗合掌回答说：“国王陛下聪慧，一言中的！”

优钵罗话没说完，一股清香迎面而来，阿育王闻到觉得神清气爽，心说：“哪里来的香气，难道是尊者口中发出来的？”为了确认的确是优钵罗所发清香，阿育王特意凑近说话，问优钵罗：“尊者，你现在修得什么果位？”优钵罗告诉他所获果位，这一下他得到了确认，于是心想：这位尊者可了不得，竟然拥有这样的清香口气，实在是大福大德的人啊！不过他转念一想：这个尊者这样年轻而且如此英俊，加上口里有这样清香的气味，岂不是要吸引我的宫女吗？万一他抵挡不住诱惑坏了修行怎么办呢？于是命人拿来一杯漱口水递了过去，解释说：“尊者，用膳之前请用清水漱口！”此时优钵罗已经拥有他心通，了解了阿育王的想法之后并没有说破，接过漱口水开始漱口。然后合掌说：“国王陛下供养我，就是为天下百姓积福德！”说完之后，阿育王闻到了更加浓烈的香气，心说：“为什么会这样呢，竟然越来越香！”于是问优钵罗说：“尊者，经过漱口后你口中香气为什么反而越来越浓？你因为什么因缘拥有这样奇特的口香？”优钵罗听了回答说：“在过去人寿两万岁的时候，有一个佛名叫迦叶，我是当时高座法师，天天为众生讲解佛法，对佛法大加赞叹。因为这个，我在其后四十九亿年生于人界和天界当中，不堕落于地狱道、饿鬼道和畜生道，更不到八难之处。因为业力，到了这一世口中具有优钵罗莲花的香气！”

“赞美佛法竟然获得这样的果报，实在太奇妙了！”阿育王听了急忙跪倒施行五体投地大礼，然后合掌说：“我以后也要更加真心礼敬佛法，来世修得像尊者这样的特殊果报。”说完，让宫人将斋饭端上了，亲自布菜进行供养。

现世报因缘之三　女子听法获得须陀洹　阿育王愉悦撤掉帐幕

在古代印度，佛法都是说给男子听的，后来尊者阿难认为诸佛都有四部众，即比丘、比丘尼、优婆塞、优婆夷，就力劝佛陀收了女弟子和女居士。但是古代印度制度森严，男女不能直接见面，很多女人想听佛法，但是碍于法规只好作罢。

后来，阿育王在花氏城统治阎浮提，心说：“人无外乎男女，男人可以听法接受佛法恩泽，女人也应该一样。”于是，他规定各修行处专门修建帐幕，将说法者和女信徒分开，达到了不违反法规的同时使得女性听闻佛法。

有一天，有个得道高僧来到了花氏城，在大街上次第化缘，为广大民众讲经说法。有大臣将这个情况汇报给了阿育王，阿育王想：佛门大德来到花氏城，我作为国主应该施行供养！于是亲自走上街头来听高僧讲经说法，之后引领其来到宫中进行供养，之后又说：“尊者，我希望你在宫中多住几天，让我的宫女们也听你讲经说法受到利益！”高僧听了很是赞同，并建议阿育王说：“仅仅让宫女们听法还不够，应该让大王宫中的女人都来听法。”阿育王听了心生愉悦，立刻专门开辟了个说法场所，然后让士兵敲锣打鼓通告天下妇女说：“现在国王陛下为了让佛法利益广大妇女，专门供养了一位得道高僧，大家现在就可以进宫听法！”

消息传播开来，成千上万的妇女来到宫中听闻佛法。她们安安静静地坐在帐幕一侧，另一侧则是到坐在法座上的高僧。最开始，高僧讲解《功德施论》再讲《戒论》最后讲到《四圣谛》，妇女们听得如醉如痴。就在这个时候，一个妇女径直来到帐幕前想要撩开帐幕，众妇女被她的举动吓了一跳，纷纷摆手暗示她不要违反法规。可是这个妇女实在有不明白的地方，经过一番心理挣扎之后，哗啦掀开帐幕出现在高僧面前。

“女施主，你撩开帐幕不怕死罪？”高僧问妇女。

“为了明白佛法，我不怕死罪！”妇女说完跪倒在地施行五体投地大礼，然后合掌问：“尊者，如来当初坐在菩提树下获得正觉彻悟诸法的时候，是否已经觉悟了施戒以及古代流传下来的所有法规呢？”

“当然，”高僧回答说，“如来获得正觉洞悉佛法的同时对佛法之外的一切法的本质都有清醒认识，认为除佛法之外的一切法都是充满了痛苦和烦恼。古代流传下来的种种规定也属于这个范畴。学习这样的法就好比拿着将要熔化的钢铁烘烤自己，使得皮焦肉烂。那么为什么有这么多人学习恶法呢，原因人云亦云世代相传。对于像毒树一样的恶法，需要通过修习八正道才能将其消灭！”这个女人听了得道高僧的话顿时开悟证得须陀洹果，然后叩谢高僧说：“听尊者一席话，我对佛法已经敬信，现在可以安心受死了！”于是，她用利剑逼住自己脖子径直来到阿育王寝宫。

“不准进去，你说你来认罪的，谁又敢保证你不是来行刺国王陛下的呢？”守卫不让妇女进入，于是发生了争吵。阿育王听到声音让守卫放妇女进来，看到她的行为非常惊奇，就问：“你为什么将利剑压在自己的脖颈上？快快放下来，这可不是儿戏！”

妇女没有放下利剑，而是张口大声说：“国王陛下，我犯了重罪请赐我一死！”说着手上加劲，脖子流出鲜血。阿育王见了心生怜悯，急忙摆手问：“那么我来问你，你到底触犯了什么法律呢？”妇女扬声回答：“国王陛下不是让高僧为我们说法吗，结果我听闻佛法心生愉悦，竟然私自撩开帐幕面对面请教佛法，这个过程就好像一头饥渴的老牛见到了水草一样。最初我就知道这是死罪，但是我实在渴望佛法，甚至不惜丢了性命！”阿育王听了对妇女的表现非常敬佩，心说：“对佛法这样忠诚的生命我怎么可以随意乱杀呢？”于是想拖住时间，就问她：“既然这样当然要处死，但是我想知道你听了高僧所的讲佛法之后，得到了什么收获没有？”“当然有收获，我已经证得须陀洹果，”妇女说到所得成果非常激动，连珠炮似地说，“得见四真谛、解阴入界及诸大，尽知无我，已获得法眼！”

“哈哈哈。”阿育王竟然大笑起来，原来他听了妇女的话心生欢喜。只见他从王座上起来拍掌跳跃，来到妇女面前拜倒在地，吓得女子倒退数步。“从这件事我才知道设立帐幕是多么可笑的事情！”阿育王站起身把剑从妇女手中取出还入剑鞘，继续说：“从今天开始，将帐幕去除，妇女听法不再有约束。你不仅没罪而且还有大功！”

之后，宫中妇人知道女子的遭遇，纷纷来到高僧修行处听法，纷纷赞叹道：

“一个平凡妇人竟然获得须陀洹果，全是诚心听法的缘故！”

现世报因缘之四　礼敬沙弥不分大小　阿育王欣然受教

阿育王礼敬出家人那是出了名的，无论在哪里只要遇到出家人必须进行礼拜。但也有例外。有一次，阿育王微服私访，见到一个七岁的沙弥从对面过来，心想：“这么个小不点，我还要给他行礼吗？对了，我今天没穿王袍，没有人知道我是国王，所以没必要礼敬。”于是仰着脖子迎了上去，可是随着距离缩短，他越来越觉得自己作为不当，赶巧旁边有个角落，心想：这里避人耳目，我可以在这里对小沙弥进行礼敬！于是等到小沙弥过来立刻跪地行礼，然后站起来将手指竖于唇间说：“小沙弥啊，你可别跟别人说我对你进行礼拜！”没想到这个小沙弥获得果报拥有他心通，立刻知道了阿育王的心思和身份，于是左右查看发现了一个废弃的澡瓶钻了进去。“喂，没有必要这样吧？”阿育王被他的举动逗笑了，心说：“这小沙弥实在可爱！”不想，小沙弥又从里面钻了出来，也将手指竖于唇间，对阿育王说：“国王陛下不要跟别人说沙弥进入澡瓶又出来的事情！”

“啊！？”阿育王张大嘴巴，心说：“小沙弥竟然知道我的身份，看来他拥有他心通。这下糗大了！”不过他童心未泯，威胁小沙弥说：“不行，我必须跟别人说，让你下次没地方躲藏！”

小沙弥双掌合十装作无奈的样子说：“那我就跟别人说你礼拜我！”

“你为什么要威胁我呢？”阿育王听了问小沙弥。

“因为陛下礼敬沙弥有了分别心！”小沙弥说。阿育王听了顿时羞红了脸，小沙弥继续教导他说：“你没看到佛经说吗，沙弥再小也不能轻视，王子再小也不能轻视，龙子虽小也不能轻视。因为沙弥虽小但是可以度人；王子虽小却拥有王权，不高兴的时候就可以杀人；龙子虽小，但是同样具有行雨能力，一样可以让天空瞬间乌云密布电闪雷鸣！所以，所有小的众生都不能轻视！”

“小尊者一席话让我顿时开悟！”阿育王听了欣然受教，从此以后他礼拜沙弥不再有分别心。

现世报因缘之五　嫉妒众僧遭口吞　七岁沙弥化邪心

在古代印度一共有四个阶层，那就是婆罗门、刹帝利、吠舍、首陀罗，婆罗门地位位于王族之上，受到其他各阶层的尊敬。但是阿育王深信佛、法、僧三宝，常年进行供养，并在全国范围内推广佛教，使得佛教徒众高高在上，这让婆罗门族非常不痛快。于是，他们组织集会，精选了五百个婆罗门长者，一起朗诵四国陀典之后，对天文地理无不通晓。看到这里你就要问了，这四韦陀典是啥书啊，这么厉害看完了就无不通晓？四韦陀典是一部集合养生、天文地理和军事、咒语等于一体的杂书，是婆罗门的经论，没有传播到东土。

再说这五百个婆罗门长者，自以为天下无敌了，讨论说：“这阿育王啊真是昏庸啊，把所有的金银珠宝、绫罗绸缎都供养给了那些秃头，而对咱们地位高的婆罗门不闻不问。今天，咱们就想办法让阿育王回心转意，对咱们婆罗门也进行供养！”

其中有一个精通善咒的婆罗门听了这话说：“各位，过七天我就用我的咒力变作摩醯首罗飞行到王宫门口，你们跟我身后即可。我能使阿育王对咱们进行大供养！”剩下的四百九十九个婆罗门听了他的话纷纷点头表示认可。你会问摩醯首罗是谁啊，这么大威力？其是印度教所崇奉创造宇宙之最高主神。据说虚空是他的头部，地是他的身体、河流是他的尿、山峰是他的粪。他主张若人杀害一切众生，心无惭愧，就不会堕入恶道，反之即入地狱。由此可见，这摩醯首罗和佛教是对着干的，是典型的外道。这五百个婆罗门明知道阿育王信奉佛教，还变化成这样的恶人，看来是打算动硬的让他屈服啊！

到了第七天，善咒婆罗门果然利用善咒将自己变成摩醯首罗，对众婆罗门说：“各位，这里距离阿育王宫实在太远，都和我一起飞着去吧。也让阿育王开开眼，别总以为那些秃头会些神通就了不得了，咱们婆罗门也会！”说完利用神通将所有婆罗门带上虚空，径直向阿育王宫门前。到了目的地之后，众婆罗门纷纷从天空落下，唯有那“摩醯首罗”继续停在留空中。

“哪里来的这么多婆罗门？”门口突然冒出来这么多婆罗门，门卫立刻大声呼喝：“你们聚在这里做什么？”

“你这门卫，婆罗门地位在王族之上，哪里容得你呼来喝去？”“摩醯首罗”在空中说道，“不要多问，快去禀告国王，说摩醯首罗及众婆罗门前来造访！”

门卫听了急忙向空中看去，只见果然是摩醯首罗吓得转身就跑，来到阿育王面前跪倒在地说道：“国王陛下，有摩醯首罗带着四百九十九个婆罗门从远处腾空而来，现在就在王宫门外！那摩醯首罗使用神通飘浮在空中，而其余婆罗门站在地上，他们要求见您！”阿育王听了心说：“摩醯首罗是自在天外道主神，带这些婆罗门来这里做什么呢？还是让他们进来，我亲自问问。”于是，他对门卫说：“快去把他们请进来！”

门卫领命将“摩醯首罗”以及众婆罗门领进王宫。阿育王见了他们指着两边的床说道：“诸位可坐在上边。”等他们坐定之后，阿育王问道：“摩醯首罗，你是自在天主神，有什么事儿让您屈驾来我这里啊？难道您有什么需要想让我来满足？”“摩醯首罗”听了他的话，心道：“阿育王真是愚蠢，竟然没有看出我是假冒的摩醯首罗！”嘴上说道：“国王陛下啊，我们也没啥大的要求，给我们一顿饱饭吃吧！”阿育王听了回答：“饮食好办，我这就让官人准备！”说完对官人说道：“告知御膳房准备五百案上好饮食。”官人领命而去，过了半个时辰五百案饮食悉数送到众婆罗门面前。

“哎，这是什么饮食啊，太难看了，太难闻了，太没食欲了！”婆罗门们面对面前饮食纷纷皱眉。“摩醯首罗”摇头叹息说：“国王陛下，我从来没有吃过这样差的饮食，你还是给我们换一下吧！”阿育王心想：这些婆罗门要求还真高，这都是按照我的标准准备的饮食，竟然也满足不了他们的胃口！于是问说：“大神，那么你们想吃什么呢？”

“国王陛下，”“摩醯首罗”回答说，“这个你还是问他们吧？”说着指指众婆罗门。阿育王见了问婆罗门们：“众位想吃什么呢？如果对这饮食不满意，我也没有办法了，这已经是宫里最好的饮食了！”“国王陛下，”婆罗门们齐声说，“我们的要求很简单，给我们一个剃着光头的人来吃就行！”阿育王听了吃了一惊，心说：“这些婆罗门到底是人还是凶恶的罗刹，竟然要吃僧人！”立刻回答说：“众位少安毋躁，既然你们喜欢吃僧人，那么我就派人前去寻找！”之后，他找来官人，附耳嘱咐说：“你快去鸡头摩寺寻找夜舍，就说王宫内来了五百个婆罗门，其中一个自称是摩醯首罗。问问夜舍这些婆罗门是人还是罗刹。然后请他来这里将这些婆罗门驱走！”但是，让人想不到的是，这个官人竟然是邪见婆罗门弟子，他来到夜舍面前没有按照阿育王所教授的方式说话，而是这样说：“上座，阿育王宫中现在来了五百个婆罗门，他们相貌是人，但是说话却好像罗刹，说要吃你们这些沙门。”上座夜舍听了这话，就对纲领职事说道：“敲打铜钟集合僧众。”纲领职事急忙按命行事，重重敲打铜钟，没有一会儿所有僧众便集合完毕。

夜舍从法座上站起来说道：“众僧，阿育王今天招待了五百个婆罗门，其中一个是摩醯首罗。他们长相和人一样，但是说话却非常凶狠，说是要吃咱们僧人。阿育王不知道这些婆罗门是人还是罗刹，所以派人前来问我，希望我能前去驱除这些外道！我是首座而且年纪大了没有太多用处，我当前去帮助阿育王。我走后，你们要安稳心神护持佛法。”话声刚落，第二上座急忙说：“上座不能前去，寺院还要靠你来主持僧事，让我前去帮助阿育王！”第三上座听了立刻说道：“此话差矣，第二上座也不应该去，应该让我去！”就这样，十六万八千僧众都是要抢着要去，最后轮到一个七岁的小沙弥，他站起身形来到堂上跪倒在地合掌说道：“各位，都是我的上座，我是十六万八千僧中年龄最小的一个，我不能护持佛法，还是让我前去！”

上座夜舍听了这话心生极大欢喜，用手摸小沙弥头顶说：“你去最好，事情太急，来使催促，你现在就去吧！”于是，七岁小沙弥跟随官人来到王宫。阿育王见了官人问说：“鸡头摩寺可有派僧人来？”官人听了回答说：“鸡头摩寺派僧人来了，只不过是最下座年仅七岁的小沙弥！”言语当中对夜舍安排很为不满，其实真正目的是在挑拨离间。阿育王听了心说：“嗯，众上座唯恐胜之不武，所以才派最小沙弥前来驱除婆罗门，沙弥虽小但法力未必小，我要对他非常恭敬才对。”于是，他亲自到宫门迎接小沙弥，跪倒在地施行五体投地大礼，然后领着小沙弥来到堂上，指着王座说：“尊者，王座是第一座，你坐在上边！”小沙弥听了二话不说径直走过去爬上王座，耷拉着两条腿瞅着下边五百婆罗门。婆罗门见小沙弥的样子非常气愤，私下讨论起来——

“阿育王太偏袒这些光头了，你们看啊我们来了他不起身迎接，而这个小沙弥来了他却亲自出去迎接，而且还让他坐在自己的御座上！实在太气人了！”

“这夜舍也太小气了吧，就派了这么个小不点过来，这也不够大家吃啊。”有人故意大声说，好让小沙弥生恐惧心。

“你看他最多不超过七岁，这老比丘们也太狠心了，自己不来送死，让这么小的娃娃来送死！”有人故意这样说，好让小沙弥新生愤恨。

“各位请静一静！”这个时候，七岁小沙弥开口了，他用稚嫩的童音问阿育王：“国王陛下有什么急事让我来这里？”

“尊者在上，”阿育王听了急忙合掌说，“下边坐着的人都是婆罗门，为首的你该认识吧？”“哦，”小沙弥说道，“是二十天之一的摩醯首罗！”然后又问“摩醯首罗”：“你不在你的自在天，跑到这里做什么呢？”

“因为五百婆罗门发愿，我只好来到这里！”“摩醯首罗”回答。

“哦，”小沙弥听了反问，“是什么愿望，竟然让你亲自跑一趟呢？”

“小沙弥，婆罗门族是最上种族，但是却不能获得和你们比丘一样的供养，为了这个我们才发愿让大神下凡主持公道！”

“尊者，”阿育王双掌合十说，“我已经供养，给诸婆罗门准备上好饮食，但是他们心生不喜说要吃僧人。既然你来了，让不让他们吃你呢？”

“我岁数太小容易饥饿，”小沙弥说，“早晨还没吃斋饭又走了这么长的路，早已经饿得前胸贴后背了，国王陛下给我一些吃的，之后让他们吃我不迟！”

“尊者无惧死亡，让我佩服！”阿育王拍手称赞，然后问小沙弥：“你看五百婆罗门面前的斋饭怎么样呢？”

“很好，端来我吃！”小沙弥说，官人立刻将其中一桌端到他的面前。“好吃极了！这样的美味竟然不吃，真是罪孽！”小沙弥频频摇头表示惋惜，然后风卷残云将一桌食物吃个精光。五百婆罗门冷眼看着心说：“没有一点好吃相真是给僧人丢脸！”不想小沙弥高声说：“再端来一桌，我没吃饱！”官人立刻照办，小沙弥大嚼特嚼起来，很快一桌又吃个精光，然后又要一桌。就这样将五百桌美食全部吃完，仍然拍着肚子说没吃饱，吓得五百婆罗门瞠目结舌。

“小尊者实在海量！”阿育王仰天大笑，然后吩咐御厨将所有现成的食物都拿来供养小沙弥，不过吃了之后还说没饱。这个时候所有的婆罗门已经如坐针毡了。

于是阿育王又吩咐御厨说：“把库中的干粮都拿来，让小尊者吃饱！”于是，库中食物又统统进入小沙弥肚中，之后阿育王问他：“尊者这下可吃饱了？”

小沙弥摇头说：“还是很饿！”

阿育王叹口气说道：“只是所有食物都被你吃了，再没有吃的了！”小沙弥听了摆摆手说：“没事儿，把最下头的那个婆罗门给我带上来，我将他吃了再说！”五百婆罗门这个时候想逃，但是好像被施了定身法一样动弹不得。官人们听了不由分说将那个婆罗门带到小沙弥的面前。只见他犹如捉住一只蚕豆一样，张开大口就将婆罗门吞了。

“啊呀，”其他婆罗门心生惊惧纷纷惊叫起来，“玩笑开大了，这可怎么办？”

“这个婆罗门味道不算好，下一个！”小沙弥说着走下王座，径直来到众婆罗门当中，从最下座开始吃到第二上座，这个时候打个饱嗝说：“嗯，还差一点……”“摩醯首罗”听了肝胆俱裂，使出最大力量腾入空中就要逃走。“摩醯首罗还会怕我不成？”小沙弥说着一把拽住他的脚腕，将他扔进口中吞了下去。这个时候阿育王也害怕了，心说：“现在就剩下我了，他要是没有吃饱，我就惨了！”小沙弥查知他的心思说：“国王陛下不要恐怖，你是佛法大施主，一直以来对佛僧供养没有减损，我不会吃你！”阿育王听了这才心安。

“国王陛下，”小沙弥擦擦嘴角说，“来之前上座交代让我带你去鸡头摩寺，现在咱们走吧！”

阿育王被小沙弥的神通折服，合掌说：“尊者神通广大，我愿意随行！”于是，他们一起来到鸡头摩寺。这个时候已经是第二天早晨，是众僧用斋的时刻，只见他们无高低贵贱之分，平等分食食物。而小沙弥吞食的五百个婆罗门也在其中，不过他们已经剃除须发披着法衣，在众僧下行末座。第一个被小沙弥吃的婆罗门是五百婆罗门最上座，第二个吃的为第二上座，最下座则为“摩醯首罗”。

五百个婆罗门见到阿育王和小沙弥都很惭愧，心说：“我们这些高深的婆罗门竟然不能与一个七岁小沙弥抗衡，更何况这些法力高深的上座！与他们争斗，就好比羽毛靠近火炉，蚊子与金翅鸟比速度。更如小兔子和狮子王比威力！”因为五百婆罗门心生惭愧，得须陀洹果，远离了三恶道，在人天两界轮回。

现世报因缘之六　大臣不敬僧侣　国王巧使方便

阿育王对三宝生了敬信，因此见了僧人不问大小一律礼拜。长此以往，使得那些抱着邪见的大臣很生气，都这样说：“国王陛下也是的，不管道行是否高深一律礼拜。要是我的话，遇到大德才礼拜，那些幼小无德的何必敬礼呢？堂堂一个阎浮提第一国王，别人都说他有圣德，但是在我看来他太不自重。如此不分大小礼敬，太有失王者身份！”这话传来传去，后来传到了阿育王的耳朵里，他便招来所有大臣，说道：“我不允许你们杀生，但是你们每个人必须给我得到一种头颅，比如牛、马、羊、虎、狮、豹等，得到之后，你们把所得头颅拿到集市上出售！”众大臣纷纷领命前去获取各种头颅。“大臣耶奢，”阿育王大声说，“你留下来我有话要说！”大臣耶奢听到召唤以为自己有别的任务，不用去弄那恐怖的头颅，于是急忙来到阿育王近前跪倒听命。不想阿育王却说：“你要想办法弄到一个死人头！”大臣耶奢听了顿时虚汗直冒。“怎么，”阿育王看着耶奢脸色煞白，就问他，“你不想去，还是不敢去？”耶奢听了强作镇定说：“无妨，微臣这就去弄死人头颅！”说完跌跌撞撞离去。

大臣们都得到了各种头颅然后去市场去卖，最后唯独耶奢的人头没有人买。过了几天，阿育王想看看结果就召回大臣们问说：“你们手里的头颅都卖出去了吗？”大臣们彼此询问，最后知道只有人头没有卖掉，就齐声回禀阿育王：“国王陛下，现今只有人头没有卖出去！”阿育王听了问说：“按理来说人头应该最先卖出去！”耶奢听了急忙跪倒在地询问缘由。阿育王问他：“我来问你一切生物什么最贵？”耶奢听了回答说：“国王陛下，一切生物只有人最贵！”阿育王听了问道：“回答得好，既然人最为贵，那么人头就应该是头颅中最好的，应该最先卖出去，是不是这样呢？”

这个时候，一大臣出来辩解：“人活着的时候，这脑袋因为有思想是最贵的。但是人死了脑袋里就没有思想了，就是最便宜的东西了。所以没人买！”其他大臣纷纷附和。

阿育王听了问那大臣：“是你们销售的所有头颅便宜，还是单单这个人头便宜呢？”大臣们听了回答说：“是所有头颅都便宜！”于是阿育王指着自己的脑袋问他们：“既然如此，我的脑袋是不是也很便宜呢？”众大臣立刻没有了声音，阿育王只好点名询问，指指耶奢说：“耶奢你来回答我的问题！”大臣耶奢不敢回答，只是站在那里浑身哆嗦。阿育王见了大声说道：“耶奢你胆子向来很大，死人头颅都敢获取，怎么这个时候不敢回答问题呢？”耶奢心说：“我要是说阿育王的脑袋贵重，那么他就会问为什么要把人头卖得那么便宜，我真是没法解释；

如果我说阿育王的脑袋也是便宜的，就是亵渎王权。哎，怎么都是死啊，我该怎么办呢？”最后他咬牙说道：“的确如国王陛下所说，您的脑袋也是便宜的！”

阿育王听了说道：“嗯，回答得好，我的脑袋既然也是便宜的，就和大众一样可以礼拜众僧。可是你为什么不让我礼拜众僧？而且我一礼拜众僧你就嗤笑？我现在活着，我的脑袋还是有价值的，所以应该对众僧敬礼。难不成等到我死后脑袋没有一点价值了，再对众僧行礼不成？你如果是为我好的话，就应该劝我向众僧敬礼，从而让我将来可以投生到诸天，拥有一颗贵重的头颅！”大臣耶奢听了阿育王的话，顿时改变了以往的观点，不仅支持阿育王礼拜众僧，他自己也对众僧产生了敬重之意。

现世报因缘之七　一铜钱供养僧人　小婢女改变来生

阿育王供养众僧的时候，有个宫女见到他身为国王享受万人崇拜，心道：“看来都是我前生积攒了恶业的缘故。不然为什么阿育王拥有国王的一切殊荣，而我则成为一个小小的奴婢！”她所想很有道理。阿育王布施如来一把土而成为转轮王，又不断布施僧众获得了更深的善缘善业，来生可生于天上。而她一个区区奴婢怎么可以做阿育王那样的布施呢，看来想拥有更深的善业很困难了，下一辈子说不好还是做奴婢的命！就在她这么想的时候，众僧已经吃完了阿育王供养的斋饭。婢女收拾完餐具座椅前去院落中打扫卫生，捡到了一枚铜钱，她便将这枚铜钱施舍给众僧，心道：“我身为奴婢别无他物，请众僧接受我的施舍，让我造下善业！”不久之后，这个奴婢得了重病，死了之后根据施舍一枚铜钱于众僧的业力投生在阿育王的一位夫人的胎中。过了十个月之后夫人临产，等到婴儿出生之后，大家被其美丽容貌所吸引，说道：“夫人啊，恭喜您啊，生了一个这么美丽的公主！”但是美中不足的是，这个女孩一直紧握右手，一直到了五岁都不曾打开。夫人就对阿育王说：“国王陛下啊，这个孩子自打一出生就紧握着拳头，如今都五岁了还是如此，别不是有什么病患吧？”阿育王很喜欢这个女儿，听了这话也非常着急，就让孩子来到自己身旁，说道：“宝贝伸开右手！”孩子听了不答话仍然紧握右手，于是阿育王用手揉搓其右手，其右手很快便展开来，原来其手中握着一枚金钱。阿育王很是奇怪便将金钱拿下来，结果孩子手中又自然生出一枚金钱。如此反复取走，又反复重生，一直取了数十枚。阿育王心生恐惧，说道：“我必须前去问鸡头摩寺上座夜舍才能明白其中缘由！”他急急来到鸡头摩寺拜见了上座夜舍，问道：“上座，我今天来问您一件事情！”

夜舍听了说道：“阿育王是本寺的最大施主，有问题尽可问来！”

阿育王听了问道：“我有一女今年五岁，一直以来紧握右手。我以为其有病患，今日才知道她手中握有一枚金钱，取下来之后又可重生，如此反复我取了数十枚，终于心生恐惧前来询问上座具体缘由！”

夜舍听了说道：“国王陛下不要恐惧，事情是这样的，当初她是你宫中的婢女，在打扫卫生的时候捡到一枚金钱施舍给了众僧，从而得以重生为你的女儿。且其手中出生便带有一枚金钱，取之不竭！”

阿育王听了长出一口气，说道：“原来如此，看来只要是真心施舍，就算一枚极小的金钱也可以获得很大的善果！”

现世报因缘之八　福德天高地厚　只因生于佛在世时

在阿育王的宝库之中有一枚如意珠。他对这枚宝珠一直很是敌视，什么原因呢？原来这枚宝珠是阿阇世王留给他的珠子。说起来这都是天意，当初阿阇世王有一件珍宝铠甲，每一片甲都有一个相应的珍宝。在其中一个甲片上写着这样的文字：阿阇世王见此珠上有文字说‘宝珠当遗留给未来非常贫穷的阿育王！’

阿育王知道事情的原委，当然不喜欢这颗宝珠。他对大臣们说：“阿阇世王只不过是王舍城一个君王。而我则是整个阎浮提的王者，为什么说我贫穷呢，真是笑话！”大臣们听了纷纷附和，说道：“国王陛下说得很对，您才是天下第一富有的人，不是贫穷的人！”当时有个贤良的大臣却说道：“国王陛下，先不要如此生了嗔恚，您为何不试试这颗宝珠具有什么功能呢？”阿育王听了说道：“说得对，来人啊给我试试这颗珠子有什么不同之处！”于是，有奴仆拿着这颗珠子靠近各种武器，结果武器纷纷被无形力量弹飞；有个奴仆生有恶疮，用这颗珠子涂抹竟然康复如初；这颗珠子可平衡温度，让人在热的时候凉快，在冷的时候得到温暖；身体中毒的人只要拿着这颗珠子便可消除所有毒性；把珠子扔在河流中，可以净化方圆三十里地的水。这些功能让阿育王吃了一惊，说道：“就算其中一个功能，其他最好的宝珠都不具有！”心中说道：“阿阇世王有一件珍宝铠甲，每一个甲片之下都有一件绝世珍宝。我得到这一枚宝珠就已经非常震惊。看来我的确如阿阇世王所说啊，我真的太穷了。由此可知，在旧佛在世上的时候，人类福德是多么的深厚。可惜我福德太薄，出生在佛之后！”

阿育王曾经让上座夜舍请尊者宾头卢。夜舍对阿育王说道：“你一定要好好煎制酪酥使其非常香甜可口！”阿育王听了便让御厨好好煎制酪酥使其香味飘散，闻起来便很有食欲。这个时候，宾头卢带领八万四千罗汉来到阿育王处，众僧坐定之后，阿育王亲自净手后为众僧供养食物。他将尊者宾头卢的饭食之上浇洒美味的酪酥，然后对宾头卢说道：“酪酥很难消化，尊者少吃为好，以免坐下疾病！”

宾头卢听了说道：“无妨，酪酥并不能伤害我的胃肠以及身体。世尊在世的时候，水与今天的酥气正好相等。我的身体是佛在世时候的身体，所以具有足够的水可以消化酪酥所生的酥气！”

阿育王问道：“那么怎么证明您说的话呢？”

尊者宾头卢听了不做声，而是伸出手来直至地下四万两千里取一种菌类植物，对阿育王说道：“现在的人福薄，肥腻之事都流入了地下！”因为这个因缘，我们可以知道佛在世的时候福德多么深厚。

现世报因缘之九　劝告大众修福　阿育王消灭衰相

阿育王和大臣们在一处谈话，当时有个掌管天文历法的太史看了阿育王的面相，说道：“国王陛下您现在面有衰相！”

阿育王听了急忙问道：“那么如何消除这衰相呢？”

太史回答说：“国王陛下此种衰相只有修福才能消除。”

于是，阿育王修建八万四千座塔修诸功德。之后，阿育王问太史：“太史，我的衰相是否已经消除了呢？”

太史看了看阿育王的面相，说道：“还是没有消除！”

阿育王听了急忙问道：“为什么没有消除呢？如何才能消除呢？”

太史说道：“国王陛下，您修建八万四千座塔只是为自己修福，这种只为自己的行为就算修来福分，也是非常轻微的。您应当劝一切众生都来修福，这样才能使得福分深厚，消除衰相！”

阿育王听了说道：“如此甚好，我现在就微服私访，劝众生修福为善！”说完，阿育王便身着微服，来到宫外劝民众修福。他来到一个贫穷的女人家中，当时这个女人只有一条细白毛布遮盖身体，听到了阿育王作福的声音心生愉悦，急忙进入屋中将遮盖身体的细白毛布拿下来施给阿育王。阿育王看了说道：“你为什么不出来将细白毛布给我呢？”

女子听了说道：“我用这条细白毛布遮盖身体，我出去了就暴露身体，所以我不能出去亲自施舍您细白毛布，只能在屋中递给您！”

阿育王听了她的回答说道：“自己只剩下了这么一条细白毛布也施舍给我，这样的人天下都难找到。”于是，他回到自己的王宫，将所有夫人的衣服和装饰品赠与这个女子。此女子只是布施一件细白毛布却得到这些华贵衣服，并被封为夫人，从此可知施舍具有多么强大的因果力量。

阿育王继续劝百姓修福。当时他来到一个贫穷人家，主人家是一对夫妻，分别穿着粗弊的衣服，几乎衣不遮体。阿育王身着微服，说道：“阿育王怜悯百姓，希望大家广泛进行布施从而开设法会。”得知阿育王让全民修福，这对贫穷夫妇心道：“我们前生因为吝啬，这一生才会如此贫穷。现在我们没有钱来修福，该怎么办呢？”

他们讨论半天之后，说道：“这样的造福机会很难遇到，咱们不如用身体作为抵押，到有钱人那里换来金钱做施舍岂不是一件很快乐的事情！”

于是，他们来到富人家，说道：“请给我七枚金钱！”

富人家问道：“凭什么给你们七枚金钱，你们如何还得了七枚金钱呢？”

贫穷夫妇听了说道：“我们愿意以身体作为抵押，如果过了七天没有还给您七枚金钱，我们甘愿当您的奴婢！”富人听了非常高兴随即便给了他们七枚金钱。这对贫穷夫妻立刻拿着钱跑回家中，将金钱施舍给身着微服的阿育王。他见了这少许七枚金钱问道：“你们非常贫穷，这是从哪里弄来的钱进行布施啊？”

贫穷夫妇听了说道：“我们贫穷没有钱财，但是这修福的机会不能错过，没有办法便以身作为抵押换来七枚金钱进行布施！如果过了七天没有还上金钱，我们便做对方的奴婢！”

阿育王听了说道：“如此，你们修福的成本也太高了，不如不做！”贫穷夫妻听了急忙说道：“不可，正因为前生吝啬不肯修福，这一生才会成为穷人。这一次无论如何我们都要修福，但愿来生能得以富乐！”

阿育王听了心生感动，急忙回到宫中取来自己以及所有夫人的衣服和配饰，还有自己所乘的车马都一并给了贫穷夫妻，并封给他们很大一片土地。正因为阿育王如此劝大众修福，使得衰相尽灭！

现世报因缘之十　阿育王福德厚于龙王　取得百年佛陀舍利

当初，阿育王要取得阿阇世王所收藏的如来舍利，但是阿阇世王在恒河中用铁制作了一个大铁剑轮，水流不息铁剑轮转动不止。要想取到佛陀舍利，阿育王必须将大铁剑轮停下来。阿育王让能工巧匠将其停下，但是试了很多方法都没有奏效。于是，阿育王只能前去询问莲花比丘：“尊者，我想要取出世尊舍利，但是那大铁剑轮无法停下，该当如何？”

莲花比丘听了说道:“不难,只要你将数千斛奈置于水中,大铁剑轮就可停下！”

阿育王听了非常兴奋，于是取来数千斛奈置于水中，有奈掉入大铁剑轮机关口中，其顿时停了下来且不来回转动，只是戛然而止而且如泰山一般不动不摇。有大臣见大铁剑轮停下，立刻来到阿育王面前跪地说道：“国王陛下，大铁剑轮停了下来，下一步该如何行动？”

阿育王听了说道：“下河取来舍利！”于是，众将士纷纷入水，但是大龙王守护舍利，所有人都不能走近舍利。

阿育王问莲花比丘："尊者，大龙王守护世尊舍利，我该用什么方法得到舍利呢？"

莲花比丘说道："龙王福盛没有办法获得世尊舍利！"

阿育王听了问道："因为什么说龙王福盛呢？"

莲花比丘说道："以等量黄金铸造龙像和国王陛下的像，用称称量，哪个重哪个福盛！"

阿育王听了说道："听起来真是不可思议，等量黄金浇铸龙像和我像，竟然还能重量不同？我倒要看看！"

于是，他命人取来两份等量黄金浇铸龙像和自己的像，然后进行称量，奇怪的事情发生了，只见龙像将阿育王像高高翘起，数量显示龙像竟然重王像数倍！

"果然如此，"阿育王见了这个场景，不由得对修福之事心生敬仰，对莲花比丘说道，"该如何让我福盛？"

莲花比丘说道："你当劝导世人一起修福，做大法会才能福盛！"

于是，阿育王便按照莲花比丘的话去做，然后回到河边称量龙像和王像，只见两者已经重量相等。"我还要继续修福，一直到我像重量多于龙像为止！"阿育王说完继续进行修福，然后再度称量，只见王像远远重于龙像。他便带领象马车步四军前来恒河边，龙王主动从恒河中出来献出种种宝贝。

阿育王见了说道："龙王，我并非要这些宝物。当初阿阇世王留给我的世尊舍利在你手中，现在请交出来吧！"

龙王自知威力不敌阿育王，只好带领阿育王到藏舍利之处，将门打开任由阿育王将舍利取走。阿育王高举佛陀舍利刚走出门，里面的油灯尽皆熄灭。这让阿育王感到奇怪，问莲花比丘说："奇哉怪也，为什么我刚把世尊舍利取出来，这些油灯就全熄灭了？"

莲花比丘听了说道："没有什么可奇怪的，当初有善于计算的人，计算好了一百年所用的油量。到刚才你高举舍利而出的时候，正好整整一百年！"